Christoph W. Rosenthal
Was eigentlich Sprache ist

Christoph W. Rosenthal (Jg. 1957) lebt seit 1981 als freier Kulturschaffender mit Jobs, Kulturarbeit, Kunst und Forschungen. Nach langjährigen Forschungsarbeiten begann er 2018 mit etlichen Veröffentlichungen zu Humanevolution, Geschichte und Sprache.

www.christoph-w-rosenthal.de

Mitarbeiter der

Werkstatt Neue Kultur
Projekt- und Bildungs-Werkstatt für eine neue Kultur

Die **Werkstatt Neue Kultur** arbeitet u.a. zu dem Bereich Kommunikation und Sprache und bietet hierzu auch Veranstaltungen und Kurse an.

www.werkstatt-neue-kultur.net

Christoph W. Rosenthal

Was *eigentlich* Sprache ist

Zur Evolution von Sprache
und der historischen
>babylonischen Sprachverwirrung<

Cûl Tura Band 4

Edition Neue Kultur

Bibliografische Information der Deutschen Nationalbibliothek:
Die Deutsche Nationalbibliothek verzeichnet diese Publikation
in der Deutschen Nationalbibliografie; detaillierte bibliografische Daten sind im Internet über http://dnb.dnb.de abrufbar.

Herstellung und Verlag:
BoD – Books on Demand, Norderstedt

ISBN: 9 783751 948302

Aufriss

„ Wittgenstein sagt, dass Probleme entstehen, weil wir die Arbeitsweise unserer Sprache missverstehen. Er sagt, wir seien von der Sprache >verhext<, und manchmal hätten wir einen >Drang<, sie misszuverstehen. " [1]

„90 Prozent der Zeit reden Menschen aneinander vorbei." [2]

Dabei begründete sich die evolutionär neuartige Dimension des Menschen durch Sprache. Mit ihr wurde eine aktive, selbst bestimmte und bewusste Gestaltung des Lebens und in Verbindung mit Kommunikation ein fähiges Sozial- und Beziehungs-Leben möglich.

Doch lässt sich Sprache insgesamt nicht schon in Vokabular und Grammatik verstehen. Dies gilt nur für den evolutionär älteren Bereich von Sprache vor der Humanevolution, der mit Dienstleistung und Produktion verbunden ist. Ansonsten ist dies in der neurologischen Anlage von uns Homo sapiens lediglich die Form, Sprache zu *handhaben*. In Bezug auf das Eigentliche von Sprache besteht in unserer Kultur keine Klarheit mehr. Daraus entstanden und entstehen die vielen fundamentalen Missverständnisse, Verwirrungen und Entgleisungen, worauf Wittgenstein aufmerksam macht, wie auch die kommunikativen und entsprechenden Beziehungs- und sozialen Probleme.

---

[1] A.C. Grayling: *Wittgenstein*. S. 148
[2] Aljoscha Long & Ronald Schweppe: Praxisbuch NLP, S. 178

Der Ursprung dieser wahrhaft >babylonischen Sprachverwirrung<, der zu solchen Problematiken und zu Tausenden von Sprachen führte, liegt in den Chaos- und Notstandsproblemen am Ende der Eiszeit, die durch gigantische Naturkatastrophen hervorgerufen wurden (z.B. durch die >Sintflut< des Anstiegs des Meeresspiegels um ca. 120 m, der u.a. auch „die Hälfte Westeuropas" untergehen ließ [3]).

Man fand hier über etliche Generationen keine Zeit, zureichend Kommunikation und Sprache beherrschen zu lernen. Hierbei gingen entscheidende Bereiche an Sprache verloren, und es kam zu sprachlichen Missverständnissen, dass aus *Geist* wahrhaft *Gespenstisches* wurde. Hierin liegt eine entscheidende Ursache für das Aufkommen der historischen Probleme wie Diktaturen, Disflikte und Gewalt und den gesellschaftlichen Zusammenbrüchen.

Neue Erkenntnisse aus Neurologie, Linguistik, Historiologie usw. bieten Aufschluss über diese Probleme sowie Ansätze für deren Überwindung. Mit ihrer Umsetzung wird genau wie in der humanevolutionären Entwicklung wieder ein fähiges Beziehungs- und Sozial-Leben in echter Lebens-Qualität und Freiheit möglich.

---

[3] David Hurst Thomas, in: Göran Burenhult: Illustrierte Geschichte der Menschheit II, S. 11

Inhaltsverzeichnis

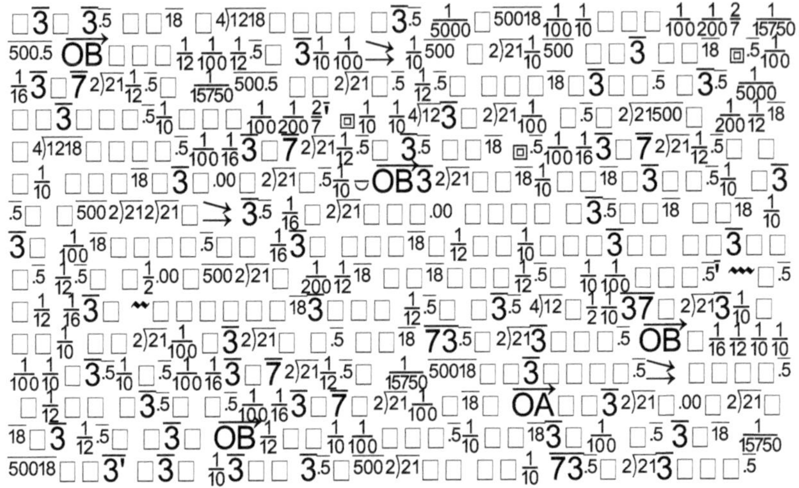

Ein codierter Text

Vorwort

Gerade auch wenn die hier angesprochene Thematik in unserer Gesellschaft kaum an ein entsprechendes Bewusstsein anknüpfen kann, so ist sie mir gerade deswegen ein besonderes Anliegen. Wenn man erstmal einen Zugang zu ihr gefunden hat, sieht man, dass hier ein Ursprung der meisten Probleme unserer Gesellschaft liegen – die sich mit einem Verstehen dieser Thematik effektiv lösen lassen.

Die Aussagen Wittgensteins sind keineswegs überzogen. Doch da diese Problematiken allgemein verbreitet sind, nimmt man sie für >normal<. Wohl bemerkt man, dass die Kommunikation und auch das Sozialleben häufig nicht wie erwünscht funktioniert, aber man kommt zumeist nicht auf den Gedanken, dass es tiefere Gründe haben könnte, dass es so auch kaum funktionieren *kann*. Dies liegt keineswegs >am Menschen<. Denn gerade der Mensch ist an sich das kommunikative Wesen par excellence, und das wirkliche Beherrschen von Sprache befähigte ihn über Jahrzehntausende zu einem fähigen Sozial- und Beziehungs-Leben in guter Lebens-Qualität - bis es am Ende der Eiszeit zu der wahrhaft >babylonischen Sprachverwirrung< kam, die noch immer kultiviert wird.

Die erste Fassung dieses Werks entstand im Sommer 2010, nachdem ich im Rahmen meiner kulturgeschichtlichen Forschungen endlich dazu kam, mich speziell mit dem Bereich Sprache und Etymologie zu befassen.

Schon 2003 war ich bei meiner Studie >Frau Holle und der Drache von Lascaux< bzgl. der mindestens 40.000 Jahre zurückreichenden Venus-Figuren und der weltweit verbreiteten Stier-, Kuh- bzw. Drachen-Symbolik auf wichtige sprachliche Zusammenhänge gestoßen, die vielfältige Aufschlüsse ermöglichten.

Doch musste ich dabei feststellen, dass meine Ergebnisse auf etwas anderes hinausliefen, als die gängige Etymologie des Deutschen und ihre Auffassung von Sprache und unserer Sprachgeschichte vertraten. Dieser Eindruck verstärkte sich bei meinen etymologischen Studien ab 2010. Das brachte mich im Sommer 2010 dahin, bei meinen etymologischen Studien immer auch die Dimensionen der Evolution von Sprache – Neurologie und der sprachgeschichtlichen Entwicklung mit einzubeziehen.

Ein Teil der damaligen Fassung ging in den ersten Band meines sprachgeschichtlichen und etymologischen Werks *Cûl Tura* ein. Doch angesichts der bereits entstandenen Menge an Stoff wollte ich das dortige Werk nicht auch noch mit der hier angesprochenen Thematik befrachten. Insofern entstand der Gedanke, dazu ein eigenes Werk zu erarbeiten.

Allerdings stellte ich hierbei erneut fest, dass es dazu noch viele weiteren Aspekte und Beiträge gibt. So kam ich im Frühjahr 2022 dahin, mich auf den zentralen Bereich dieser Thematik zu konzentrieren und zu beschränken – und hierbei auch etliche Punkte recht kurz zu halten. Theorien zur Sprachphilosophie usw. werden hier nicht explizit diskutiert. Doch werden neuere Einsichten zu Humanevolution, Neurologie und Geschichte aufgenommen, soweit sie hier von Bedeutung sind.

Die Abhandlung des zentralen Bereichs ist, wie man vielleicht selbst sehen wird, genug Aufgabe für sich. Selbst einzelne Punkte hiervon sind für die Zukunft noch eine eigene Aufgabe. Doch dafür werden hier schon mal eine Grundlage und ein Rahmen angelegt.

Ich selbst bin auf jeden Fall der Auffassung, dass die dargestellten Erkenntnisse von einiger Bedeutung sind, die sozial so fatalen Probleme der immer noch bestehenden >babylonischen Sprachverwirrung< zu klären, so dass sie gelöst werden können.

CR

Hinweis

Im Unterschied zu den **runden Klammerzeichen** (.) sind die **eckigen** Klammerzeichen […] *in Zitaten* Ausdruck meiner Bearbeitung [= CR]. Dies schließt auch mitunter eine Bemerkung [*kursiv abgesetzt*] ein. Dies wird an den Stellen nicht jeweils vermerkt.

Aurignacien, Europa, ca. 40.000 – 30.000 v. Chr.

„Ein Beispiel für die Syntax der […] Jäger in Altamira. Die Gravierungen zeigen eine Assoziation von Bilderschriftzeichen und Psychogrammen aus dem Aurignacien." [4]

---

[4] Zitat u. Vorlage der Nachzeichnung nach: E. Anati: Höhlenmalerei, S. 28

oben: Spiel mit Schriftzeichen (ohne Inhalt)

Teil I
Zur Evolution von Sprache

„Die Sprache ist in engster Weise mit den allgemeinen kognitiven Fähigkeiten des Menschen verbunden, und die Entstehungsgeschichte der Sprache ist zugleich auch ein Teil der Entstehungsgeschichte des Menschen. " [5]

Anders als bis in die Wissenschaften hinein noch immer gemeint wird, erklärt sich die Evolution von Sprache nicht eigentlich aus der Entwicklung von Kommunikation und entsprechend nicht aus dem Schritt einer Ausdifferenzierung von Lauten zu Wörtern. Sie steht zunächst vielmehr mit bestimmten neurologischen Gehirn-Entwicklungen in Verbindung.

Dies gilt auch für die beiden unterschiedlichen Dimensionen von Sprache bei uns Homo sapiens. Sie verknüpfen sich mit Verbin-

---

[5] Horst M. Müller: Sprache und Evolution, S. 74

dungen zu zwei höchst unterschiedlichen Gehirnbereichen, zu denen es in zwei sehr verschiedenen evolutionären Stufen kam.

Da dies mit entscheidenden Konsequenzen für das Verstehen von Kommunikation und dem, was eigentlich Sprache und eine wirkliche Beherrschung von Sprache ist – was bei uns gemeinhin nicht richtig bzw. deutlich im Blick ist –, soll hier zunächst kurz auf die Evolution unseres Gehirns eingegangen werden.

1 Zur Evolution des Gehirns

Die Entstehung und Entwicklung von Sprache stehen mit bestimmten Entwicklungen des Gehirns in Verbindung. Hierbei gibt es unterschiedliche Stufen und Ebenen, die in Bezug auf Sprache eine Rolle spielen.

Das Gehirn selbst entstand aus einer evolutionären Weiterentwicklung der Nervenbahnen, die ihrerseits bei der Evolution der Mehrzeller aus der Spezialisierung der Zellen aufkamen. Zu der Entwicklung des Nervensystems lässt sich etwa sagen:

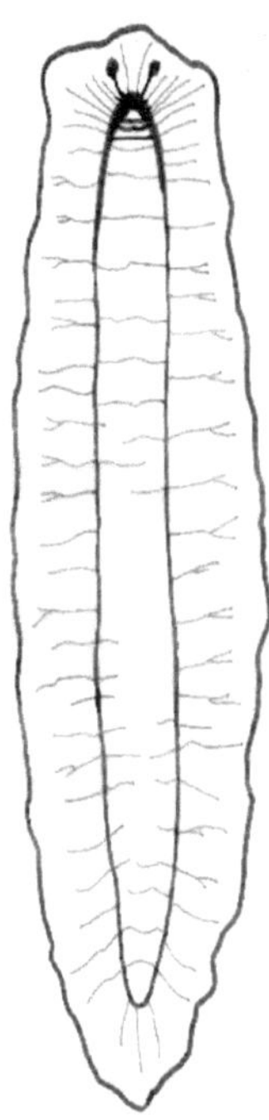

„Die erste Stufe [*der Entwicklung des Nervensystems*] ist ein einfaches >Nervennetz<. Die bloße Form seines Musters zeigt, dass es hier keine Hierarchie geben kann, sondern nur >Gleichschaltung<. Ein symmetrischer Schaltplan schließt die Möglichkeit von Aktionen aus, die einen unterschiedlichen Einsatz verschiedener Teile des Organismus erfordern. [...]
Schon bei den Würmern [*Abb. rechts*] sieht die Sache anders aus. Das typische >Strickleitersystem< ist in seiner bilateralen Symmetrie und der ständigen Wiederholung der gleichen Schaltelemente zwar auch nicht mehr als die Widerspiegelung des ebenso monotonen Baus seines Trägers, also etwa des Regenwurms. Aber hier gibt es am vorderen Ende doch schon eine kleine Ansammlung von Ganglienzellen: [...] die erste, noch knospenartige

Andeutung einer übergeordneten Zentrale und damit die erste Chance eines, wenn auch noch primitiven Programms." [6]

Der evolutionäre Ursprung des Gehirns entstand als eine neue Form in der Koordination des Nervensystems, die sowohl eine komplexere körperliche Anlage als auch eine komplexere Lebensform ermöglichte.

Hierbei wurde das Gehirn selbst zu einem Organ, das in dieser Koordination auch selbst für bestimmte körperliche Aufgaben zuständig wurde.

Eine dieser Aufgaben, die insbesondere beim Menschen und in Hinsicht auf die Evolution von Sprache von Bedeutung werden sollte, ergibt sich aus dem folgenden Zitat:

„Man bringt einem Tier bei, eine ihm gezeigte farbige Karte mit einer bevorstehenden Fütterung zu assoziieren. Erwartungsgemäß hängt die Dauer der Erinnerung mit der Größe des Gehirns zusammen. Wenn zwischen dem Zeigen der Karte und der Fütterung mehr als zehn Sekunden vergehen, vergessen Goldfische die Bedeutung des Signals, während Tauben und Eidechsen sich zwei bis drei Minuten lang erinnern können und Paviane sogar bis zu einer halben Stunde danach noch die Fütterung erwarten." [7]

---

[6] Ditfurth: Der Geist fiel nicht vom Himmel, S. 77 f. Nachzeichnung ebd.
[7] John McCrone: Als der Affe sprechen lernte, S. 96

1.1 Zu der Struktur des menschlichen Gehirns

Im Verlauf der weiteren Evolution bildeten sich verschiedene Strukturen im Gehirn heraus. Hierbei gibt es im menschlichen Gehirn drei Grundstrukturen, von denen zwei in Hinsicht auf Sprache eine besondere Rolle spielen.

Zum Großhirn oder Neokortex (grau markiert)

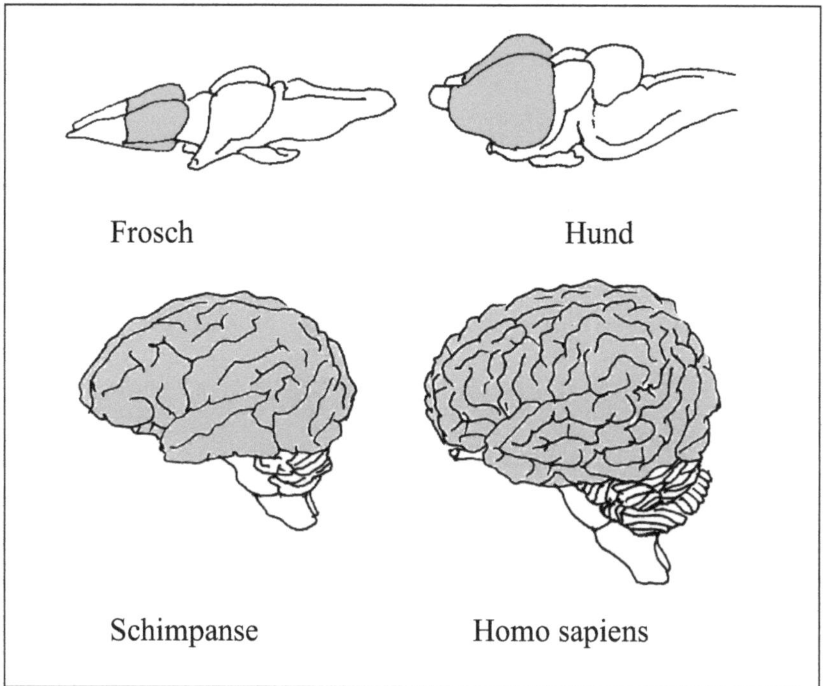

Nachzeichnung nach: Hoimar v. Ditfurth: *Der Geist fiel nicht vom Himmel, 7. Farbblatt nach S. 224*

Dieses Buch bietet eine gut lesbare ausführliche Abhandlung über „Die Evolution unseres Bewusstseins" (so der Untertitel), wenn es auch nicht mehr in allem aktuell ist.

Nach einer interessanten Theorie sind in dem menschlichen
Gehirn drei evolutionäre Hauptetappen repräsentiert:

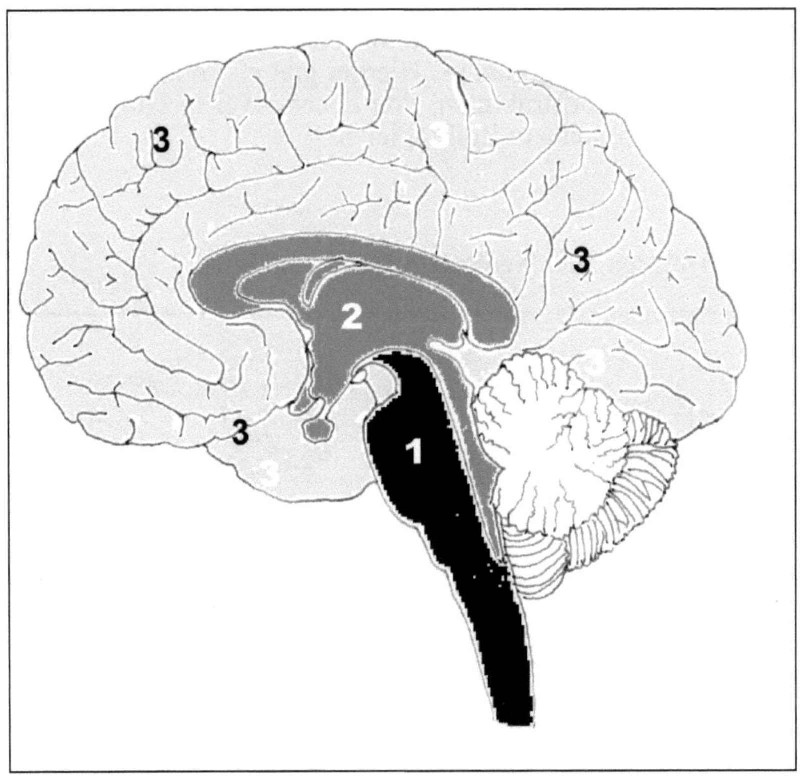

*Menschliches Gehirn mit den drei grundlegenden evolutionären
Stufen:*

1 >unterer Hirnstamm< (schwarz),
2 >Zwischenhirn< (oder „Reptiliengehirn", dunkelgrau)
3 >Großhirn< oder (Neo-) Kortex (hellgrau)

Nachzeichnung nach: Hoimar v. Ditfurth: Der Geist, S. 18 f., 84 f., 226 f.

Aus der evolutionären Entwicklung zu komplexeren Nervenstrukturen erwächst zunächst der >**untere Hirnstamm**< (1) als
Form der Koordination der Nervenstrukturen. Bis zu dieser
Ebene kann das Lebewesen allein auf Reize reagieren, die *unmittelbar* den Organismus *berühren*.

In Verbindung mit der evolutionären Entwicklung der höheren
Sinnes-Organe wie z.B. der Augen und Ohren kommt es zu einer
Weiterentwicklung des >unteren Hirnstamms< zu dem so genannten >**Reptiliengehirn**<, da diese Gehirnanlage in der Evolution im Besonderen von den Reptilien repräsentiert wird. Aus
der menschlichen Perspektive wird hierbei von >**Zwischenhirn**< gesprochen. Mit ihm können Gerüche und optische und
akustische Signale über die evolutionäre Entwicklung von >Na-
sen<, >Augen< und >Ohren< für **Verhaltens**-Reaktionen erschlossen werden.

Zu der Ebene des >unteren Hirnstamms< gehören die Empfindungen im Mund und, dass wir nervlich negativ auf Rauchgase,
Berührung von Feuer usw. reagieren. Demgegenüber ermöglicht
das >Zwischenhirn<, akustische und optische Anhalte auch aus
Entfernung zur Erkennung von Erwünschtem wie Nahrung, Ge-
schlechtspartnern oder von Unerwünschtem und Gefahren wie
Feinden zu nutzen und mit einem entsprechenden Verhalten darauf zu reagieren. Dies geht evolutionär mit der Entwicklung
neuer neurologischer Strukturen im Körper und der entscheidenden >Schaltzentrale< im Gehirn einher.

In der weiteren evolutionären Entwicklung einer jeweiligen Art
werden diese als >Zwischenhirn< angelegten Nervenstrukturen
als Ausdruck der erfolgreichen Verhaltensformen ganz entsprechend anderer körperlichen Entwicklungen in der genetischen
Anlage vererbt. Hiermit verknüpft sich der Schritt von den >Re-
flexen< auf der Stufe des >unteren Hirnstamms< zu den >Ins-
tinkten< als den neurologischen Strukturen im Kontext des Zwischenhirns.

1.2 Das Zwischenhirn – der Ort der Verhaltens-Programme

In der weiteren Evolution des Gehirns kommt es nach dem >Reptiliengehirn< zu der Stufe des „Großhirns" oder >Neokortex<. In dieser Art ist auch unser menschliches Gehirn angelegt. Diese Entwicklung hat ihre Gründe. Doch ist es eine falsche Annahme, dass diese Weiterentwicklung **per se** mit einer höheren Intelligenz verbunden wäre.

Tatsächlich kam der große evolutionäre Erfolg lange dem >Reptiliengehirn< mit seiner angeborenen Intelligenz zu, in dem die erfolgreichen Verhaltensformen ganz entsprechend anderer körperlichen Entwicklungen in der genetischen Anlage vererbt wurden.

„Der Vorteil dieser Situation besteht darin, dass allen Anforderungen und Aufgaben mit Verhaltensrezepten begegnet werden kann, die nicht bloß von einem einzelnen, sondern von den unzähligen Mitgliedern Hunderter und Tausender von Generationen der eigenen Art auf ihre Brauchbarkeit durchprobiert worden sind." (Ditfurth: Der Geist, S. 191)

Als diese **Verhaltensprogramme** lassen sich insgesamt „Futter- oder Beutesuche, Körperpflege und Verteidigungsreaktionen, den sexuellen Verhaltensbereich und die Brutpflege" sowie die >Rekreation< (Ruhen/Schlafen) ausmachen, „wobei bei einzelnen Arten noch spezielle Leistungen – Beispiel: Zugvogelorientierung – hinzukommen mögen." (Ditfurth: Der Geist, S. 143). Die Anzahl der eigentlichen >Verhaltensprogramme< ist also durchaus sehr begrenzt.

Die genetisch mit den Nervenstrukturen vererbte >Erfahrung< ersparte dem Nachwuchs lange Sozialisations-Entwicklungen. Denn mit ihr war die große Gefahr verbunden, mangels hinrei-

chender Erfahrung leicht zum Opfer zu werden. Hingegen
>weiß< eine frisch aus dem Ei geschlüpfte Wasserschildkröte
auf Anhieb ins Meer zu laufen, dort zu schwimmen und sich er-
nähren. Das Wachstum der Zwischenhirn-Tiere zur Erwachse-
nen-Stufe ist wesentlich ein rein körperlicher Prozess (Körper-
größe) und vollzieht sich von daher erheblich schneller als bei
den Großhirn-Wesen.

In den großen Zeiträumen der Geschichte unseres Planeten war
bis zu dem Ende der Dinosaurier die Zwischenhirn-Anlage in
der Fauna die erfolgreichste Form. Die erheblich aufwendigere
Großhirn-Anlage vermochte sich bis dahin lediglich in kleinen
Restbeständen der Natur zu behaupten, für die die Zwischenhirn-Gesamtanlage zu unkomplex war.

Evolutionär hatte die Zwischenhirn-Gesamtanlage nur ein einzi-
ges grundsätzliches Problem, das vor allem bei den geologischen Umbrüchen von Konsequenz wurde:

„[…] die tödliche Gefahr dieser gleichen Situation ergibt sich
daraus, dass diese so überaus sorgfältig getesteten Rezepte
[*der genetischen Verhaltenssteuerung im Zwischenhirn*] in
dem gleichen Augenblick wertlos werden, in dem sich die
Umweltbedingungen ändern, auf die sie mit solcher Sorgfalt
– und dem entsprechenden Zeitaufwand – zugeschnitten worden sind. Für dieses doppelte Gesicht der vom Instinkt be-
wirkten Einordnung in die Umwelt gibt es eine ganze Reihe
zum Teil dramatischer Beispiele. […].“ [8]

„Ein Lebewesen, das über das Niveau des reinen Zwischen-
hirndaseins hinausgelangt und damit des individuellen Sam-
melns von Erfahrungen fähig geworden ist – wir nennen das
gewöhnlich >lernen< -, kann unter Umständen innerhalb von
Sekunden aus einer einzigen Erfahrung anpassende Konsequenzen für sein zukünftiges Verhalten ziehen. Die Art dagegen lernt innerhalb von Zeiträumen, die sich nach Jahrzehn-
tausenden bemessen.“ [9]

---

[8] Hoimar v. Ditfurth: Der Geist, S. 191
[9] Hoimar v. Ditfurth: Der Geist, S. 146

1.3 Der Großhirn-Sektor

Aufgrund dieser Grenzen der Zwischenhirn-Fähigkeiten kam es schon in hohen Zeiten zu einer Erweiterung des Gehirn-Bereichs: dem **Neokortex**, auch **Großhirn** genannt. Mit dieser Entwicklung verbindet sich die Sozialisations-Anlage der **Lern-Entwicklung**. Wir sehen also, dass die Großhirn-Evolution sowohl ihre Gründe als auch ihre höchst bedeutsamen Vorteile hat.

Doch wäre es naiv zu meinen: je mehr Großhirn (und je mehr Sprache), desto schlauer und überlebensfähiger. Dies ist eine Auffassung, die effektiv aus vorwissenschaftlichen Vorstellungen stammt.

Denn mit der Neokortex-Anlage verknüpfen sich eine bedeutsame Verlängerung der Kindheit und damit entsprechend höhere Anforderungen in der Nachwuchs-Aufzucht, und dies umso mehr, je höher der Anteil des Großhirns im Gehirn liegt.

Schon der darin erkennbare Gegensatz zu der Zwischenhirn-Entwicklung deutet darauf, dass die Entwicklung des Neokortex aus evolutionären Krisen entstand, wohl insbesondere in geologischen Umbrüchen. Ging der evolutionäre Trend der Zwischenhirn-Entwicklung dahin, möglichst viel an Erfahrung in der Zwischenhirn- und Nerven-Anlage genetisch zu verankern und also die recht prekäre Phase der kindlichen Entwicklung so kurz wie möglich zu halten, so kehrte die Großhirn-Evolution dies um. Je höher der Anteil des Neokortex im Gehirn liegt, desto länger dauern die Kindheiten zu dem Zwecke eigener Erfahrungen.

Die Großhirn-Anlage bedeutet also gerade nicht, mit mehr Intelligenz geboren zu werden. Das Gegenteil ist gegenüber der Zwischenhirn-Anlage der Fall: die Nervenstrukturen sind zunächst noch unreif und reifen als >Sozialisations-Prägung< verzögert bis zur Geschlechtsreife.

Diese Anlage hat ihre großen Vorteile, aber ebenso ihre großen Anforderungen, Nachteile und Gefahren. Ob diese Anlage zum Vorteil wird, hängt hier, je höher der Neokortex-Anteil im Gehirn liegt, desto stärker an der Qualität der Sozialisations-Verhältnisse.

Auf keinen Fall kann die Großhirn-Evolution per se mit der Entwicklung von Intelligenz gleichgesetzt werden. Sie stellt nicht bloß weniger ererbte Intelligenz als die reine Zwischenhirn-Anlage zur Verfügung. Sie kann bei ungünstigen Sozialverhältnissen sehr wohl auch sehr ungünstige Lern-Entwicklungen zur Folge haben. Auch Dummheit, abstruse Weltbilder, aggressives Konkurrenz-Verhalten bis zu Barbareien können gelernt werden. Tatsächlich sind hier in der Evolution effektive Probleme entstanden, gerade auch in dem Vorfeld der humanevolutionären Entwicklung. Wie wir noch sehen werden, war die Evolution von Sprache und technischer Intelligenz nicht schon an sich die Lösung.

Zunächst aber bedeutet die Großhirn-Evolution nichts anderes, als dass hier Zwischenhirn-Funktionen von angeborenen >Instinkten< in Form von >Prägungen< auf Phasen in der Kindheit verlagert werden. So wurde mit entsprechenden Tier-Experimenten

„eine Art der Verschränkung von Instinkt und Lernfähigkeit nachgewiesen, von der man bis dahin noch nichts gewusst hatte. Den Buchfinken war, anders ließ sich das Resultat nicht deuten, die Fähigkeit angeboren, *etwas ganz Bestimmtes lernen zu können.* […] Diese sehr erstaunliche angeborene Fähigkeit zu selektivem Lernen ist inzwischen bei vielen verschiedenen Arten in Bezug auf ganz verschiedene Leistungen nachgewiesen und gesichert." [10]

---

[10] Hoimar v. Ditfurth: Der Geist, S. 198

1.4   Zur Evolution der Primaten

„Das erste Lebewesen, dessen Großhirn alle älteren Hirnteile in der Entwicklung überflügelt hat, ist der Affe." [11]

Es waren vor allem die Säugetiere, die auf die Dauer aus ihrer Großhirn-Anlage einen Nutzen zu ziehen verstanden. Mit dem Säugen und einer oft noch weiteren Betreuung in der Kindheit konnte die Lern-Entwicklung in einem guten Maß gesichert werden.

Innerhalb der Säugetiere sind die Primaten im Besonderen mit den Nagetieren verwandt, und die frühen Primaten ähneln ihnen, auch in der Größe. Was zu der Trennung ihrer evolutionären Stränge führte, war ihre jeweilige Überlebens-Strategie. Offenbar entstand der Strang der Primaten (*Euprimates*) unter besonders extremen Naturverhältnissen, wo Intelligenz zu dem entscheidenden Sachverhalt im Überleben wurde. Es zeigt sich hier mehrfach, dass die Stufen der weiteren Primaten-Evolution aus geologischen Krisen resultierten, wo sich die Großhirn-Anlage und die Länge der Kindheiten jeweils potenzieren. Auch die Entstehung von Sprache scheint dies zum Hintergrund zu haben (s.u.).

Ein Vergleich zwischen der biologischen Strategie der Primaten und der Nagetiere zeigt bei aller ursprünglichen Verwandtschaft, was für ein enormer Unterschied auf die Dauer daraus evolutionär entstand.

Zu den Nagetieren und speziell der Hausmaus:

„Viele Arten [*der Nagetiere*], etwa die Mäuseverwandten, sind durch eine ausgesprochen hohe Fertilität gekennzeichnet (r-Strategie). Das Weibchen kann mehrmals im Jahr

---

[11] H. v. Ditfurth: Im Anfang war der Wasserstoff, S. 270, vgl. S. 269 und 323

26

Nachwuchs zur Welt bringen, die Trächtigkeitsdauer ist kurz und die Wurfgröße hoch. Die Neugeborenen sind Nesthocker, oft unbehaart und hilflos, wachsen aber sehr schnell und erreichen binnen Wochen oder Monaten die Geschlechtsreife. So haben manche Hamsterarten mit nur 16 Tagen die kürzeste Tragzeit aller Plazentatiere und sind bereits mit sieben bis acht Wochen geschlechtsreif. Vielzitzenmäuse haben bis zu 24 Zitzen und Nacktmulle können bis zu 27 Neugeborene pro Wurf austragen." [12]

Die >**Hausmaus**< „wirft bis zu acht Mal jährlich mit durchschnittlich 3 – 8 Jungen." „Die Tragezeit beträgt etwa drei Wochen." Etwa ebenso lange werden die Jungen gesäugt, im Alter von sechs Wochen sind sie geschlechtsreif. „Als zuchtreif gelten sie ab der achten Woche." [13]

Allgemein erfährt die Hausmaus viele Verluste durch Fressfeinde. Ihre Lebenserwartung beträgt durchschnittlich zwei bis drei Jahre.

<u>Merkmale der (Eu-) **Primaten** (mit über 400 Arten)</u>

- „Die Weibchen haben geringe Wurfgrößen. Schwangerschaft und Abstillen dauern länger als bei anderen Säugetieren vergleichbarer Größe."

- „Die Gehirne sind verhältnismäßig größer als bei anderen Säugetieren und weisen einige einzigartige anatomische Merkmale auf."

„Generell zeichnen sich Primaten durch eine lange Trächtigkeitsdauer, eine lange Entwicklungszeit der Jungen und eine eher hohe Lebenserwartung aus. Die Strategie dieser Tiere liegt darin, viel Zeit in die Aufzucht der Jungtiere zu inves-

---

[12] Wikipedia: *Nagetiere. Fortpflanzung.* 7.1.21, 5:23 Uhr
[13] Wikipedia: *Hausmaus. Fortpflanzung.* 28.04.23, 6:15 Uhr

tieren, dafür ist die Fortpflanzungsrate gering. Die kürzeste Tragzeit haben Katzenmakis mit rund 60 Tagen, bei den meisten Arten liegt sie zwischen 4 und 7 Monaten. Die längste Trächtigkeitsdauer haben der Mensch und die Gorillas mit rund 9 Monaten.
Bei den meisten Arten überwiegen Einzelgeburten, und auch bei den Arten, die üblicherweise Mehrfachgeburten aufweisen (darunter Katzenmakis, Galagos und Krallenaffen), liegt die Wurfgröße selten über zwei oder drei Neugeborenen." [14]

Doch ist es eher eine Vorstellung des 19. Jahrhunderts, dass sich der evolutionäre Erfolg der Säugetiere und insbesondere der Primaten ihrer Intelligenz verdankt.

Tatsächlich wäre dieser Erfolg gering geblieben, oder sie wären gar dem Aussterben verfallen, wenn ihnen nicht die gigantische Naturkatastrophe vor ca. 66 Mio. Jahren zu Hilfe gekommen wäre. Diese löschte einen Großteil des Lebens auf der Welt aus, insbesondere die größeren Tiere.[15] Nun konnte sich nach dem Wegfall der übermächtigen Dinosaurier die Klasse der Säugetiere an die Spitze der Tierwelt setzen.

„Der Beginn des Zeitalters der Säugetiere [...] ist gekennzeichnet durch geologische Umwälzungen und klimatische Veränderungen [...]. Die kleinen Säugetiere, die fast hundert Millionen Jahre lang ängstlich und furchtsam über den Waldboden schnüffelten und Samen und Insekten suchten, ständig von gefräßigen Reptilien bedroht, hatten nun eine evolutionäre Chance." [16]

S. dazu bei Bedarf weiter bei Wikipedia: *Känozoikum* (Erdneuzeit).

---

[14] alles nach: Wikipedia: *Primaten*. 7.1.21, 5:23 Uhr

[15] Dass diese Katastrophe auf einen Asteoriden-Einschlag zurückgeht, erscheint nach der neueren Fassung des Wikipedia-Artikels >Kreide-Paläogen-Grenze< (27.4.23, 7:45) als das „derzeit wahrscheinlichste Szenario".

[16] R. E. Leakey & R. Lewin: Wie der Mensch zum Menschen wurde, S. 40

Die Linie der **Primaten** zum >Menschen< ist **fett** gezeichnet

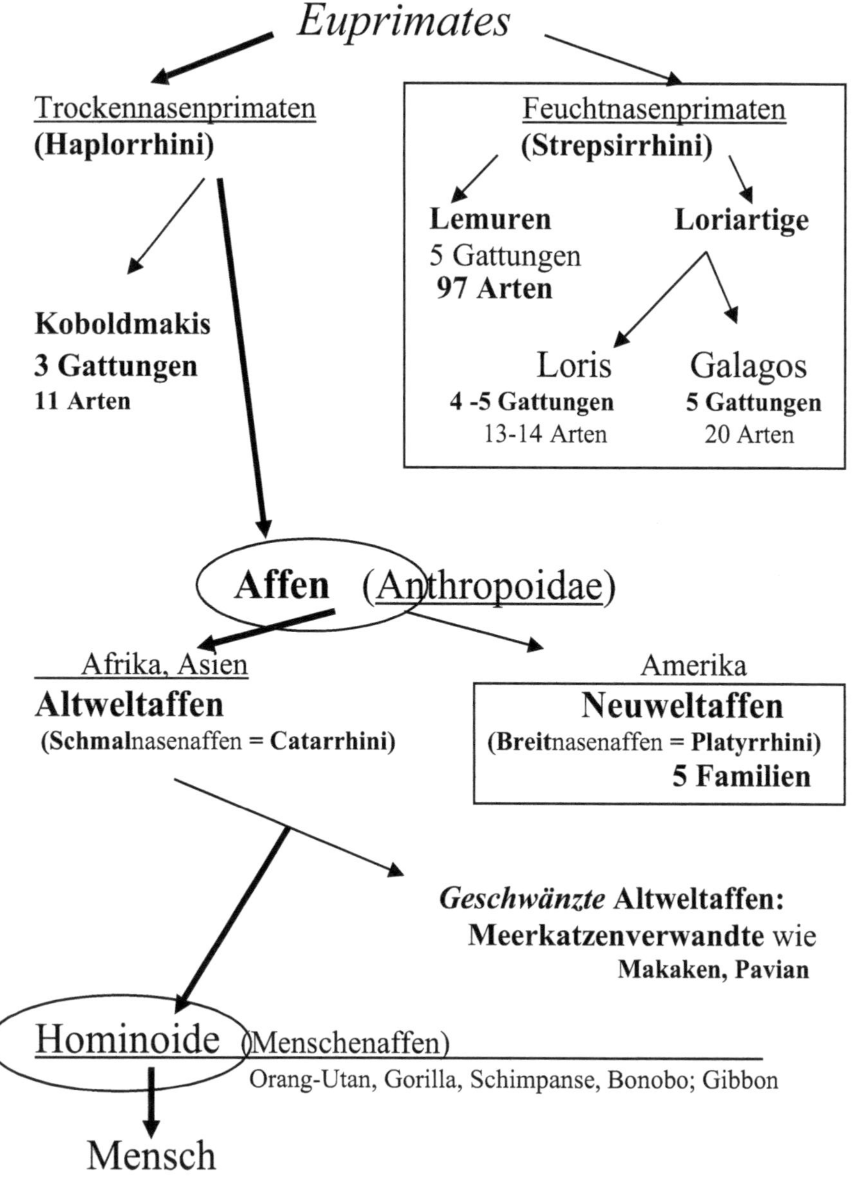

Überblick Hominoide >> Menschen

nach der in diesem Buch vertretenen Auffassung

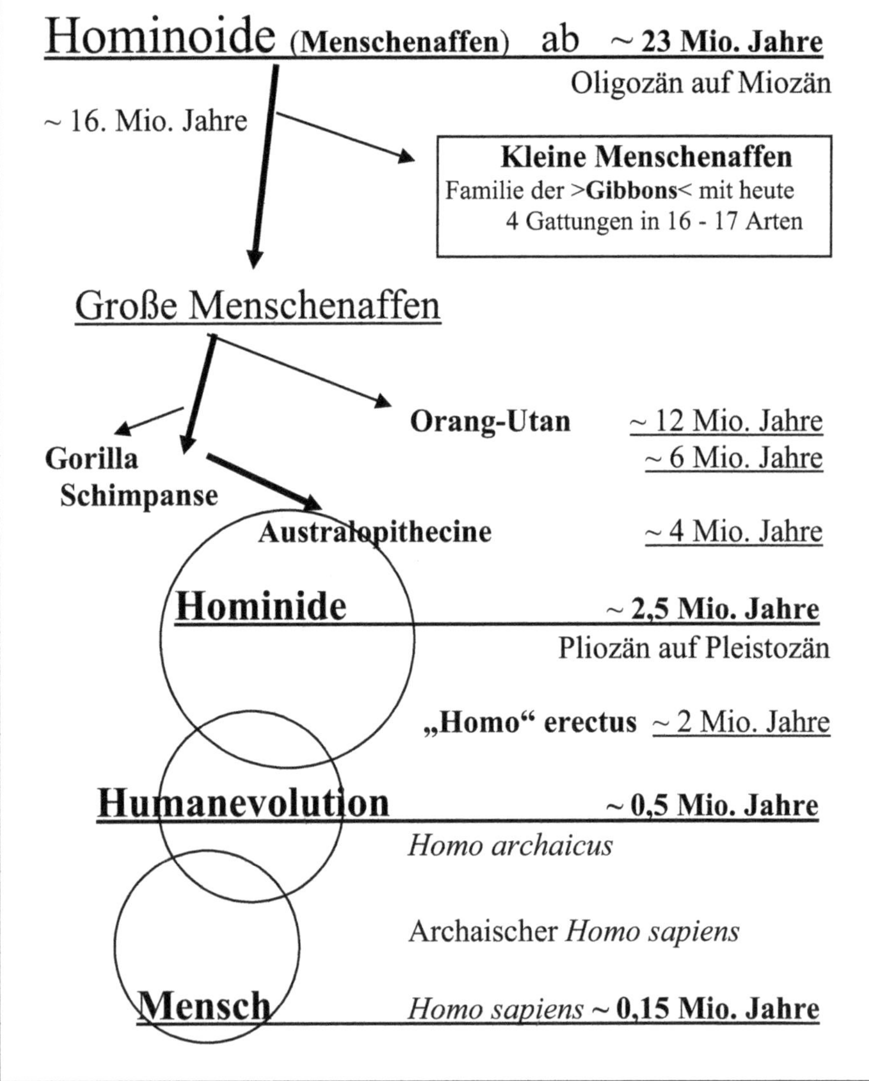

2 Zur evolutionären Entstehung von Sprache

„Eine Sprache verstehen, heißt, eine Technik beherrschen."
Ludwig Wittgenstein [17]

Die aufkommenden Einsichten in die >ursprüngliche Sprache des Homo sapiens (HS)< nötigten ständig zu einer Auseinandersetzung mit der humanevolutionären Entwicklung und der Evolution von Sprache. Denn sie deuteten darauf, dass die >ursprüngliche Sprache HS< bis zum Ende der Eiszeit **entscheidend anders** als unsere historischen Sprachen funktioniert hat.

Umgekehrt stellten sich auch grundlegende Zusammenhänge zwischen der historischen Entwicklung und einer substanziell neuartigen Sprachentwicklung am Ende der Eiszeit dar. Auch von hier aus entstanden in rückwärtiger Perspektive wichtige Einsichten, wie ab Kapitel 6 skizziert werden soll.

In diesen Zusammenhängen hatten auch die neueren neurologischen Erkenntnisse Konsequenzen für das Verständnis der humanevolutionären Entwicklung. Es ist hier nicht der Ort, eingehender darauf einzugehen. Doch da sich das Entscheidende mit der Verbindung von Neurologie und Sprache verknüpft, dürften hier die wichtigsten Gründe für das veränderte Modell von Humanevolution deutlich werden.

---

[17] Wittgenstein: Philosophische Untersuchungen, zitiert nach: A.C. Grayling: Wittgenstein, S. 99

2.1   Laute und Wörter

Wörter sind zunächst einmal Lautformen. Sie konnten zu Bestandteilen der neurologischen Funktionslogiken werden, wo eine Befähigung zum Hören und zur Erzeugung von Lauten vorhanden war. Dies begann, wie erwähnt, bereits in Verbindung mit der Evolution des Zwischenhirns.

„Wörter sind nichts anderes als Geräusche, die das Gehirn [*evolutionär ursprünglich*] auf dieselbe Weise verarbeitet wie alle anderen akustischen Signale. Der Klang eines Wortes trifft auf die Hörrinde des Cortex und wird zu einer bewussten Sinneswahrnehmung wie das Pfeifen des Windes oder das Klingeln eines Telefons. Der Unterschied zwischen alltäglichen Geräuschen und Wörtern besteht darin, dass das Gehirn von Kindheit an dazu erzogen wurde, den Klang bestimmter Wörter mit bestimmten Erinnerungen zu verknüpfen."[18]

Der Schritt von bloßen Lauten zu Wörtern besteht nun darin, dass die Laute zu einem **Code akustischer Symbole** entwickelt wurden. Mit diesem zunächst kleinen Schritt wurde jedoch ein völlig neuartiges Potential begründet.

„Die spezifisch menschliche Fähigkeit, das Geschehene zu benennen, macht unsere Wahrnehmung jedoch zu etwas Besonderem, denn sie versetzt uns in die Lage, diesen natürlichen Vorgang zu steuern.
Indem wir etwas benennen, heben wir diesen Gegenstand deutlich gegen seinen Hintergrund ab. Wenn wir zum Bei-

---

[18] John McCrone: Als der Affe sprechen lernte, S. 118

spiel unsere Augen wortlos durch einen bekannten Raum schweifen lassen, nehmen wir zwar alles wahr, doch hinterlässt nichts einen besonderen Eindruck auf uns. Ein Tier wird stets ausdruckslos auf die Vertrautheit eines solchen Raumes reagieren und nur dann aufmerksam werden, wenn etwas Ungewöhnliches geschieht, wenn zum Beispiel ein Spielzeug in einer Ecke des Zimmers bewegt würde. Menschen dagegen können sich auf ein Objekt konzentrieren und es benennen, als hätten wir den Gegenstand aus dem Bild ausgeschnitten. Aus seiner Umgebung herausgelöst, ist der Stuhl oder der Vorhang nicht länger irgendein belangloses Merkmal der Szene, sondern eine bestimmte klar umrissene Erinnerung, die sauber zurechtgeschnitten und unabhängig vom ursprünglichen Kontext ist.

Genau diese durch die Sprache geschärfte Wahrnehmung erlaubt es dem Menschen, einen beliebigen Gegenstand in den Blickpunkt der Aufmerksamkeit zu rücken und über ihn nachzudenken; dies gilt sogar für etwas so wenig Greifbares wie das eigene Denken.

Den Tieren dagegen wird das, was sie denken, durch ihre Wahrnehmungsfilter aufgezwungen. Ihr Gehirn ist darauf trainiert, stets die wichtigsten Geschehnisse der Umwelt [*oder ihrer Innenreize wie Hunger*] widerzuspiegeln, weshalb sich ihr Bewusstsein automatisch auf besonders auffällige Merkmale einstellt. Worauf ein Tier seine Aufmerksamkeit konzentriert, wird durch die Umwelt [*und die Verhaltensanlage*] bestimmt. Es besitzt keine Mechanismen, um dies selbst zu entscheiden. Wir Menschen dagegen können Wörter benutzen, um Teile der Welt wie mit einer Schere auszuschneiden. Wir können unsere Aufmerksamkeit bewusst auf etwas lenken, was den Nervenbahnen in unserem Gehirn – zumindest auf den ersten Blick – langweilig erscheint." [19]

---

[19] John McCrone: Als der Affe sprechen lernte, S. 119 f.

In Form von >Wörtern< konnten diese lautlichen Symbole ver-
innerlicht werden, so dass

> „[…] die Außenwelt [*und die körperlichen Impulse*] nicht
> mehr die alleinige treibende Kraft des Geistes darstellte." [20]

Durch Sprache entstand die deklarative Dimension der menschlichen Existenz.

> „Hirnuntersuchungen lassen vermuten, dass dieses Organ
> über mindestens zwei Formen des Erinnerns verfügt, die bei
> den meisten Verhaltensweisen nahtlos ineinander übergehen.
> Das nicht-deklarative Gedächtnis umfasst Fertigkeiten wie
> Handschrift oder Autofahren und wird vom Kleinhirn und
> den Basalganglien getragen. Das deklarative Gedächtnis be-
> steht aus Informationen – einer Adresse, Straßen zu einem
> Zielort, Worten, Gesichtern und anderem Wissen, das wahr-
> scheinlich in der Großhirnrinde gespeichert wird." [21]

Das folgende Beispiel zeigt die Bedeutung der deklarativen
Ebene:

> „Sowohl H.M. als auch ein weiterer Patient mit ähnlichen Ge-
> dächtnisausfällen erlernten dieses Geduldspiel genauso leicht
> wie Kontrollpersonen ohne Gehirnstörung. Und durch Übung
> verbesserten H.M. und der andere Patient sich schließlich so
> weit, dass es ihnen gelang, den Turm mit der Mindestzahl von
> 31 Zügen zu errichten. Sie selbst hatten allerdings immer das
> Gefühl, sie stünden zum ersten Mal vor dieser Aufgabe. Ir-
> gendwie hatten sie die Schritte, die zur Lösung dieser Auf-
> gabe nötig sind, bewältigt, doch fehlte ihnen jegliche be-
> wusste Erinnerung daran, sie erlernt zu haben." [22]

Das Lernen bestimmter Aufgaben erfordert wohl nicht an sich
die deklarative Ebene, aber das Verhalten bleibt reproduktiver

---

[20] John McCrone: Als der Affe sprechen lernte, S. 201
[21] Time Life-Bücher: Geist und Gehirn, S. 79
[22] Time Life-Bücher: Geist und Gehirn, S. 82

34

Art. Für ein Wiederholen der Aufgaben reicht das, aber nicht für mehr.

Es ist ein höchst bedeutsamer und neurologisch alles andere als selbstverständlicher Sachverhalt, dass sich mit Hilfe von Wörtern Gedanken und Vorstellungen **aktiv** initiieren lassen. Mangels dessen bleiben bei dem Schimpansen die Techniken und >Mittel< neurologisch effektiv von den Situationen abhängig. In dieser Hinsicht gilt in engster Form >Aus den Augen – aus dem Sinn<.

„Auf dieser Pyramide der Reizverarbeitung liegen die Sprache und die künstlichen Aspekte des menschlichen Geistes wie eine dünne Kruste. Diese dünne Kruste übt jedoch einen gewaltigen Einfluss auf den Menschen aus, da sie in der Lage ist, die Richtung des Verarbeitungsprozesses umzukehren. Tiere leben ausschließlich in der Gegenwart: alle ihre Sinneswahrnehmungen steigen wellenartig bis zur Spitze auf und verwischen dabei die Spuren früherer Wellen. Durch die Sprache ist es jedoch möglich, die Richtung umzulenken und Gedanken zurückzulenken. [...] Die dünne Kruste bewirkte also, dass das Gehirn nicht mehr nur einseitig von der Außenwelt angetrieben wurde, sondern dass es auch auf die sprachlich motivierten Gedankenketten in seinem Innern reagierte."[23]

„Weil die Sprache symbolisch war und sich nicht auf gegenwärtige Ereignisse beziehen musste, versetzte sie den Menschen in die Lage, über Vergangenes und Zukünftiges zu sprechen. Sie war kompakt, so dass Begriffe als Platzhalter fungieren können, um große Wissensbrocken im begrenzten Arbeitsspeicher des Bewusstseins hin- und herzuschieben." (ebd. S. 201)

Zu dem Thema >Sprache< und ihrer evolutionären Entwicklung bietet das Buch von John McCrone „Als der Affe sprechen lernte" eine gute lesbare Einführung, wenn dieses Werk

---

[23] John McCrone: Als der Affe sprechen lernte, S. 202

auch nicht in jeder Hinsicht befriedigend ist, vor allem nicht, wo es sich dem historischen Bereich annähert.

Doch was Wörter von Geräuschen und auch von Lauten wie *oh! au!* usw. unterscheidet, erklärt sich nicht vom Akustischen selbst her. Die Fehleinschätzung bzgl. Sprache beginnt bis in die Wissenschaft hinein bereits damit, dass man sie im Primären und Eigentlichen mit >Kommunikation< und also mit dem Schritt von Lauten zu Wörtern assoziiert. Doch werden in dieser Auffassung die **neurologischen** Grundlagen dieses Bereichs nicht erfasst.

So findet sich etwa schon bei den Affen:

„Sie verfügen über ein hoch entwickeltes Lautsystem zur Verständigung. Die in der afrikanischen Savanne lebenden Grünen Meerkatzen beispielsweise verwenden je nach Gefahrenquelle verschiedene Alarmrufe: Erspäht ein Affe einen Leoparden, so stößt er einen bellenden Laut, der die ganze Horde veranlasst, in den Schutz der Bäume zu fliehen; vor Schlangen warnt ein schnalzender Laut, bei dessen Ertönen alle Affen beginnen, auf Zehenspitzen stehend, das hohe Gras in ihrer Umgebung zu durchmustern. Daneben gibt es noch ein raues Kreischen, das vor Gefahr aus der Luft warnt, etwa vor einem Adler. Bei diesem Klang flüchten die Affen von den ungeschützten oberen Ästen eines Baumes weiter nach unten. Jede Bedrohung ruft einen ganz besonderen Warnschrei hervor, der wiederum die jeweils angemessene Reaktion auslöst."[24]

„Schimpansen produzieren Vokale, die denen unserer e-, a(ou-), u-Laute ähnlich sind (kein i jedoch); sie bilden Nasale wie m, ng; Konsonanten wie g(h), k(h), K(h)x und das ejektive kx'(k'). Ihre Verteilung (also ihre Häufigkeit, nicht ihre Verknüpfungs- oder Folgeformen) auf Situationen der

---

[24] John McCrone: Als der Affe sprechen lernte, S. 154 f.

Freude beim Finden von Nahrung, der Warnung bei Gefahr, bei der Begrüßung der Geschwister, des Kontakthaltens, des Schmerzes und anderes ist untersucht worden (Hockett 1973). Die Zuordnung von Situationen aus der Lautbildung heraus ist in der großen Mehrzahl ziemlich eindeutig möglich." [25]

Die Ebene der Laut-Äußerungen sind mit bestimmten Verhaltens-Situationen gekoppelt, auch noch beim Menschen etwa mit *au* (Schmerz), *oh* (Erstaunen, Überraschung), *iiih* (Ekel) usw. (>Expressionen<). Doch konnte es von diesen neurologischen Verbindungen kaum zu der Entwicklung von Sprache kommen. Vgl. dazu:

„Gehirnuntersuchungen an Rhesusaffen schienen diese Sichtweise ebenfalls zu stützen: Sie ergaben, dass die Lautäußerungen dieser Tiere nicht vom Neocortex gesteuert werden – also von der Großhirnrinde, die die meisten intellektuellen Prozesse lenkt -, sondern vom sog. Limbischen System, das mehr für den Gefühls- und Instinktbereich zuständig ist." [26]

Insofern treffen die Verweise auf die andere Gaumen-Anlage des Menschen gegenüber den Affen den eigentlichen Sachverhalt nicht. Wohl steht unsere andersartige Anlage des Gaumens mit der Evolution von Sprache in Verbindung, nicht aber als Ursache, sondern lediglich von der Art und Weise her, wie sich die Artikulation der Wörter entwickelte. Hier wäre auch ein anderer Weg denkbar gewesen.

Die Schimpansen und auch die einfachen Affen hätten vom Lautlichen her durchaus zu einer Ausbildung von Sprache kommen können, auch wenn diese deutlich anders geklungen hätte als unsere. Die digitale Technologie zeigt, dass es keiner großen Menge an Grundelementen bedarf, um eine beliebig hohe Kom-

---

[25] Friedhart Klix: Erwachendes Denken, S. 134
[26] Martin Kuckenburg: Wer sprach das erste Wort? S. 31

plexität in der Informationsvermittlung erlangen zu können. Im Fall der Computer reichen bei der binären Anlage gerade mal zwei Elemente. Nehmen wir unser Buchstaben-System, so basiert es kaum mehr als auf der doppelten Menge an Laut-Symbolen, als die Schimpansen an Lauten erzeugen können. Angeblich basiert das Hawaiische gar nur auf 13 Lauten [27] und damit nur unwesentlich mehr als bei den Schimpansen.

Der eigentliche Unterschied verknüpft sich vielmehr mit der andersartigen Einbettung in der neurologischen Anlage. Die Laute werden zu >Wörtern< oder Wort-Bestandteilen, wo sie mit jeweiligen Funktionsbezügen neurologisch mit dem Neokortex verbunden werden.

Hierbei ergibt sich, dass sich der Schritt zur Evolution der Sprache offenbar in der **Umkehrung** des Laut-Gebrauchs vollzog: **vom Hinweis und Appell an andere zum Hinweis und Appell an sich selbst** (= an sein Selbst), und zwar zwecks Durchführungen von komplexeren Aktivitäten, für die die bisherigen neurologischen Strukturen nicht zureichten.

---

[27] John McCrone: Als der Affe, S. 294 (Anmerkung 4)

2.2 Die neuen neurologischen Strukturen

Die Entstehung der Evolution von Sprache verknüpft sich offenbar mit der Umkehrung des Lautgebrauchs zu Signalen an sich selbst. Daraus entstand zunächst einmal eine neuartige neurologische Struktur, worin der entscheidende Unterschied zwischen dem Menschen und den Menschenaffen wie z.B. den Schimpansen liegt und der auch evolutionär an dem beträchtlichen Gehirnwachstum ersichtlich wird.

Es ist **dieser Schritt**, der auch die neurologische **Voraussetzung** zum planerischen Denken, zu einem systematischen Werkzeuggebrauch und einer neuartigen Geschicklichkeit - hier insbesondere in der Handfertigkeit - stellt.

Wohl setzt der Schritt zum Gebrauch von Mitteln nicht per se sprachliches Denken voraus, und er findet sich auch bereits früher in der Tier-Welt. Dieser Einsatz von Mitteln kann in >instinktiver< Erkenntnis erfolgen und dann in Nachahmung tradiert werden, sogar bis dahin, dass bestimmte Verhaltensformen auf die Dauer zur genetischen Ausstattung werden. Auch Geschicklichkeit ist nicht per se vom sprachlichen Denken abhängig. Es gibt Geschicklichkeiten, die genetisch angelegt sind oder in der Nähe der genetischen Möglichkeiten liegen, dass sie bei etwas Probieren „plötzlich" funktionieren. Das gilt bei uns etwa für das Schwimmen oder das Radfahren (im Gleichgewichts-Balancieren).

Demgegenüber ist das Erlernen eines Musikinstrumentes oder des Tippens etwas entscheidend Anderes. Dieses Erlernen ist aufgrund seiner präzisen Komplexität zunächst von einer genauen >geistigen< Kontrolle abhängig, bis die Bewegungen durch ständiges Wiederholen >in Fleisch und Blut übergehen<, sprich durch den Aufbau der neurologischen Verbindungen hinreichend in den tieferen neurologischen Bereichen verwurzelt sind. Diese vorausgehende Kontrolle der Bewegungsmuster ist mit Sprache verbunden. Die durch Sprache ausgeübte Kontrolle ermöglicht eine neuartige Komplexität und Präzision, wie sie bei dem Erlernen des Tippens, eines Instruments und bei bestimmten Handfertigkeiten notwendig ist.

Das Ausmaß der Bedeutung des Sprachlichen zur Steuerung von Bewegungen, zur Organisation von >Verhalten< und sogar für das >Sehen< zeigt sich umgekehrt in dem ganzen Feld der neurologischen Störungen bei Menschen. Z.B.:

> „Die Macht von Musik, Erzählungen und Schauspielen ist von größter theoretischer und praktischer Bedeutung. Dies lässt sich selbst bei geistig Schwerbehinderten mit einem IQ von unter zwanzig beobachten, die motorisch extrem beeinträchtigt und verwirrt sind. Mit Musik oder Tanz verschwinden ihre ungeschlachteten Bewegungen von einem Augenblick auf den anderen – plötzlich wissen sie, wie man sich bewegt.
> Man kann sehen, wie Retardierte, die nicht in der Lage sind, recht einfache Arbeiten auszuführen, sobald diese vier, fünf Bewegungen oder Abläufe erfordern, mit Musik ohne Schwierigkeiten arbeiten können – die Bewegungsabläufe, die sie sich schematisch nicht merken können, sind eingängig, wenn sie in Musik eingebettet sind. Dasselbe lässt sich bei Patienten feststellen, die an schweren Stirnlappenschäden und Apraxie leiden, die also unfähig sind zu handeln, die einfachsten motorischen Abläufe und Programme zu behalten, ja sogar zu gehen, obwohl ihre Intelligenz in jeder anderen Hinsicht vollständig erhalten ist. Dieser Verfahrensdefekt, diese, wie man sagen könnte, motorische Debilität, die sich allen normalen Ansätzen zur Rehabilitation widersetzt, verschwindet sofort, wenn Musik eingesetzt wird.“ [28]

Durch Musik werden andere neurologische Verbindungen erschlossen, doch setzen sie ein Verstehen oder aber eine bestimmte Animation und Vorführung voraus, die ein Imitieren ermöglichen.

---

[28] O. Sacks: Der Mann, der seine Frau mit einem Hut verwechselte, S. 244 f.

Tatsächlich ist der Bestand und Erwerb von Sprache sogar für unser >Sehen< die Voraussetzung. Darauf kommen wir später noch mal. Unser Sehen ist nämlich kein Sachverhalt von Optik, auf jeden Fall nicht in der Art einer Kamera oder eines Fernglases. Das, was wir beim Sehen wahrnehmen, steht vielmehr mit Sprache und unserem sprachlich geprägten neurologischen Bereich und Verstehen in Verbindung. Dies ist auch für die Naturwissenschaften von Konsequenz.

Dass wir all die Sachverhalte unseres Sehens zu >erkennen< vermögen, ergibt sich ausschließlich darüber, dass wir in Verbindung mit Sprache ein Wissen darüber aufgebaut haben, was wir gemeinhin wahrnehmen. Insofern besteht hier ein grundlegender Unterschied zu dem >Sehen< der Tiere, auch wenn auch das Sehen etwa von Katzen vom Lernen geprägt ist. Dieser kategoriale Unterschied verknüpft sich dabei nicht mit der Anlage der Augen, sondern mit unserer sprachlich geprägten Gehirn-Anlage
.

Diese Entwicklung beginnt mit dem zeigenden >da< des Säuglings, der aufgrund der mit der Sprachlichkeit verbundenen Gehirnstrukturen all die Objekte *wahrnehmen* und später soweit identifizieren *lernt*. Bei dem >Sehen< wird mit dem Erwerb des Wortschatzes ein Bewusstsein über diese Sachverhalte aufgebaut.

Dieser Zusammenhang zwischen >Sehen< und Sprache zeigt sich umgekehrt bei bestimmten neurologischen Störungen, wie z.B. bei dem Mann der Titelgeschichte in Oliver Sacks Buch >Der Mann, der seine Frau mit einem Hut verwechselte<. Man kann sich zunächst eine solche Verwechslung nicht vorstellen und auch nicht, dass dieser Mann die gezeigte Rose optisch nicht zu erkennen vermochte, obwohl er keine Probleme mit seinen Augen hatte. Tatsächlich konnte er diese Rose >sehen<, aber die optischen Informationen nicht mehr zureichend in den damit verbundenen neurologischen Strukturen erschließen. In Verbindung mit dem Riechen konnte er die Rose >erkennen<.

Ein Beispiel, woran wir uns den neurologischen Vorgang des >Sehens< verständlich machen können, sind Schrift, Text und Lesen (analog zu Sprache). Wäre dieser Text in chinesischen Schriftzeichen geschrieben, hätten wir keine optische Störung, aber sehr wohl ein Problem im Verstehen, was bereits mit der Rezeption der Zeichen begänne. Wie sehr ein >Verstehen< optischer und akustischer >Phänomene< aufgebaut wird, wird an einer fremden Schrift, einer fremden Sprache wie in Bereich von Fachwissen deutlich. Dies gilt auch für Gegebenheiten der Natur und in der Wahrnehmung von körperlichen Befunden.

Das Sehen ist hier ein Beispiel dafür, dass wir die neurologische Funktionslogik von Sprache weder auf die sprachliche Oberflächenstruktur noch auf Kommunikation reduzieren dürfen. Damit würde die Bedeutung von Sprache für die menschliche Existenz *kategorial* unterschätzt, baut unsere gesamte Verhaltens-Anlage (wenn auch im Zusammenspiel mit anderen neurologischen Bereichen) auf Sprache auf. In der bloß äußerlichen Sicht von Sprache liegt eine Ursache etlicher Fehlannahmen. Tatsächlich aber wirkte Sprache evolutionär als Schub in dem Gehirnwachstum samt einer neuartigen Struktur, und sie wirkt bei uns Homo sapiens ontogenetisch von klein auf in der kindlichen Sozialisation sogar auf die konkrete Ausprägung des Gehirns und des Bewusstseins (etwa bei der Ausprägung [Myelinisierung] der Nervenbahnen).

Für die evolutionär neuartige neurologische Entwicklung war zunächst kein großes Maß an Sprache notwendig. Bei dem Säugling beginnt das Erlernen von Sehen, Sprache und Kommunikation mit einer ursprünglichen Lallform wie etwa dt. >da< in Verbindung mit dem Zeigen. Genauso kann man sich auch den Anfang der Evolution von Sprache vorstellen. In *diesem* Kontext, der die neue neurologische Grundlage des Sprachlichen bereits zur Voraussetzung hat, ist das angeborene soziale Interesse die entscheidende Grundlage in der Sprach-Entwicklung des Säuglings. Dies wird etwa im Verhältnis zum Autismus ersichtlich:

„Die Bedeutung dieser kritischen kognitiven Komponente für die normale Entwicklung ist bereits in einem sehr frühen Alter zu erkennen. So beginnen Kinder normalerweise gegen Ende des ersten Lebensjahres ein Verhalten zu zeigen, das als gemeinsames Interesse bezeichnet wird. Beispielsweise können sie einzig deshalb auf etwas deuten, weil sie ihr Interesse daran mit jemand anderem teilen wollen. Wenn autistische Kinder auf einen Gegenstand zeigen, dann nur, weil sie ihn haben möchten."[29]

An dieser Stelle wird etwas von der Komplexität im Verhältnis zwischen Kommunikation und Sprache deutlich. Die Evolution von Sprache geht sehr wohl von der evolutionär weit älteren Ebene der (non-verbalen) Kommunikation aus, entwickelt sich aber in ihrem Eigentlichen als >Selbst-Gespräch< als eine neurologische Funktion für Handfertigkeiten und planerische Aktivitäten. Dies wirkt dann evolutionär wieder auf den kommunikativen Bereich zurück, doch auch dies zunächst in recht spezieller Hinsicht (s.u.).

Das Entscheidende der Evolution von Sprache ist zunächst nicht die Entwicklung einer Menge an Vokabular und noch weniger eine *Explizite* Grammatik. Die Anfänge kann man sich als inneren Dialog etwa bei der Bearbeitung eines Steinwerkzeuges in der Art von >ja, so; ja, gut; nein, Mist, so nicht; ja so< vorstellen.

Das Entscheidende verknüpft sich mit der Ausprägung einer neuartigen Neurologie. Entsprechend entstand evolutionär quantitativ wie vor allem auch qualitativ eine neuartige neurologische Großhirn-Entwicklung, die sich in dem neuen Schub an Großhirn-Entwicklung (s. Graphik übernächste Seite) wie in den evolutionär neuartigen Aktivitäten und auch an unserer evolutionär neuartigen Arbeitsweise des Gehirns belegt.

---

[29] Uta Frith: Autismus, in: Berthold Riese: Schrift und Sprache, S. 36

Zunächst ist bei dieser Art der Evolution von Sprache zu beachten, dass sie nicht mit der Entwicklung von Kommunikation gleichgesetzt werden kann. Trotz des Ursprungs von Sprache in dem ursprünglichen Bereich von Kommunikation entsteht eine Eigenlogik von Sprache. Genau damit werden völlig neuartige Funktionslogiken in der Handfertigkeit, im Planen wie selbst im Sehen erschlossen. Doch genau damit entsteht bei der Entwicklung von Sprache auch eine immer höhere Diskrepanz zu Kommunikation.

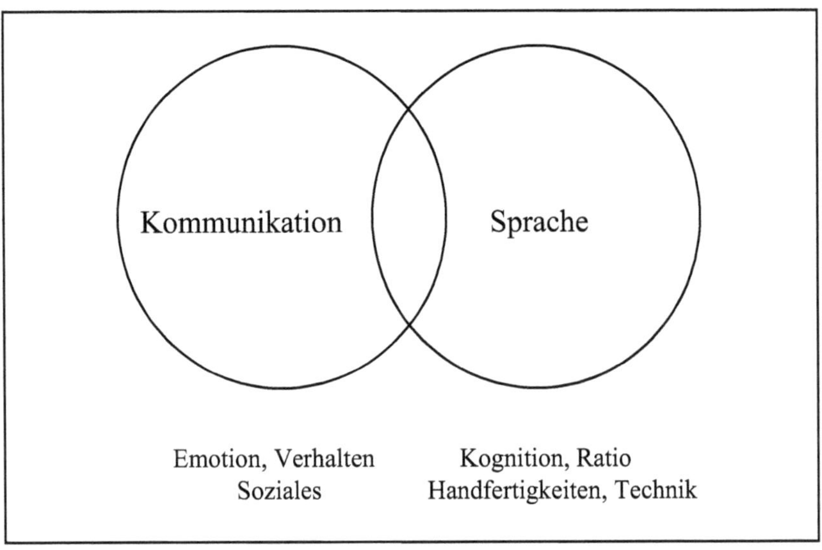

Diese Diskrepanz wird mit der Entwicklung von Sprache bald immer größer, was als ein Grund für das Aussterben der Hominiden zu sehen ist. Erst die Humanevolution schuf hier *mit bestimmten Entwicklungen* eine Lösung wie auch eine völlig neuartige Qualität in Bezug auf Kommunikation.

2.3 Zur Evolution der Hominiden

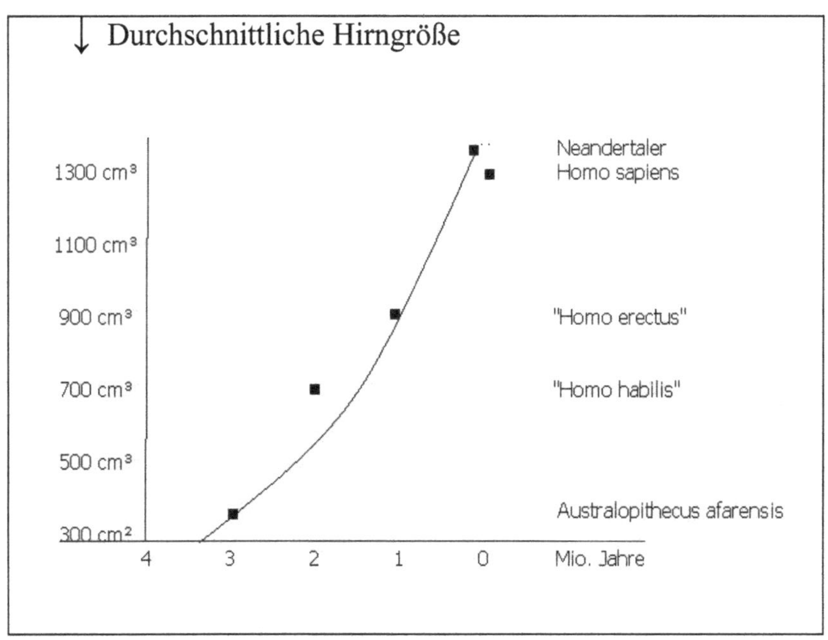

Vereinfachte Nachzeichnung einer offenbar einstmals verbreite-
teren Graphik. [30] *Der Neandertaler weist nach etlichen Angaben*
im Durchschnitt ein größeres Gehirn als unsere Art Homo sapi-
ens auf (wobei es gar nicht *auf die bloße Größe ankommt). Al-*
lerdings finden sich insgesamt höchst divergente Angaben bzgl.
der durchschnittlichen Gehirngröße des Homo sapiens.

---

[30] sie findet sich z.B. in Roger Lewin: Spuren der Menschwerdung, S. 143,
und GEO Wissen „Die Evolution des Menschen", S. 80. Ich sah diese Graphik auch in einem neueren Internet-Artikel

Die Zusammenhänge sprechen dafür, den neuartigen Schub an Gehirnwachstum mit dem Aufkommen der Evolution von Sprache in Verbindung zu bringen. Auch wenn es bislang keine Möglichkeit gibt, den Beginn der Evolution von Sprache direkt greifen zu können, so stellt sich doch die Evolution von Sprache als die **Voraussetzung** für ein effektives Planungs-Denken wie etwa eine gezielte Werkzeug-Produktion, für ein bestimmtes Maß an Bewegungs-Präzision in der Handfertigkeit wie in Verbindung mit dem evolutionären Schubs der Großhirn-Entwicklung dar. Von daher lässt sich sagen:

„Die Mehrzahl der Fachleute bringt trotz dieser Unsicherheiten das enorme Wachstum insbesondere des Großhirns im Verlauf unserer Entwicklungsgeschichte mit einem wahrscheinlich schon frühen Auftreten des Evolutionsfaktors Sprache in Zusammenhang. >Wenn die Hominiden nicht die Sprache nutzten und verfeinerten, würde ich gerne wissen, was sie mit ihren selbst beschleunigt wachsenden Gehirnen taten<, bemerkte etwa die amerikanische Anthropologin Dean Falk 1989 in einem Diskussionsbeitrag ironisch, und auch ihr Kollege Terrence Deacon vermutete: >Die Sprache war die Hauptursache, nicht eine Folge des menschlichen Gehirnwachstums.<" [31]

„Dies ist umso wahrscheinlicher, als Werkzeugproduktion und Sprache nach Meinung vieler Fachleute auf miteinander korrespondierenden geistigen Fähigkeiten beruhen und ihre neurologischen Grundlagen sich daher im Verlauf unserer Evolutionsgeschichte Hand in Hand entwickelt haben dürften. >Die Handlungsabläufe bei der Geräteherstellung haben strukturelle Ähnlichkeit mit denen bei der Konstruktion eines Satzes<, urteilt etwa der bereits zitierte Prähistoriker Gowlett, und die Neurologin Kathleen R. Gibson schrieb 1988: >Gerätegebrauch und Sprache teilen eine gemeinsame neurologische Basis und dürften sich deshalb zusammen herausgebildet haben." [32]

---

[31] Martin Kuckenburg: Wer sprach das erste Wort? S. 58
[32] Martin Kuckenburg: Wer sprach das erste Wort? S. 77 f.

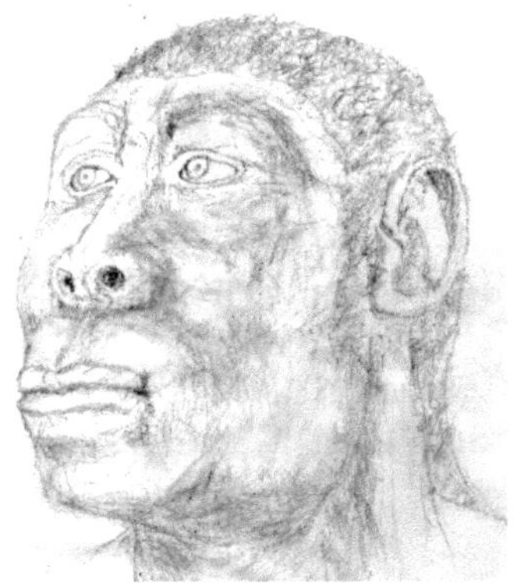

Hominidus habilis   Hominidus erectus

Die beiden hominiden Hauptstufen:
Nachzeichnungen nach Modellierungen in
GEO: Die Evolution des Menschen, S. 24 ff.

M.E. sprechen die Gesamtzusammenhänge dafür, dass der evolutionäre Beginn von Sprache

- mit dem **geologischen Umbruch vor ca. 2,5 Mio. Jahren** =
- mit Beginn der >**Steinzeit**< = Herstellung von Stein-
     Werkzeugen =
- mit dem Beginn der **Hominiden**-Evolution

in Verbindung steht.

Es ist hierbei jedoch von entscheidender Bedeutung – auch in Hinsicht auf Sprache -, den fundamentalen neurologischen Unterschied zwischen den Hominiden und dem Menschen zu verstehen. Im Unterschied zu der immer noch gängigen Auffassung befinden wir uns mit den Hominiden noch nicht auf der Stufe der humanevolutionären Entwicklung, die vielmehr erst auf-

47

grund des Aufkommens des Aussterbens der Hominiden vor ca. 0,5 Mio. Jahren entsteht. Die entscheidenden neurologischen Entwicklungen des Menschen können mit der älteren Entwicklung noch nicht in Verbindung gebracht werden (s.u.).

Bei den Hominiden handelt es sich also um eine evolutionäre Stufe zwischen den >Menschenaffen< wie etwa den Schimpansen und der erst eigentlichen Humanevolution (falls man nicht zwischen den >Menschenaffen< und den Hominiden gar noch eine weitere evolutionäre Stufe sieht).

M.E. lässt sich folglich der Begriff >Homo< erst mit dem Beginn der Humanevolution vor ca. 0,5 Mio. Jahren ansetzen und ist entsprechend z.B. von „Hominidus erectus" zu sprechen. Das von Friedemann Schrenk dargestellte Modell mit der Unterscheidung zwischen zwei Stufen des Archaischen Homo sapiens erscheint hier überaus passend, doch begrifflich abzuändern:

F. Schrenk [33]	hier	seit etwa *
Archaischer Homo sapiens I	Homo archaicus	500.000 J.
Archaischer Homo sapiens II	Archaischer Homo sapiens	300.000
Homo sapiens	Homo sapiens	150.000

Das Entscheidende von Sprache verknüpft sich zunächst nicht mit einem größeren Bestand an Wörtern, sondern mit einer neuartigen neurologischen Entwicklung eines *Gesamtzusammenhangs* von Handfertigkeit, der Herstellung von >Werkzeugen< (zunächst z.B. Steine mit Schnittkanten) und planerischem Denken in Verbindung mit einer neuartigen Sozialorganisation.

---

[33] Vgl. hierzu: Friedemann Schrenk: Die Frühzeit des Menschen, S. 116

48

2.4 Die angeborenen Grundlagen der menschlichen Sprachlichkeit

Der Beginn der Evolution von Sprache ist - wenn nicht in den *allerersten* Ansätzen schon unter (bestimmten) Australopithecinen, dann – auf jeden Fall mit der Hominiden-Stufe I (wie z.B. „Homo habilis") in Verbindung zu bringen. Der erste Schritt verknüpft sich mit der Umkehrung des Lautgebrauchs als Appell an sich selbst, woraus eine Mutation von Lauten zu Wörtern entsteht (die einen anderen neurologischen Kontext und Charakter haben als der vorausgehende Laut-Gebrauch). So kam es wohl - ganz entsprechend zur kindlichen Entwicklung - zur Ausbildung eines ersten Vokabulariums von bis zu 50 Wörtern im Ein-Wort-Gebrauch. Im Laufe dieser Entwicklung folgt sowohl eine Ausweitung des Vokabulariums als auch die Ausbildung von Zwei- und Drei-Wort-Sätzen. Damit wäre diese evolutionäre Entwicklung der Stufe „Homo habilis" (*Hominiden*-Stufe I) an ihre Grenze gekommen.

Mit der Weiterentwicklung entsteht eine neuartige Komplexität, die mit einer weiteren evolutionären Stufe an Großhirn-Entwicklung in Verbindung zu bringen sein dürfte. Dies dürfte mit der Entstehung der Hominiden-Stufe II („Homo ergaster/„Homo erectus") zu identifizieren sein.

Die *Grundlagen* des menschlichen Spracherwerbs sind angeboren und auch in spezifischen Strukturen im Gehirn angelegt (Broca-Zentrum, Wernicke-Zentrum usw.). Es spricht m.E. alles dafür, diese Entwicklungen der Kleinkind-Stufe als >Ontogenese der phylogenetischen Entwicklung< zu begreifen, d.h.: die **unteren Stufen** der kindlichen Sprach-Entwicklung als **Stufen** der Evolution der **Hominiden** als der Basis der späteren Humanevolution:

Modell:

Evolution von Sprache   Evolutionäre Stufe

Evolution von Sprache	Evolutionäre Stufe
Von **Lauten** zu **Wörtern**	**Hominiden I** (z. B. „Homo habilis")
Von **Wörtern** zu 2 + **3** **Wort-Sätzen**	**Spätphase Hominiden I** ► ► ►
Sätze und **Satzfolgen** im Kontext von **Erledigungen** (von einfachen Anfängen bis später **beliebig komplex**)	**Hominiden-Stufe II** (z.B. „Homo erectus")

> > Humanevolution

3 Zur humanevolutionären Entwicklung

Wir sind jedoch mit dem angesprochenen Stand noch lange nicht beim Menschen, sondern auf der der Humanevolution vorausgehenden Stufe der Hominiden, die der Stufe der >Menschenaffen< folgte (falls man zwischen den >Menschenaffen< und den Hominiden nicht noch eine weitere Stufe einfügen will).

Die eigentliche humanevolutionäre Entwicklung begann erst aufgrund dringender evolutionärer Gründe vor ca. 0,6 – 0,5 Mio. Jahren. Wie gezeigt wird, war sie gegenüber den Hominiden mit fundamentalen Veränderungen in der neurologischen Struktur verbunden.

Diese neurologischen Veränderungen gingen zum einen aus der Evolution von Sprache hervor. Mit dem ausgereiften Potential der hominiden Sprache aus Vokabular und Grammatik verfügte die humanevolutionäre Entwicklung über eine neue Grundlage. Doch hatte die humanevolutionäre Entwicklung zum anderen auch umgekehrt einige Konsequenzen in Bezug auf Sprache.

Es ist, wie wir sehen werden, von erheblicher Bedeutung, die Unterschiede zwischen den Hominiden und uns Homo sapiens in unserer neurologischen Anlage und den sprachlichen Funktionen zu verstehen.

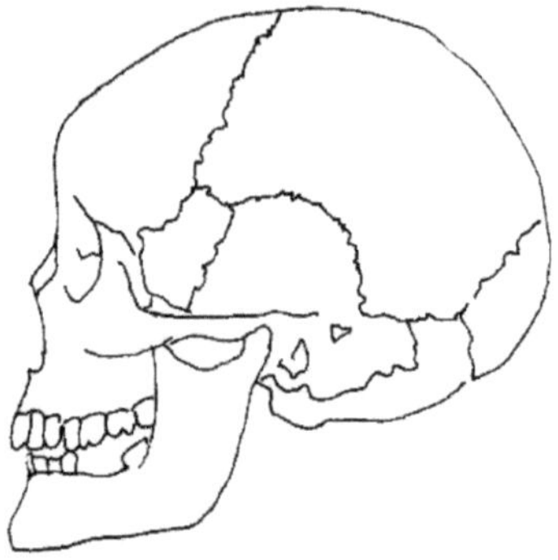

Schädel eines Erwachsenen unserer Art Homo sapiens (mit aufgerichteter Stirn)

Auf der Embryonalstufe sieht der Schädel des Schimpansen dem menschlichen Schädel sehr ähnlich. Auch dort ist eine Stirn vorhanden. Auf der Embryonalstufe ist bei Schimpanse und Mensch der Gesichtsbereich kleiner und vor allem der Kaubereich noch nicht ausgeprägt, der Kopf also etwa eiförmig.

Bei den Schimpansen wächst gegenüber dem Menschen der Gehirnbereich nicht so stark, doch umso mehr die Schnauze. Beim Menschen bleibt die embryonale Form ziemlich erhalten, der Schädel wächst samt dem Gehirn eher und auch recht stark in der Größe. Nur der Kaubereich vergrößert sich proportional etwas.

Vgl. dazu die Darstellungen der Schädelformen bei: Roger Lewin: Spuren der Menschwerdung, S. 29

3.1 Der neurologisch unreifere Nachwuchs

Die humanevolutionäre Entwicklung ging daraus hervor, dass man hier einen neurologisch immer unreiferen Nachwuchs durchzubringen verstand. Dieser Nachwuchs war zum Zeitpunkt seiner Geburt unreifer, wie aber auch seine neurologische Reifung durch die gesamte Kindheit hindurch verzögert erfolgt sein dürfte.

Im evolutionären Ergebnis ist hier festzustellen:

„Damit sich dieses derart große Gehirn entwickeln kann, haben sich beim Menschen einige primatentypische Merkmale verändert. So ist das Gehirn eines adulten [*erwachsenen*] Menschenaffen 2,3mal so groß wie das eines neugeborenen Jungtieres, bei Menschen beträgt dieser Wert 3,5. Noch deutlichere Unterschiede zeigen sich, wenn man das Größenverhältnis eines menschlichen Neugeborenen mit dem eines Affenbabys vergleicht. Obwohl das Körpergewicht von Mensch und Menschenaffe ähnlich ist [...] und beide eine vergleichbare Länge der Tragzeit aufweisen, sind Neugeborene des Menschen ungefähr zweimal so groß und verfügen über die doppelte Hirnmasse wie die von Menschenaffen. [...]
Im Unterschied zu spät reifenden Tieren hält beim Menschen die schnelle postnatale Phase des Hirnwachstums über einen – relativ gesehen – längeren Zeitraum an. So hat der Mensch ein effektives *Embryonalstadium*[*] von 21 Monaten (neun im Mutterleib, zwölf außerhalb).
[...]
Menschenkinder sind also über einen längeren Zeitraum hinweg hilfloser als die Jungen von Menschenaffen. Die erweiterte Phase der Jungenaufzucht und die nachfolgende Lern-

---

[*] im Text nicht sehr glücklich mit „Schwangerschaftsdauer" formuliert

periode müssen sich nachhaltig auf das Sozialverhalten der Hominiden * ausgewirkt haben." [34]

Wir haben hier also beim Menschen selbst gegenüber den bereits intelligent-komplizierten Menschenaffen eine dreifache Situation. Das Gehirn ist schon bei der Geburt größer, und es wächst in seiner Größe mehr. Doch nicht weniger ist der dritte Sachverhalt von Bedeutung, nämlich dass im Verhältnis auf die Embryonalreifung beim Menschen trotz seines bereits größeren Gehirns die Gehirnentwicklung zum Zeitpunkt der Geburt weniger fortgeschritten ist, so in der Ummantelung der Nervenbahnen im Gehirn (Myelinisierung).

Dieser sicher auch gegenüber den Hominiden deutlich unreifere Nachwuchs hatte auf das Sozialleben in der humanevolutionären Entwicklung seine effektiven Konsequenzen. Ganz offenbar kam es zu einer entsprechend gesteigerten spielerischen Aktivität.

3.2 >Vom Ursprung der Kultur im Spiel<

„Im Spiel haben wir es mit einer für jedermann ohne weiteres erkennbaren, unbedingt primären Lebenskategorie zu tun, mit einer Ganzheit, wenn es je etwas gibt, was diesen Namen verdient."

Johan Huizinga: Homo Ludens, S. 11

„Vom Ursprung der Kultur im Spiel" ist der Untertitel des einstmals bekannten und sicher bei weitem noch nicht ausgeschöpf-

---

* gemeint sein dürften hier wohl die Menschen der Humanevolution
[34] Roger Lewin: Spuren der Menschwerdung, S. 142 f.

54

ten Werkes >**Homo Ludens**< von Johan **Huizinga**, auch wenn dieses Werk nicht mehr auf dem neuesten Stand ist.

Dass bei Spiel im substanziellen Sinn von einer >primären Lebenskategorie< gesprochen werden kann und muss, hat darin sein Recht und seinen Grund, als dass die eigentliche humanevolutionäre Entwicklung aus der besonderen spielerischen Aktivität der neurologisch unreiferen Kinder hervorging. Diese neurologisch unreiferen Kinder bedürften für ihre neurologische Entwicklung einer ausgedehnteren spielerischen Aktivität und hatten dann auch später als Erwachsene und auch als Eltern solcher Kinder selbst ein anderes Verhältnis zu der spielerischen Aktivität. Daraus ist gleichzeitig auch die Evolution von Kultur hervorgegangen.

Bei diesen spielerischen Aktivitäten hatte das Sprachliche eine entscheidende Bedeutung, angefangen vom *ei-tei-tei* und *du-du-du* der Bezugspersonen über Geschichten bis zu theaterartigen Sprachspielen und Singen. Das Wahrnehmen von Lautformen gehört zu den wenigen ersten höheren Fähigkeiten des Säuglings.

Auch waren solche genialen Sprachspiele wie *ei-tei-tei* und *ma-ma-ma* von substanzieller Bedeutung dafür, dass die neurologische Unreife der Säuglinge nicht zu einer ggf. tödlichen Behinderung auswuchs, sondern vielmehr ein neues Intelligenzpotential wie auch Kultur ausprägte.

Denn hieraus erwuchs die humanevolutionäre Entwicklung. Die Rolle, die Sprache hierbei spielte, zeigt, dass die humanevolutionäre Entwicklung schon auf einem reichhaltigen Sprachgebrauch aufbaut, diese aber jenseits von technisch-organisatorischer Funktionen in einem gänzlich neuartigen Ausmaß auch für Spielerisches nutzte.

3.3 Das Scheitern der Hominiden

Wir sind mit der Entwicklung von Sprache, technologischer Intelligenz, Handfertigkeit und Werkzeugtechnologie als den Gegebenheiten der evolutionären Stufe der Hominiden biologisch noch lange nicht beim Menschen. Dies erklärt sich nicht darin, dass diese Entwicklungen bis zur Entstehung unserer Art Homo sapiens noch zu gering gelegen hätten. Das schlichte Gegenteil stellt sich dar.

Wohl waren diese Entwicklungen zu der Bewältigung der evolutionären Krise in dem Übergang von dem Leben im Regenwald zu dem in jeder Hinsicht andersartigen Leben in der Savanne unabdingbar. Diese Entwicklungen entstanden aus dem evolutionären Notstand, und sie waren auch in Hinsicht auf äußere Probleme überaus leistungsfähig – doch zu mehr auch nicht.

Diese Entwicklungen waren in den verschiedensten Hinsichten mit einem beträchtlich erhöhten Aufwand verbunden. Unter Widrigkeiten bedeutete dieser erhöhte Aufwand mit seinem Engagement eine Verbesserung des Soziallebens, da es helfen und Leben retten konnte. Doch ohne diese Widrigkeiten ging dieser Aufwand auf Kosten des Sozial- und Beziehungslebens.

Insgesamt lassen sich hier die verschiedensten Problematiken annehmen. Festzustellen bleibt jedoch, dass die Hominiden wie „Homo erectus" gerade mit ihrem großen Gehirn, mit Sprache und ihrer technischen Intelligenz bei ihrer riesigen Verbreitung über Afrika, Europa und Asien ganz im Gegensatz zu den einfacheren Menschenaffen und gar den noch einfacheren Affen weltweit ins Aussterben gerieten, und dies evolutionär betrachtet auch überaus schnell: in weniger als einem Zehntel des bisherigen Bestands der Menschenaffen (wenngleich eine >Hochkultur< einen solchen Bestand von 2 Mio. Jahren auch erstmal belegen sollte, bevor man sich plustert).

Die Gründe für das Aussterben der Hominiden liegen zweifelsohne komplex. Von den Neuansätzen der nachfolgenden Humanevolution kommen vor allem zwei Bereiche für das Aussterben der Hominiden in Betracht. Der eine Bereich verknüpft sich mit der Verhaltens-Anlage, der andere mit Sprache.

Die Annahme, dass unter „Homo erectus" noch zu wenig Vokabular und Grammatik bestanden haben könnte, erscheint unbegründet. Sie dürfte das reale Problem auf den Kopf stellen. Dass es unter den Hominiden zu diesem gewaltigen Schub an Gehirnwachstum kam, dürfte sich vor allem durch die Zunahme von Vokabular erklären.

Wie bereits erwähnt, ist es eine falsche Vorstellung, dass ein größeres Neokortex-Gehirn in sich größere Intelligenz bedeutet. Es bedeutet lediglich ein höheres Intelligenz-Potential, dessen Nutzen aber an etliche Voraussetzungen gebunden sind. Zunächst einmal bleibt zu sagen, dass ein höheres Großhirn-Gehirn aufgrund höherer evolutionärer Anforderungen entstanden und mit längeren Lernentwicklungen verbunden ist.

Im Kontext der Evolution der Hominiden scheint die Entwicklung von Sprache der entscheidende Faktor gewesen zu sein. Sie stellte die Grundlage sowohl für eine neue Handfertigkeit als auch für eine neue technische und organisatorische Intelligenz. Von hier kam es mit der Entwicklung von Sprache auch zu einem Wachstum des Gehirns.

Doch was zunächst der große Vorteil war, scheint mit der Zeit evolutionär in einen Teufelskreis umgeschlagen zu sein. Es ist zuerst eine natürliche Entwicklung, dass sich das Wissen und Denken in Form von Wörtern niederschlug und auf diese Weise immer mehr Wörter entstanden. Dafür war ein immer größeres Gehirn ein Vorteil. Bei dieser evolutionären Entwicklung entstand eine sehr bestimmte Sprach- und Gehirn-Anlage, die sich gegenseitig bedingten und förderten. Doch schlug dieser Prozess ab einem Punkt um.

Insgesamt kommen hier verschiedene Dimensionen an Problemen in Betracht.

1.) Auch wenn die hominide Sprach-Ebene ursprünglich aus dem Bereich von Kommunikation hervorging, so ging es bei ihrer Art und neurologischen Anlage um Aktivitäten der Überlebens-Besorgung wie etwa Produktion und Dienstleistungen. Bei entsprechenden Problemstellungen war diese Sprach-Ebene von Vorteil, und sie entstand auch von diesem Hintergrund her. Doch ohne entsprechende Probleme führte diese neurologische Struktur dazu, sich selbst entsprechende Probleme zu schaffen. Mit entsprechenden Migrationen und Wanderungen konnte man zunächst noch eine sinnvolle Form finden, und von hier aus dürfte sich die weite Verbreitung der Hominiden erklären.

Da aber die neurologische Struktur problemorientiert war, wurden günstige Verhältnisse für sie bald langweilig. Weil ihr Denken neurologisch lösungsorientiert war, konnten sie nicht wie die Menschen mit ihrer kulturalen Anlage etwa die Wanderungen als Erfahrung von Lebens-Qualität aufnehmen.
Schwierige Gegebenheiten waren für sie von Vorteil. Doch mit ihrer Intelligenz lösten sie viele Schwierigkeiten – und dann entstand das Problem von Langeweile. Zuletzt blieben nur noch Schwierigkeiten, die sie nicht zu lösen verstanden.

Auch ihre sprachliche Kommunikation war mit dieser Anlage problem- und lösungsorientiert und nur in dieser Hinsicht sozial produktiv. Ohne richtige Probleme hatten sie sich nichts mehr zu sagen. So konnte man im Reden Probleme aufbauschen, und/oder man verwickelte sich im Reden gegenseitig in künstliche Probleme oder Banalitäten – was aber ihre evolutionäre Fitness untergrub.

2.) Eine andere Problemstellung verknüpft sich mit der hohen Intelligenz auf der Basis der genetischen Verhaltenssteuerung. Denn alle Großhirn-Intelligenz vermochte bei der genetischen Verhaltensanlage nichts an dieser Verhaltensanlage zu ändern. So konnte ohne die äußeren Herausforderungen die große Intelligenz bei dem evolutionär ererbten Verhalten der Konkurrenz um innersoziale Macht und Ränge – etwa auch um Geschlechtspartner/innen – auch für das Konkurrenzverhalten eingesetzt werden. So entstand gerade bei dem Erfolg in der Lösung der äußeren Probleme die Tragik, dass die frei werdende Energie zu immer intelligenteren Konkurrenzkämpfen führen konnte – und hier nun bis hin zum gegenseitigen Selbstruin.

3.) Doch entstand bei der hominiden Anlage von Sprache mit der Zeit auch eine eigene sprachliche Problematik.

Vermutlich kam es zunächst genau wie bei unseren Kleinkindern zuerst zu einem Bestand von ca. 50 Wörtern. Bei einem Sprach-Umfang von etwa 50 Wörtern lässt sich der Wortbestand gut überschauen. Der Inhalt der Wörter vermittelt sich in der Sozialisation von selbst, und angesichts der Überschaubarkeit dieses Vokabulars entstehen selbst bei Lautähnlichkeit keine Probleme mit einer Verwechslung der Wörter, auch nicht über die Länge der Zeit und zwischen den Verbänden.

Angesichts des Nutzens, den Sprache erbrachte, blieb die Evolution von Sprache bei den Hominiden nicht bei dieser Schwelle von ca. 50 Wörtern. Hierbei dürfte insbesondere an den Schritt von der Hominiden-Stufe I zur Stufe II zu denken sein.

Doch genau wie bei der Hieroglyphen-Schrift verhält es sich auch mit der Entwicklung von Wörtern. Ist die Vermehrung der Zeichen und der Wörter zunächst ein Vorteil, der zuerst auch aus sich selbst erfolgt und recht natürlich nachvollzogen werden kann, so kommen ab einer gewissen Menge an Zeichen und auch an Wörtern neue Anforderungen auf. Man muss nun dafür sorgen, dass hier keine Verwechslungen aufkommen. Man muss sie anders vermitteln und anders in ihrer Bedeutung sichern usw.

Angesichts dessen, dass die hominide Sprach-Anlage mangels Kultur lediglich auf einer Ansammlung von Wörtern und Grammatik basiert haben dürfte, dürften ab einer bestimmten Größenordnung im Wortbestand ernste Probleme entstanden sein, die in

Bezug auf das Aussterben der Hominiden eine Rolle gespielt haben könnten.

1.) Eine gewisse Menge an Informationen kann man ganz einfach in einem Ordner oder in Dateien im Computer abspeichern. Ab einer gewissen Größe wird jedoch die **Organisation** dieser Sammlungen zur entscheidenden Forderung. Sonst entsteht das Problem, dass jede weitere Ansammlung nur dazu führt, das Gesammelte immer schlechter wieder zu finden. Dieser Sachverhalt gilt auch für das Gehirn. Da weiß man, dass man etwas schon mal gehört hat oder dass man es eigentlich weiß, nur „kommt man gerade nicht darauf".

(mnemotechnisches Problem)

2.) Ab einer gewissen Größenordnung konnte *die in Wörtern angelegte* hominide Sprachform (analog zur Hieroglyphen-Schrift) und das damit verbundene Wissen nicht mehr als natürlich integrierter Bestandteil der Kommunikation und der Sozialisation erworben werden. Damit entstand bei einem Mangel an Kultur das Problem von *langweiligem* und mühseligem **Unterricht** mit entsprechend zweifelhaften Erfolgen.

3.) Es entstand ein Problem in der **Steuerung** der Sprache: in Bezug auf die genaue Artikulation, die exakte Bestimmung der Wortbedeutungen und die Exaktheit in der Tradierung des Wortmaterials. Bei der hominiden Sprach-Anlage ließ sich nicht verhindern, dass sich mit der Zeit die Wortinhalte und die Aussprache änderten und damit jede Region eine eigene Sprache ausbildete, die für Andere in ihren Bedeutungen, aber auch schon akustisch nicht mehr ohne Weiteres verstehbar war. Da aber Sprache entsprechend dem Gehirn-Wachstum immer mehr zum Mittel der Gehirn- und Sozial-Organisation und der Wissens-Sammlung wurde, entstanden hiermit jenseits des eigenen Sozialverbandes auf die Dauer mehr und mehr Kommunikations-Probleme. Dies konnte ggf. bis dahin führen, dass dies die Vererbung der Sammlung des Wissens mehr untergrub als förderte.

4.) Bei der in Wörtern angelegten hominiden Sprach-Anlage entstand mit der immer stärkeren Differenzierung das Problem, sich in seinem Bewusstsein immer stärker an seine jeweiligen Wort-Inhalte anzubinden. Bei dem Neandertaler dürfte das Problem aufgekommen sein, dass er wohl ein großes Wissen über >die Birke<, >das Ren< und die ganzen *konkreten* Gegebenheiten seines Terrains entwickelte, [*] aber genau dadurch schwerfällig für größere Umstellungen auf ganz andere Verhältnisse oder bei den klimatischen Wechseln wurde.

Es entstand hier das Problem wie bei uns bei den Fachsprachen. Bei grundlegenden beruflichen Umorientierungen ist das ganze alte Wissen und Vokabular hinfällig, und man muss eine völlig neue Fachsprache lernen. Bei grundlegenden Innovationen muss gar erst einmal ein neues Vokabular geschaffen und sozial etabliert werden, und dies schafft ein Problem, wo dies die existenziale Ebene berührt.

5.) Die in Wörtern angelegte hominide Sprach-Anlage enthält das Problem, mit der Wort- und Wissens-Entwicklung das Gehirn immer mehr mit Details zu besetzen.

Ermöglichten die ersten Wörter und Techniken, einen Schritt über die bisherigen Möglichkeiten in der Nahrungs-Organisation zu organisieren, etwa einen eigenen Aufwand für die Besorgung für einen Stock oder einen Stein zu betreiben, um sich damit Nahrung zu erschließen, schlug diese hominide Entwicklung in dem gegenseitigen Wechselverhältnis von Gehirn, Sprache und Technologie irgendwann um, dass man sich damit mehr und mehr von dem Existenzialen entfernte und sich entsprechend mehr und mehr in Wort-Wissen, Einzelheiten und in Mitteln und Techniken verlor. Dies könnte zu einer Realitäts-Unfähigkeit geführt und/oder den sozialen Zusammenhang zerrissen haben.

---

[*] Sein im Durchschnitt größeres Gehirn als bei uns ist vor allem im hinteren Bereich stärker ausgebaut, der u.a. mit dem Sehen verbunden ist. Dies könnte bedeuten, dass er aufgrund der Evolution der hominiden Sprachform von einer recht konkretistischen Wahrnehmung geprägt war.

Alle diese Aspekte haben bei der Entstehung und Entwicklung der Humanevolution und ihrer neuen Sprach-Technik eine Rolle gespielt. Die neue humanevolutionäre Anlage der genetischen Struktur und ihrer Sprache löste die entstandene evolutionäre Problematik und führte auch zu dem großen Erfolg, der bislang gemeinhin vollkommen zu Unrecht auf die Formen der hominiden Stufe zurückgeführt wird.

Von all diesen angedeuteten Problemstellungen kann die tatsächliche Humanevolution nicht als eine weitere Steigerung der hominiden Entwicklung verstanden werden, wie es gemeinhin bislang gedacht wird. Denn diese Entwicklung mündete, wie gezeigt, von ihren neurologischen Grundlagen mitnichten zufällig im sozialen Ruin und im Aussterben.

Tatsächlich erklärt sich die humanevolutionäre Entwicklung aus dem drängenden Problem, den ruinös gewordenen hominiden Mechanismen zu entkommen, und sie verknüpft sich mit einer völligen Neuausrichtung. Erst mit einer zureichenden Ausbildung von Kultur konnte die Überlebensproblematik überwunden werden, in die sich die hominide Entwicklung mit ihrer technologischen Ausrichtung und ihrer Art von Sprache und Denken verfahren hatte. Erst mit einer bestimmten Ausbildung an Kultur konnte die soziale Problematik überwunden und ein fähiges Beziehungs- und Sozial-Leben geschaffen und gestaltet werden. Dieses Resultat wurde kurz vor unserer Art Homo sapiens erreicht – sie ist mit ihrer kulturalen Anlage, die erst den vollen Erfolg ermöglichte, das Produkt dieser Entwicklung

3.4 Zu dem tatsächlichen Hintergrund der humanevolutionären Entwicklung

Von den Vorstellungen des 19. Jahrhunderts her wird bei den evolutionären Problemstellungen vor allem an Mängel bzgl. der Versorgung wie an Bedrohungen gedacht. In der evolutionären Entstehung der Hominiden kann aufgrund des geologischen Umbruchs vom Pliozän auf das Pleistozän tatsächlich an solche Problemstellungen gedacht werden. Bei dem Verlust des Waldes konnten mit den richtigen Jagdtechniken in der sich ausdehnenden Savanne Vorteile in der Ernährung erreicht werden, aber das Leben war dort aufgrund der vielen Raubtiere deutlich gefährlicher. Weiterhin stellten sich in Bezug auf Wasser neue Herausforderungen.

Doch insgesamt lässt sich feststellen, dass sich seit der Stufe der einfachen Affen (Anthropoiden) die besonderen gängigen evolutionären Probleme eher nur noch mit den geologischen Umbrüchen verknüpften.

Die alte Vorstellung, dass sich das entscheidende evolutionäre Problem der höheren Primaten und der Humanevolution mit Fressfeinden und Ernährungsproblemen verknüpfte, hat sich als gegenstandslos erwiesen. Das uns bekannte *systematische* Problem in Bezug auf Nahrung und Ressourcen ist erst **historisch** entstanden (s.u.). Zunächst einmal ist festzustellen:

„Überhaupt ist es typisch für Sammlerinnen- und Jägergesellschaften, die unter Bedingungen wie die der afrikanischen leben, dass sie ein ausgesprochen unbekümmertes, heiteres Naturell besitzen, sich gerne amüsieren und viel lachen.
Die Voraussetzungen dazu sind ihnen auch wahrlich gegeben. Man hat errechnet, dass Buschmänner oder Hadza zum Beispiel einen Arbeitsaufwand von weniger als zwei Stunden pro Tag aufbringen müssen, um ihren Lebensunterhalt sicher-

zustellen. Es bleibt ihnen also reichlich Muße, die ihre Phantasie beflügelt und die sie denn auch mit viel Spiel, Tanz, Gesang, Unterhaltung und Geschichtenerzählen ausfüllen. Man darf annehmen, dass dies früher [...] nicht viel anders war."[35]

Selbst über die nicht einfachen eiszeitlichen Verhältnisse in Europa heißt es:

„Berechnungen über die durchschnittliche Zahl an täglichen Arbeitsstunden zur Sicherung der Ernährung incl. Hausbau, Herstellung von Kleidung, Vorratswirtschaft usw. ergaben ein erstaunliches Resultat: Lediglich vier bis fünf Stunden pro Tag musste ein Cromagnon [*Homo sapiens*] im Jahresdurchschnitt für diese Tätigkeiten aufbringen [...]."[36]

Dafür, dass sich das eigentliche evolutionäre Problem seit der Stufe der einfachen Affen (**Anthropoiden**) mit der Versorgung oder mit Raubtieren verknüpft hätte, gibt es gar keinen Anhalt. Tatsächlich lässt sich sagen, dass sich spätestens mit der evolutionären Stufe der einfachen Affen u.a. aufgrund der langen Kindheiten die eigentliche Anforderung von der Umweltbeherrschung (Nahrungsbesorgung, Sicherung vor Raubtieren usw.) auf das Soziale verschob.

„Labortests zeigten deutlich, dass niedere Affen und Menschaffen außergewöhnlich intelligent sind. Feldstudien ergaben allerdings, dass zumindest beim Gewinnen des täglichen Lebensunterhaltes diese Intelligenz kaum beansprucht wird. [...]
Mit anderen Worten, für einen nichtmenschlichen Primaten in freier Wildbahn ist der Lernprozess über das Vorkommen und vielleicht auch die Reifezeit von Nahrungsressourcen ein intellektuelles Kinderspiel verglichen mit der Vorhersage -

[35] H. Christoph, K. E. Müller & Ute Ritz-Müller: Soul of Africa, S. 91
[36] H. Braem: Die magische Welt der Schamanen und Höhlenmaler, S. 72

und Beeinflussung - von Verhaltensweisen anderer Individuen der Gruppe."[37]

Schon der evolutionäre Schritt zu den einfachen Affen hat die **Voraussetzung**, dass die Anforderungen in Bezug auf die Versorgung und Existenzsicherung nachrangig geworden sind und die eigentlichen Energien dem Sozialleben zur Verfügung stehen. Sonst wäre dieser Schritt gar nicht möglich geworden.

> „Der Schlüssel zum Verständnis der Intelligenz von Menschenaffen wie von Menschen liegt in dem Verhältnis zwischen der langen Lernzeit und dem Leben in einer *stabilen sozialen Gruppe*. Das Lernen an sich bedarf keines großen Intellekts, sondern der Fähigkeit, mit den vielfältigen sozialen Interaktionen umgehen zu können."[38]

[Hervorhebung CR]

In dieser Entwicklung wurde die **Qualität des Soziallebens zu der entscheidenden evolutionären Frage**. Von hierher kam es schon seit der Stufe der einfachen Affen zu den besonderen Erfolgen, aber auch zu den besonderen Problemen dieser Entwicklung.

Mitnichten war hier die Entwicklung der höheren Großhirn-Anlage als solcher der evolutionäre Erfolg. In der Tendenz belegt sich eher das Gegenteil. Schon die über die einfachen >Affen< (Anthropoiden) hinausgehende Stufe der >Menschenaffen< zeigt sich eher als evolutionärer Fehlschlag.

> „Heute übertreffen die niederen Affen die Menschenaffen um das Zehnfache an Arten. Als besonders auffälliges Merkmal lässt sich bei diesem Evolutionsverlauf erkennen, dass vor 20 Mio. Jahren genau umgekehrte Verhältnisse vorlagen."[39]

---

[37] Roger Lewin: Spuren der Menschwerdung, S. 145 f.
[38] R. E. Leakey & R. Lewin: Wie der Mensch zum Menschen wurde, S. 184
[39] Roger Lewin: Spuren der Menschwerdung, S. 47

Das grundlegende Problem dieser evolutionären Anlage verknüpft sich damit, dass die ganze Steigerung an Großhirn nichts an der genetischen Verhaltens-Anlage zu ändern vermochte.

Die Steigerung der Großhirn-Intelligenz erklärt sich soweit ausschließlich aus den evolutionären Krisen in zumeist geologischen Umbrüchen. Im Prinzip war insgesamt genug Großhirn-Intelligenz vorhanden. Doch eine neue soziale Qualität wurde erst in den evolutionären Krisen möglich, wo man sich das übliche Konkurrenz-Verhalten der genetisch ererbten Verhaltens-Anlage nicht erlauben konnte.

Diese Problematik spitzte sich bei den Hominiden endgültig zu. Unter Notstandsproblemen war ihre Anlage überaus leistungsfähig. Doch ohne besondere Herausforderungen hatte sie die tragische Konsequenz, dass die ganze überschüssige Energie mit all ihrer Intelligenz in ihr genetisch ererbtes Konkurrenz-Verhalten um Ränge (und) um Geschlechtspartner floss – bis zum gegenseitigen Selbstruin.

Es ist absolut eindeutig, dass sich die humanevolutionäre Entwicklung mit der Ablösung von der genetischen Verhaltenssteuerung zu der Befähigung zur Selbststeuerung verknüpft. Denn allein damit verknüpft sich der kategoriale Unterschied zwischen Mensch und Tier.

Die Befähigung zur Selbststeuerung wurde allein durch einen entsprechenden Bestand an Sprache wie dann auch eine der Selbststeuerung dienende Weiterentwicklung der Sprache möglich.

Teil II

Zur humanevolutionären Weiterentwicklung von Sprache

Nachzeichnung: Die historische Entwicklung des chinesischen Schriftzeichens für gui *>Schildkröte<.* „Bei vielen antiken Völkern symbolisiert sie das Universum. Dabei ruht die Welt auf dem Schild einer oder mehrerer auf dem Wasser schwimmenden Schildkröten."[40]

Bei den alten chinesischen Schriftzeichen ist der Zusammenhang zwischen Symbolik, den mythologischen Geschichten und der Wortbildung oft gut erkennbar.

---

[40] Edoardo Fazzioli: Gemalte Wörter, S. 161. Dort auch die Zeichen

4 Die neue Dimension der neurologischen Anlage des Menschen

Wohl baut die humanevolutionäre Entwicklung auf der Sprache der Hominiden auf. Es ist nicht zu sehen, dass ohne einen bereits entwickelten Bestand an Sprache und einer entsprechenden neurologischen Struktur die humanevolutionäre Entwicklung überhaupt eine Möglichkeit gewesen wäre.

Doch die humanevolutionäre Entwicklung selbst ist im Wechselverhältnis mit einer Weiterentwicklung von Sprache mit einer neuartigen neurologischen Dimension verbunden.

Es ist absolut eindeutig, dass sich der kategoriale Unterschied zwischen Mensch und Tier – und zwar letztlich allein – mit der evolutionären Ablösung von der genetischen Verhaltens-Steuerung = der Tier-Stufe hin zu der Anlage zur Selbst-Steuerung verknüpft.

Diese Ablösung von der genetischen Verhaltenssteuerung hat den evolutionären Hintergrund, dass die Hominiden aufgrund ihrer genetischen Verhaltens-Anlage gerade mit ihrem großen Gehirn, mit Sprache und ihrer großen *technischen* Intelligenz (anders als die Menschenaffen und die noch einfacheren Affen) in ihrem Sozialleben in grundlegende Probleme gerieten, an denen sie zuletzt im gegenseitigen Selbstruin im Aussterben endeten.

Da Sprache (auf der Basis von lediglich Vokabular und Grammatik) wohl bei entsprechenden Widrigkeiten positive Auswirkungen auf das Sozialleben erbrachte, ansonsten aber bei der genetischen Verhaltensanlage leicht und schnell in Streitereien und ein nun *intelligentes* Konkurrenzverhalten mündete, war die Ablösung von der genetischen Verhaltensanlage und die Entwicklung einer sozial fähigen Verhaltens-Kultur *der* biologisch treibende Faktor der Humanevolution auf Leben und Tod.

Von hier aus stellte sich das Thema der >Widrigkeiten< in ganz anderer Hinsicht, was eine neue Aufnahme des hominiden Potentials erlaubte. Es ging hier nicht um die Bewältigung von äußeren Überlebens-Problemen wie seiner Behauptung gegenüber Raubtieren und der Organisation von Nahrung, wovon die Anfänge der Hominiden-Evolution gekennzeichnet waren. Es ging um die Bewältigung der sozialen Konkurrenz-Problematik und die Entwicklung eines fähigen Sozialverhaltens. Die Anfänge dieser Entwicklung verknüpften sich mit einer neuartige Ausrichtung auf seine Kinder und auf das Durchbringen von Säuglingen, die neurologisch unreifer denn je geboren wurden. Auch in dieser Hinsicht erhielt Sprache eine neuartige Bedeutung.

Unter diesen Gegebenheiten erhielt Sprache immer stärker eine Funktion für ein direktes, personales Beziehungs- und Sozialleben, nicht nur zwecks Organisation seines Überlebens in Produktion und Dienstleistung, sondern mehr und mehr als Spiel, Erzählen und direkte personale Kommunikation von Ich ↔ Du. Mit diesem Gebrauch von Sprache verringerten sich die Streitereien und Konkurrenzprobleme, wie sie umgekehrt Beiträge für ein befriedigendes Beziehungs- und Sozial-Leben nahe legte.

Wie sich mit den immer unreiferen Säuglingen neurologisch die Ablösung von der genetischen Verhaltensanlage vollzog, ermöglichte Sprache mehr und mehr durch Kognition, Reflexion und Kommunikation, seine Sozialverhältnisse auf eine andere Weise zu steuern als durch Macht, Bündnisse und Gewalt, wie dies bis dahin auch bei den Hominiden auf der Tier-Stufe der genetischen Verhaltensanlage erfolgte (und was bei einem sozial *substanziellen* Mangel an Kognition, Kommunikation und Kultur auch beim Menschen in Erscheinung tritt).

Im Rahmen dieser humanevolutionären Entwicklung wurde Sprache zur Grundlage seiner Selbst-Steuerung und von Kultur als der Gestaltung fähiger Beziehungs- und Sozialverhältnisse, womit endgültig die Probleme der genetischen Verhaltensanlage überwunden wurde.

Diese Entwicklung wurde im Vorfeld vor dem Aufkommen unserer Art Homo sapiens unter dem Archaischen Homo sapiens vor vielleicht rund 200.000 Jahren erreicht. Auf jeden Fall ist unsere Art Homo sapiens mit ihrer auf die Software >Kultur< ausgerichteten kulturalen Hardware-Anlage das evolutionäre Produkt dieses Resultats. Wir könnten nicht das kulturale Wesen sein, wäre dem nicht so.

Doch um einen einfachen Schritt handelte es sich von daher auch in der Humanevolution nicht. Es war erst eine ganze Reihe sowohl an biologischen als auch an kulturellen und sprachlichen Entwicklungen in insgesamt drei grundlegenden Stufen notwendig, bis die humanevolutionäre Entwicklung in ziemlicher Nähe vor dem Aussterben (>evolutionärer Flaschenhals< mit lediglich wenigen Tausend Individuen) [41] das evolutionär entscheidende Ergebnis einer fähigen Kultur erreicht hatte – doch dann: mit was für einem Erfolg!

Archaische Darstellung
einer Schildkröte

---

[41] nach Schätzungen aufgrund des geringen genetischen Spektrums des Menschen. S. dazu ausführlicher in meinem Buch „Die Humanevolution war ganz anders“, S. 124 ff.

4.1 Der Dammbruch

Die humanevolutionäre Entwicklung verknüpft sich mit der Ablösung von der genetischen Verhaltenssteuerung hin zur Befähigung zur Selbststeuerung, worin der eigentliche Sachverhalt von Kultur zu verstehen ist. Darin liegt der kategoriale Unterschied zwischen Mensch und Tier, der entsprechend erst nach den Hominiden angesetzt werden kann. Diese Entwicklung wurde aufgrund von Sprache möglich. Doch ging diese umgekehrt mit einer entscheidenden Weiterentwicklung von Sprache einher.

Diese Entwicklung der Ablösung von der genetischen Verhaltenssteuerung und zur Befähigung zur Selbststeuerung wurde aufgrund der höheren neurologischen Unreife der Geburten möglich. Dadurch, dass Sprache schon in diesem frühen Stadium in der Gehirnentwicklung *effektiv* wirksam wurde, entstand überhaupt erst die Möglichkeit, dass sie auch zu einem Medium der Verhaltenssteuerung der Zwischenhirn-Ebene erwachsen konnte.

Doch zuerst bedeutete diese Entwicklung immer auch einen Verlust – nämlich in der Automatik der Verhaltenssteuerung -, die immer auch zu Entscheidungen und Eigenverantwortung zwang. Daraus entstand – und entsteht - überhaupt erst die Entwicklung der Selbststeuerung. Dass jedoch die Unerfahrenheit bzgl. der Selbststeuerung evolutionär nicht im Desaster endete, erklärt sich allein darin, dass diese Entwicklung lange in der Kindheit verblieb, wo schon seit Anfang der Großhirn-Anlage an die Erwachsenen die eigentlichen Garanten der Realitätstüchtigkeit der Verbände und der Verhaltens-Anlage waren (Über-Ich-Struktur). Doch angesichts dessen, dass in der humanevolutionären Entwicklung die Kindheit als Quelle von Lebens-Qualität erlebt wurde und die spielerische Qualität evolutionär auch Stufe für Stufe ein neues Niveau entwickelte, entstand aus die-

sem langen evolutionären Verbleib von Kultur in dem Bezug mit
den Kindern kein Problem.

Zunächst aber bedeuteten die immer weitere Ablösung von der
genetischen Verhaltenssteuerung durch neurologisch immer unreifere Säuglinge und die immer weitere Ausdehnung der Wirkung von Sprache auf die Verhaltens-Anlage, dass es hier irgendwann zu einer Art Dammbruch kam.

Sprache wurde keineswegs in direkter Form zu dem vollgültigen
Instrument der Selbststeuerung. Eine solche Entwicklung war
neurologisch keine Möglichkeit. Vielmehr bedeutete der entstandene Dammbruch umgekehrt, dass hier Sprache in den
Strom der andauernden neurologischen Aktivitäten geriet (was
wohl auf der Stufe der Hominiden nicht der Fall war). Zwar war
dies die physiologische Voraussetzung dafür, dass Sprache zu
einem vollen Medium der Verhaltenssteuerung (der Zwischenhirn-Ebene) werden konnte. Doch zunächst einmal bedeutet(e)
dies, dass man auch auf der Sprach-Ebene des Denkens – und
zwar zunächst steuerungslos – von der neurologischen Gehirn-
Aktivität bestimmt wird.

„Die innere Stimme sprudelt wie eine Quelle, die nicht zum
Versiegen gebracht werden kann, und erzeugt dabei einen unaufhörlichen Strom von Gedanken und Vorschlägen. Wie
sehr wir uns auch bemühen mögen, es gelingt uns nicht, sie
abzuschalten. Wenn wir einmal versuchen, ganz entspannt
dazusitzen und unseren Kopf von allen Gedanken frei zu machen, so werden wir dies vermutlich nicht länger als eine Sekunde [!] durchhalten. Spätestens dann lässt sich in irgendeiner Ecke unseres Geistes das unvermeidliche Wispern unserer inneren Stimme wieder vernehmen. Und sobald wir sie
bemerkt haben, kehrt sie in den Mittelpunkt unserer Aufmerksamkeit zurück wie ein Hund, der nach einer Trennung
dankbar an die Seite seines Besitzers zurückkehrt. Sogar
wenn wir uns verzweifelte Maßnahmen ausdenken, um diese
Stimme loszuwerden, wenn wir beispielsweise einen monotonen Satz ständig wiederholen oder innerlich vor uns hin

summen, ertappen wir uns früher oder später plötzlich dabei, wie wir sagen >Das ist aber verdammt blöd< oder >Ist sie noch da?<. Sobald wir nur die geringste Spur wahrnehmen, kehrt die innere Stimme in den Brennpunkt des Bewusstseins zurück und beginnt erneut, einen endlosen Strom von Wörtern hervorzusprudeln.

An dem Umstand, dass wir die innere Stimme niemals abschalten können, ist an sich nichts Geheimnisvolles. Es handelt sich einfach um die fortgesetzte Aktivität jenes Hirnareals, das dazu erzogen wurde, Sprache hervorzubringen. Dieses Sprachzentrum – der etwa münzgroße Fleck auf der linken Hemisphäre – fährt einfach fort, Phrasen und Gedankenfragmente zu produzieren, ungeachtet dessen, ob wir gerade sprechen oder unser Geist im Leerlauf verharrt. Wenn wir versuchen, die Stimme zu ignorieren, indem wir geistig anderswo hinschauen, wird sie unserer Aufmerksamkeit ebenso wenig entgehen wie ein Vorhang, den wir in dem Augenwinkel flattern sehen. Auch wenn wir versuchen, sie zum Schweigen zu bringen, indem wir summen oder mechanisch ein bedeutungsloses Wort wiederholen, bemerken wir früher oder später, dass die innere Stimme immer noch da ist und weiter versucht, Sätze zu bilden. Sie kann ebenso wenig abgeschaltet werden wie unser Gesichtssinn oder Geruchssinn. Wir können zwar die Muskeln unseres Körpers steuern, und sie hindern, dass unser Stimmapparat die Wörter äußert, doch kann das Sprachzentrum ebenso wenig zum Schweigen gebracht werden, wie wir das Sehzentrum daran hindern können zu sehen, solange die Augen geöffnet sind.

Die Art, wie das Sprachzentrum seine Sätze zusammenfügt, ist eine komplizierte Angelegenheit. Offensichtlich geschieht dies nicht bewusst, denn wir werden der Wörter und Sätze erst gewahr, wenn sie heraussprudeln. Manchmal sind wir beim Sprechen über unsere eigene Redegewandtheit erstaunt und fragen uns, noch während die Worte über unsere Lippen kommen, wo sie denn um alles in der Welt herstammen.“ [42]

---

[42] John McCrone: Als der Affe sprechen lernte, S. 191 f.

Was John McCrone beschreibt, ist nicht ganz so selbstverständlich und so Natur, wie er annimmt, sondern sehr wohl auch eine Frage der Kultur, der Sprach-Anlage und der Sozialisation. Es ist insbesondere die zivilisatorisch-urbane Kultur, die in einem Hochmaß auf der Sprach-Ebene existiert, was mit einer überaus hohen Reizung des Sprachareals verbunden ist.

Im Grunde war es erst dieses weit reichende geistig-neurologische Chaos in der Art eines Dammbruchs, das nun in der human-evolutionären Entwicklung endgültig zu der Entwicklung einer systematischen umfassenden Software zwecks Befähigung zur wirklichen Selbststeuerung, Kommunikation und Kultur zwang, wollte man dem Untergang entgehen.

Aus der Bewältigung dieses Dammbruchs entstand nun umgekehrt der entscheidende evolutionäre Durchbruch aus der endgültig bei den Hominiden entstandenen evolutionären Sackgasse der höheren Großhirn-Anlage.

4.2   Sprachspiele und Geschichten

„Kleine Kinder lieben Geschichten und wollen immer wieder welche hören. Sie können komplexe Zusammenhänge begreifen, sobald man sie ihnen in Form von Geschichten präsentiert [...]." [43]

„Märchenstunden sind die höchste Form des Unterrichtens." [44]

„Ein guter Lehrer wird Geschichten erzählen. [...] Geschichten *treiben uns um, nicht Fakten."* [45]

Die evolutionär neuartige Dimension und Qualität des Spielens haben in dem Bereich Sprache ihre Grundlage. Angesichts der entscheidend höheren neurologischen Unreife des menschlichen Nachwuchses zum Zeitpunkt seiner Geburt kam dem Sprachlichen im Umgang mit diesen Säuglingen eine entscheidend höhere Bedeutung zu. In der hohen Unbeholfenheit der Säuglinge war das Sprachliche der erste Bereich ihrer Möglichkeiten. Die Verwendung von Sprache im Umgang mit den Säuglingen verhinderte, dass die neurologische Unreife zu einer – evtl. gar tödlichen - Behinderung erwuchs.

Dass aber die Sprache bereits in diesem neurologisch so frühen Zustand wirksam wurde, schuf die physiologische Voraussetzung dafür, dass das Sprachliche fundamental in das neurologische System integriert wurde. Dies wiederum war die Voraussetzung dafür, dass Sprache nicht bloß wie wohl bei den Hominiden eine Verlängerung der genetischen Verhaltenssteuerung

---

[43] Oliver Sacks: Der Mann, der seine Frau, S. 242
[44] So der Hirnforscher: Gerald Hüther: Was wir sind, S. 164
[45] Der Neurowissenschaftler: Manfred Spitzer: Lernen, S. 35

blieb, sondern auch die Möglichkeit zur Selbstbestimmung des Verhaltens erschloss. Hier hat das Sprachliche zunächst nicht die Funktion von Problemlösungen und Diskussion. Es beginnt zunächst als *ei-tei-tei* und *du-du-du* als Spiel im Beziehungsverhältnis: als Grundform von Kultur.

Sprach-Spiele   (Laut-Spiele, Sprüche, Lieder)

Auf einem Baum ein Kuckuck
Simsaladim bamba saladu saladim
Auf einem Baum ein Kuckuck saß

Abra Kadabra
dreimal schwarzer Kater

Die Laut- und Sprachspiele sind das Fundament des Sprach-Erwerbs beim menschlichen Nachwuchs. Es sind diese Laut- und Sprachspiele, in denen die Durchdringung des Sprachlichen im neurologischen System im Gehirn beginnt und mit denen zunächst erst mal das Broca- und das Wernicke-Zentrum zwecks Verstehens der Sprachlaute und Artikulationsfähigkeit als Basis des Sprachgebrauchs trainiert werden. Dieser Sachverhalt lässt sich im Verhältnis einer sehr anderen Sprache begreifen. Es geht nicht bloß um das Erlernen unbekannter Vokabeln: man muss zunächst die Phoneme des Wortmaterials identifizieren und dann auch artikulieren lernen. Dies kann so schwierig sein, dass man es als Erwachsener nicht mehr zureichend zu adaptieren vermag.

Doch ist das Bedeutsamste des Sprach-Gebrauchs zuallererst, dass der Säugling nicht in seiner so hohen Unbeholfenheit verkommt, sondern in dieser ihm möglichen Form Anregung erhält.

Die Sprache in ihrem Eigentlichen verstehen kann der Säugling noch lange nicht. Er hört die Sprache entsprechend >Abrakadabra< als bloße Laute, kann aber empfinden, dass sie >Bedeutung< enthalten.

Aus diesen Zusammenhängen heraus dürfte auch die Entwicklung von Musik und Singen entstammen. Interessant ist hier unser Wort *lallen*. Es entstammt einer der ersten Lautbildungen des Säuglings als etwa *la-la-la*. Die ersten eigenen Lautbildungen des Säuglings wie *la-la-la* wurden als diese Laute aufgenommen und verstärkend zum Spiel wie u.a. dem Singen gebraucht. Auf diese Weise konnte die noch höchst eingeschränkte Artikulations-Fähigkeit des Säuglings auf andere und einfachere Weise differenziert werden (Atmung, Mundöffnung; Tempo, Tonhöhe usw.). Dieses *La-La-La* wurde von den Wortzusammenhängen offenbar auch zum Beruhigen zum Einschlafen verwenden (>einlullen<) [beachte auch die Wortbildungen *Stillen, lullen – Lolly – lutschen* usw.].

Es ist dieser Verbund von *Hören – Erleben – Interesse am Spiel*, der evolutionär ein noch entscheidend verstärktes Interesse an Sprache auf der Säuglingsstufe weckte, aller Wahrscheinlichkeit sowohl früher als auch erheblich intensiver als bei den gleichzeitigen Hominiden der ersten Phase der Humanevolution. Denn es ist dieser Verbund zwischen der höheren neurologischen Unreife zum Zeitpunkt der Geburt und der von daher noch völlig andersartigen Funktionslogik von Sprache, mit der sich die Scheidung zwischen den Hominiden und der humanevolutionären Entwicklung mit ihrer Entwicklung von Kultur verknüpfen dürfte. Hier liegt die evolutionäre Ursache, dass Sprache zu einem Instrument der Verhaltenssteuerung werden *konnte* – eine Entwicklung, die freilich erst Schritt für Schritt in der Humanevolution erreicht wurde (s.u.).

Auf dieser physiologischen Grundlage wurden nun diese Sprachspiele wie zuerst *ei-tei-tei* und *du-du-du* zum Ausgangspunkt der Evolution von Kultur und der neuen Sprach-Entwicklung im humanevolutionären Prozess. Diese Sprachspiele eröffneten eine neue Dimension von Spiel wie u.a. auch das Singen,

Rollen- und Interaktionsspiele (wo man etwa Tiere nachspielte) wie das Erzählen von Witzen, Abenteuern, Märchen, Fabeln usw.

Der entscheidende Sachverhalt der humanevolutionären Entwicklung von Sprache war, dass hier nun >Geschichten< und Bilder zur Basis der Sprach-Anlage wurden. In Form der mit seiner Existenz und seinen Gefühlen/Empfindungen verbundenen >Geschichten< erhielt man einen Zugriff auf den Zwischenhirn-Bereich der genetischen Verhaltenssteuerung, was die Möglichkeit der Selbststeuerung eröffnete.

Ganz entsprechend der humanevolutionären Weiterentwicklung von Sprache und Kommunikation formuliert Moeller als eine seiner >Fünf goldenen Erkenntnisse<:

„Ich möchte in unserer Beziehung lernen, mich in konkreten Erlebnissen und nicht in Begriffen zu erläutern, weil Bilder und Geschichten erst wirklich tief gehend und umfassend wiedergeben können, wer ich bin – und wer Du bist." [46]

> „Geschichten *treiben uns um, nicht* Fakten. *Geschichten enthalten Fakten, aber diese Fakten verhalten sich zu den Geschichten wie das Skelett zum ganzen Menschen. Wer glaubt, beim Lernen gehe es darum, Fakten zu büffeln, der liegt völlig falsch; Einzelheiten machen nur im Zusammenhang Sinn, und es ist dieser Zusammenhang und dieser Sinn, der die Einzelheiten interessant macht. Und nur dann, wenn die Fakten in diesem Sinne interessant sind, werden wir sie auch behalten."* [47]

---

[46] Michael Lukas Moeller: Die Liebe ist das Kind der Freiheit, S. 16
[47] Der Neurowissenschaftler: Manfred Spitzer: Lernen, S. 35

78

Dies gilt seit der Ablösung von der genetischen Verhaltenssteuerung zuerst insbesondere für die Sozialisations-Entwicklung. Bevor die Fakten als Einzelheiten von Interesse werden können, braucht es erst einmal einen Rahmen im Denken und Verstehen (= in seiner >Bewusstseins-Struktur<).

„Kinder brauchen sie [*Märchen*], um ein elementares Ordnungsgerüst zu erkennen, sie brauchen sie, um ihre noch diffuse Phantasie an Gestalten zu binden und somit ihre Welt dingfest zu machen. Märchen helfen den Kindern, sich in der Welt zu orientieren." [48]

In seinem immer noch wichtigen Buch >Kinder brauchen Märchen< führt *Bruno Bettelheim* dies in vielem näher aus. In dem interessanten Buch >Märchen als Therapie< zeigt die Psychologin Verena Kast in anderer Hinsicht deren Bedeutung.

In den Geschichten werden die verschiedenartigsten Bestände aus den beiden Gehirnhälften (Denken – Empfinden) und der sprachlich-deklarativen Ebene mit dem Emotionalen und den sonstigen körperlichen (neurologischen) Impulsen verbunden.

Von der Sache her sind die Logiken dieser Geschichten für die Kinder im Besonderen als **Neuropsychogramme** zu verstehen. Diese Neuropsychogramme sind die **Brücke zwischen Denken/Sprache und der Zwischenhirn-Ebene der Verhaltensprogramme**, die die Grundlage der Selbststeuerung stellt. Sie waren in der Wechselwirkung der humanevolutionären Entwicklung gleichermaßen die Folge der Ablösung von der genetischen Verhaltenssteuerung wie umgekehrt die Voraussetzung der Entwicklung der Selbststeuerung und von Kultur.

---

[48] Emma Brunner-Traut: Altägyptische Märchen, S. 9

4.3 Sprache und Selbststeuerung

Mit einer Sprache aus lediglich Vokabular und Grammatik sind, modern formuliert, lediglich >Produktion und Dienstleistung< möglich, nicht aber die eigentliche Verhaltenssteuerung, die erst den kategorialen Schritt zum >Menschen< bedeutete.

Graphische Veranschaulichung des Unterschieds in der neurolinguistischen Funktionslogik

Schwarz: die Verhaltenssteuerung im Zwischenhirn
weißer Kreis Großhirn (Neokortex)

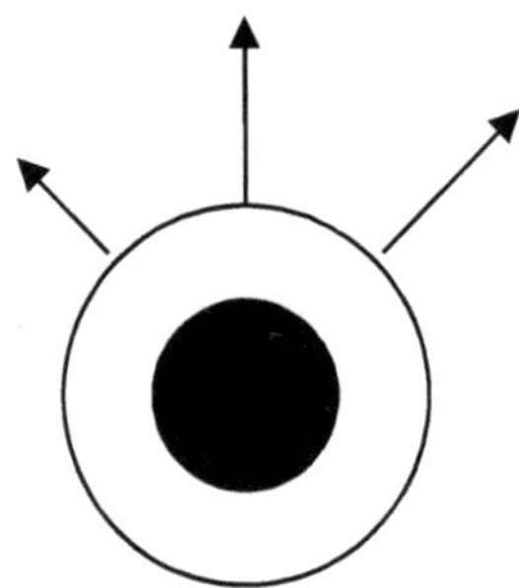

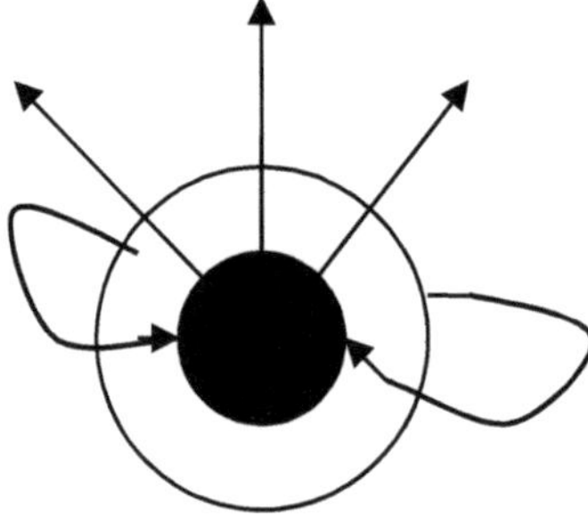

Hominide

Erweiterung des Potentials der genetischen Verhaltenssteuerung

Sehen – Planen – Handfertigkeit
Technik

Vokabular & Grammatik

Homo sapiens

+ zusätzlich Befähigung zur Selbststeuerung

+ Befähigung zur Gestaltung
d. Sozial- & Beziehungslebens
= Kultur

+ Bilder & Geschichten
(Neuropsychogramme)

Dieser humanevolutionäre Prozess nimmt sowohl neurologisch als auch sprachlich notwendigerweise zwei entgegengesetzte Richtungen an. Einerseits geht es um das Erreichen einer **tieferen** Ebene in dem neurologischen System, um Einfluss auf die bisherige Verhaltenssteuerung im Zwischenhirn-Bereich zu erlangen. Anderseits ist dafür auch ein entscheidend **höheres** Verstehen und Denken als bis dahin notwendig, da nun mehr und mehr der eigenen Steuerung unterliegt.

Sprachlich braucht es entsprechend Formen, die einerseits an die kleinkindlichen Möglichkeiten anschließen und andererseits den Anforderungen der menschlichen Selbststeuerung in Persönlichkeit und Beziehungs- und Sozialleben auf den obersten Ebenen entsprechen.

Tatsächlich werden diese beiden neuartigen Dimensionen an Sprache jenseits der Stufe der Hominiden ersichtlich: einerseits in der Ausprägung von Sprache in **Sets** von Bildern und Geschichten und andererseits in der Entwicklung der kulturellen Steuerungsbegriffe wie z.B. >Gerechtigkeit<, ohne die ein Bestand von Kultur nun mal keine Möglichkeit ist. Formal erscheint wohl ein Begriff wie >Gerechtigkeit< als ein *Wort* wie >Stock<. Doch ist mit den kulturellen Begriffen eine fundamental andere semantische Komplexität verbunden, die je nach ihrer Position in der Steuerung eine entsprechende Persönlichkeits- und Bewusstseins-Entwicklung voraussetzen. Anders als >Stock holen< ist von daher für einen Hund ein Verstehen von >Gerechtigkeit< keine Möglichkeit.

Beide Stränge beginnen in der Evolution wie in der Sozialisation gleichermaßen in der Kultur der Kinder mit Sprachspielen und Geschichten. Die kulturellen Begriffe erwachsen aus den Neuropsychogrammen der Kleinkind-Geschichten (>Märchen<) und den höheren Kinder-Spielen, die evolutionär im Grunde als Theater-Skript-Geschichten dem Einüben der Selbststeuerung und einem fähigen Sozial-Verhalten dienen.

4.4 Zur Bedeutung von Mythologie im ursprünglichen Sinn

„Sprache ist in Mythen begründet (Mythos heißt in seiner ersten Bedeutung das Wort), und der Mythos umfasst noch beides, den Primär- wie den Sekundärvorgang, die Vergangenheit wie die Zukunft, die Emotionalität und das rationale Erklärungsbedürfnis." [49]

Wir assoziieren Mythologie gemeinhin mit der historisch umgebildeten Form (→ 156 ff.). Doch handelte es sich bei der ursprünglichen Mythologie um etwas entscheidend anderes, nämlich um das sprachlich-kulturelle >Betriebssystem< sowie um die organisatorische Form seiner sprachlichen und kulturellen Anlage und Verfassung.

In den Anfängen dieser Entwicklung werden sowohl die neurologischen Zustände als auch die Erfindung der neuropsychogrammatischen Motive und Geschichten noch partiell gelegen haben. Doch muss in der weiteren humanevolutionären Entwicklung in der Sammlung dieser neuropsychogrammatischen Motive und Geschichte eine Systematik in der Entsprechung der neurologischen Struktur des Menschen entstanden sein. Denn diese Systematik war eine Voraussetzung für die Entwicklung der vollgültigen Selbststeuerung. Mit partiellen Motiven mag wohl an den entsprechenden Punkten die Befähigung ihrer Steuerung erreicht haben, aber deswegen noch nicht das Eigentliche der vollen Steuerung seiner Persönlichkeit und seiner Sozialverhältnisse. Dies wurde erst mit einer umfassend integrierten Systematik der neuropsychogrammatischen Motive als Sprache wie an >Kultur< möglich.

---

[49] Wolfgang Schmidbauer: Wie Gruppen uns verändern, S. 149

Dies alles ist als Zusammenhang zu sehen. Die Sprache der neuropsychogrammatischen Motive stellte die zur Steuerung von Kultur und Persönlichkeit notwendigen kulturellen Begriffe wie z.B. >Gerechtigkeit<. Der *Begriff* >Gerechtigkeit< ist, wiewohl formal vergleichbar, doch von seinem Inhalt her etwas fundamental anderes als das *Wort* (für) >Stock<, was auch ein Hund verstehen kann. Solche Begriffe wie >Gerechtigkeit< setzen ein Verstehen von Kultur voraus, wie umgekehrt Kultur erst durch ein hinreichendes Verstehen der für Kultur notwendigen kulturellen Steuerungsbegriffe wie etwa >Gerechtigkeit< oder >Frieden< möglich wird, wie das Autofahren erst durch seine Steuerungsanlage mit Brennstoff, Bremse und Lenkrad und ein Beherrschen des Steuerns.

Diese Systematik ist der ursprüngliche Sachverhalt der >Mythologie< (vor dem Ende der Eiszeit). Sie ist das Eigentliche und Entscheidende der humanevolutionär entwickelten Sprache bis zum Ende der Eiszeit.

In der Tat: „Am Anfang war das Wort" = der *logos* = der *Mytho-Logos* (man beachte die Verbindung *Wort* = dän. *ord* = lat. *ordo* – *Ord*nung!). Die Mythologie als die erzählte Form der sprachlichen Organisation war in der humanevolutionären Entwicklung die didaktisch und als Sprache in Worten und Begriffen aufbereitete *Essenz* der Kultur- und Lebenserfahrung wie der Selbst- und Menschenkenntnis (>Erkenne Dich selbst<).

Durch die Mythologie wurde der Mensch diskursiv, bewusst, *Subjekt, Kommunikations-* und *Kulturwesen.* Durch die Mythologie als dialogisches Verhältnis zu den Kindern lernte sich der Mensch in seiner Bewusstseins-Entwicklung, in seinen emotionalen Bedürfnissen, in seinen Lernformen und Wahrnehmungen kennen und begreifen. Durch die Mythologie lernte sich der (Vor- und frühe) Mensch als *Mensch* verstehen, und so verstanden war die Mythologie in der Tat die Grundlage für das damalige Hinauskommen des Menschen über die Tierstufe. Dieses war freilich nur mit einer ganz bestimmten Mythologie und nur mit einem aufgeklärten Verhältnis zu ihr als Erwachsener möglich.

Das also, was die humanevolutionär entwickelte Sprache von der hominiden Sprache aus lediglich Vokabular und Grammatik im Entscheidenden unterscheidet, ist >die Mythologie< (um ursprünglichen Sinn).

Evolution von Sprache	Biologische Art
Von **Lauten** zu **Wörtern**	*Hominidus habilis*
Von **Wörtern** zu 2- + **3-Wort-Sätzen**	**Spätphase** *Hominidus habilis* ▶▶▶
Sätze und **Satzfolgen** *zum Zwecke bzw. im Kontext von Erledigungen* (von einfachen Anfängen bis später beliebig komplex)	*Hominidus erectus*
Erzählen zur Unterhaltung; erste **mythologische** Motive und erste **kulturelle** Begriffe	*Homo archaicus*
Voll entwickelte **Mythologie** + **Kultur**	**Archaischer** *Homo sapiens* ▶▶▶
	Homo sapiens

Modell der humanevolutionären *Weiterentwicklung* von Sprache

wie sie sich mir darstellt:

höhere neurologische Unreife der Geburten →
Sprachspiele wie *ei-tei-tei* und *du-du-du* + „Jägerlatein" →
Tier-Geschichten & menschliche Begebenheiten →
Tier-Rollen-Spiele sowie anthropomorphe Fabeln, Märchen &
Role-Models (*Modelle für Rollen*) → moralisch-kulturelle
Verstehens-Entwicklung = Beginn der Selbststeuerung

→ Überblick über seine anthropologischen Gegebenheiten und
Möglichkeiten → kulturelle Begriffe → Mythologie → die
kulturelle Sprach-Anlage →

explizit entworfene Kultur-Konzeption → Realisation von
Kultur → die evolutionäre Ausbildung unserer

→ Art **Homo sapiens**,

die alles dies an kulturellen Gegebenheiten in ihrer kulturalen
Anlage **voraussetzt** (wie ein Computer eine *bestimmte* Software)

4.4.1   Das Motiv der >Mond-Mutter<

„Der Mond-Kult [besser: die Mond-**Mythologie**] *ist über die ganze Erde verbreitet. "* [50]

In gewisser Weise versteht sich, dass die besondere Sprache für die Kleinkind-Stufe nur von den Kindern selbst erfunden werden konnte. Die Bedeutung der Erwachsenen bestand hierbei darin, dass sie die kleinkindlichen Lalllaute entsprechend *du-du-du* und *ma-ma-ma* und die Geschichten für die Kinder, auf die die Kinder positiv reagierten und die sie zu hören wünschten, gesammelt und tradiert haben und all dies zu einer sprachlichen Gesamtkonzeption (→ 4.4) integriert haben.

Infolge der nun auch sprachlich permanenten Gehirnaktivität kommt es bei den Kindern gemeinhin zu einer Phase der berühmten Warum-Fragen.

Dieser Sachverhalt trat irgendwann auch humanevolutionär auf den Plan, und hiermit eröffnete sich die eigentliche humanevolutionäre Entwicklung, und zwar im Besonderen an dem Punkt, wo die kindliche Fragestellung relevant wurde, wo sie denn eigentlich herkamen.

Von der Mutter, war die nahe liegende Antwort. Doch konnte diese Antwort den *neurologischen* Denk-Prozess nicht befriedigen. Wo kam dann aber die Mutter her? Von ihrer Mutter. Ja, und diese? Von ihrer Mutter. Und diese? Von ihrer Mutter. Und diese? Usw. etc. pp. Auf diese Weise war einfach keine befriedigende Antwort zu erreichen, und das ist auf diese Weise auch grundsätzlich unmöglich, weil es *hierbei* letztlich nur darum gehen kann, sein *eigenes* Denken und Bewusstsein: seine Neurologie zu verstehen.

---

[50] Friedrich Heiler: Erscheinungsform und Wesen der Religion, S. 56

Wir wissen nicht, wie lange die Frühmenschen an dieser Problemstellung festhingen, aber wir kennen das Ergebnis. Wahrscheinlich waren es wieder einmal die Kinder, die - als die Erwachsenen mit ihren rationalen >Denken< gequält am Ende waren – *die* entscheidende Antwort im spontanen Witz fanden: am Anfang war die >Mutter-Mutter-Mutter-Mutter<: die *Ma-Ma-Ma-Ma-Ma-Ma-Ma-Ma-Ma*, in sachlicher Kurzform die *Ma-Ma-Ma* oder *Ma-Ma*: die >Ur-Mutter< (>of all<; >aller/alles Lebenden<).

Dieses Motiv wurde wohl fast aus sich selbst heraus mit dem (Voll-) Mond verbunden, bot es sich (etwa mit dem >Mondgesicht<) an, dieses erzählerische Motiv für die Kleinkinder handfest zu machen, es zu illustrieren und auszuspinnen, genau so, wie dies heute noch in den Kinderbüchern der Fall ist.

Insgesamt handelt es sich mit etwa *Ma-Ma (-Ma)* in der human-evolutionär entwickelten Sprache in sich schon um ein Wort-Spiel. Denn *Ma* steht für >Mutter<, aber auch für >Ur-, Anfang<, für >Vater<, für >Mond<, für >groß<, für >mein< usw. Insofern kann *MaMa* auch ganz einfach >Mutter< bedeuten, aber auch >Großmutter<, >Ur-(Groß-)Mutter<, (die mythologische) >Mond-Mutter< usw. Bei Bedarf konnte man diese Unterschiede durch Betonungen oder lautliche Abwandlungen zum Ausdruck bringen, wie etwa *MaMu* oder auch *MaNa* (> *Mond, Mensch, mind*).

Mit diesem Motiv von *Ma (-Ma-Ma)* >Ur-Mutter< hatte man mit dem Bezug zu *Mond* tatsächlich schon den gesamten Rahmen für seine Mythologie gefunden. Mit dem >Mond< als Motiv für die/den >UrMutterVater< = $UrA^h n^{os}$ konnte man den Kindern erklären, von woher sie *eigentlich* auf >die Welt kamen< und wo man dereinst nach seiner Reise auf der Welt wieder sein würde, „wo sich alle wieder treffen" (frz. *mère* – *mars/mors;* lat. die *Manen*).

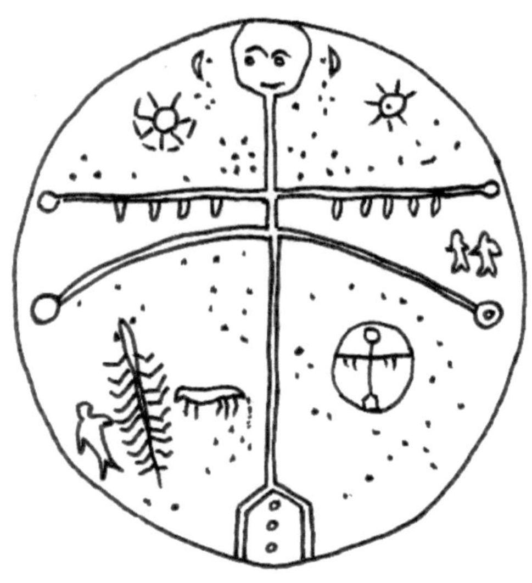

Nachzeichnung: „Trommel der Abakantataren", nach:
Hans Findeisen & Heino Gehrts: Die Schamanen, S. 123

Natürlich konnte das Motiv *Ma-Ma* nur deswegen eine >Antwort< auf die kleinkindliche Frage „nach dem Ursprung allen Lebens" sein, weil sie keine mathematisch logische war, sondern im Verstehen der kindlichen Neurologie ein *Spiel* eröffnete. Wäre *Ma-Ma* tatsächlich eine mathematisch logische Antwort auf die Frage nach >dem Ursprung< gewesen, hätte sie neurologisch automatisch die Frage provoziert, wo denn nun *Ma-Ma* herkam – und nichts wäre gewonnen gewesen. Diese Antwort hätte das tatsächlich Eigentliche der Frage, nämlich des Denkens und Bewusstseins nicht verstanden. Die richtig verstandenen *Bilder* und *Geschichten* sind auf dieser neurologischen Ebene der einzig *aufgeklärte* Umgang damit.

Natürlich erzählten die Geschichten dem Kind entsprechend seinem Bedürfnis von dem Glück, hier auf diese Welt gekommen zu sein, die *Ma-Ma* extra >für uns geschaffen< hat; was es alles Tolles im Leben zu entdecken galt; dass *Ma-Ma,* Mama, Papa und Andere für das Kind da seien und dass es wunderschön war, dass sie alle zusammen seien und sich lieb hatten. All dies konnte im Näheren und Weiteren beliebig ausgeschmückt werden.

Dieses Motiv von >UrMutterVater (Mond)< konnte man in Form der Schöpfungs-Mythologie in jeder beliebigen Hinsicht auf die Natur und Kultur ausführen. Damit hatte man gleichzeitig ein geniales didaktisches Prinzip gefunden. Statt langweiligem Unterrichten konnte man nun alles in für die Kinder interessante Geschichten verpacken.

In gewisser Weise lag in diesen Geschichten der nun effektive Ursprung der humanevolutionären Entwicklung von Kultur, und dies gleichzeitig auf verschiedenen Ebenen. Dadurch dass in diesen Geschichten die seelische Komponente in einer völlig neuartigen Form ins Bewusstsein drang und von Bedeutung wurde, bekamen die theaterartigen Rollen- und Verhaltens-Spiele der Kinder ein neues Moment in der Entwicklung des Verhaltens.

4.4.2 Zu dem Befund der Mond-Mythologie

Es sollen im Folgenden ein paar ausgewählte Hinweise und Zitate zu der Mond-*Mythologie* geboten werden, die, wenn auch mit einigen historischen Umdeutungen verbunden, etwas von der ursprünglichen *Symbolik* zeigen.

"Diese Holzmaske ist ein Ausdruck der Inuit-Kosmologie. Das Gesicht in der Mitte repräsentiert einen der wichtigsten Geister, den des Mondes. Die umgebenden Ringe stehen für die unterschiedlichsten Schichten des Universums, während die Federn die Sterne des Himmels darstellen." [51]

"Der *Mond*-Kult ist über die ganze Erde verbreitet. [...] Die altmexikanische Mondgöttin *Teteoinnan* wird als >Göttermutter< bezeichnet. [...]
Der Mond wird aber auch als Insel der Seligen vorgestellt. Besonders stark ausgeprägt ist der Mondkult bei den Bantu-Völkern. Eine zentrale Stellung nimmt er bei den Semiten ein, vor allem bei den Westarabern. Seine Hauptzentren waren Ur und Harran. [...] Der Mond steht an der Spitze der babylonischen Astral-Trinität (*Sin, Šamaš, Ištar*). In prächtigen Hymnen wird er gefeiert als >Mutterleib, der alles gebiert<, als >Erzeuger der Götter und Menschen<. Die Mondsichel findet sich auf altsemitischen Denkmälern. In Griechenland wird der Mond weiblich aufgefasst; *Selene* ist die

---

[51] Text und Nachzeichnung nach: G. Burenhult: Illustrierte Geschichte der Menschheit V, S. 160

Spenderin des Taus, die Göttin des Wachstums, der Menstruation und Entbindung, aber auch die Patronin der Zauberer, Jäger und Diebe."[52]

Insgesamt heißt es über die südamerikanische Mythologie:

„In den Schöpfungsgeschichten geht es meist um Sonne und Mond sowie um den Aufstieg des Menschengeschlechts aus der Unterwelt."[53]

Bei den Innuit:
„Oberhalb der Welt der Menschen liegen die Mondstätten. Dorthin kommen viele Tote."[54]

In recht originärer Form wird die ursprüngliche Mythologie in einer sibirischen Kultur formuliert:

„Die Seelen der Ahnen steigen nach einiger Zeit zum Mond empor, dann können sie noch einmal auf der Erde geboren werden. Denn der Mond bringt die Seelen der Kinder zu den Frauen, wenn sie Mütter werden."[55]

Auch die historische Umdeutung zu Mond-*Göttern* bietet noch einige Hinweise auf die ursprüngliche *Symbolik*:

„**Tecciztécatl**, der legendäre >Alte Mondgott< Mesoamerikas, hatte sowohl eine männliche wie auch eine weibliche Erscheinungsform. Er war Fruchtbarkeitsgott und wurde in seiner männlichen Form als alter Mann dargestellt, der eine große, weiße Muschel – Symbol des Mondes – auf dem Rücken trägt."[56]

---

[52] F. Heiler: Erscheinungsform und Wesen der Religion, RelMen I, S. 56
[53] D. M. Jones & B. L. Molynaux: Die Mythologie der Neuen Welt, S. 176
[54] Hans-Jürg Braun: Das Jenseits, S. 77
[55] Helma Marx: Das Buch der Mythen, S. 388
[56] D. M. Jones & B. L. Molynaux, Die Mythologie der Neuen Welt, S. 134

„**Sin** ist der sumerisch-babylonische Mondgott [...] geboren
wurde er in der Unterwelt. Seine Gemahlin ist Ningal, die
>Große Herrin<. Meist wird er, den man >Glänzendes Boot des
Himmels< nennt, als alter Mann mit blauem Bart abgebildet. Jeden Abend steigt er in seine Barke, eine mit den Enden nach
oben weisende Mondsichel, und segelt über die Himmel.“ [57]

„**Wadd** war ein Mondgott, der in einigen Teilen Südarabiens
zwischen dem 5. und dem 2. Jahrhundert v. Chr. verehrt wurde.
Sein Name bedeutet >Liebe< oder >Freundschaft<, und sein hei-
liges Tier ist die Schlange.“ [58]

*Babylonischer Grenzstein um 1120 v. Chr. (Ausschnitt). Die zentrale Position
der Mond-Symbolik im Alten Orient, sumerisch „Mondgott“* **Nanna,** *zwischen >Sonne< (rechts) und >Stern< für die Göttin* **Ischtar**. Nachzeichnung
nach: Göran Burenhult: Illustrierte Geschichte der Menschheit III, S. 18

---

[57] Rachel Storm: Die Enzyklopädie der östlichen Mythologie, S. 72 f.
[58] Rachel Storm: Die Enzyklopädie der östlichen Mythologie, S. 82

4.4.3 Belege zur Mond-Symbolik unter der ursprachlichen Lautwurzel *☉ = *M/N

Entsprechend ihrer Stellung findet sich die Mond- oder UrMutterVater-Symbolik unter *sämtlichen* Wortwurzeln der human-evolutionär entwickelten Sprache des Homo sapiens (*Io, Luna - Ulu/Lilit – Eule* usw.). Hier soll jedoch allein die Laut-Wortwurzel *☉ = *M/N mit ihren vier Variationsformen (*M und *N jeweils an- und ablautend) aufgenommen werden.

Damit soll auch gezeigt werden, dass es durchaus möglich ist, von einem Verständnis der Alten Mythologie und Symbolik her Zugänge zu der eiszeitlichen Sprache zu erschließen, sowie weiterhin, dass es begründet erscheint, von einer eiszeitlich einheitlichen Sprache des Homo sapiens zu sprechen, worauf vielfältige weitere Hinweise deuten (s.u.).

*Nℵ wie z.B. *na^h, neu, nee*   :
    zu *NaNa - neun - neu – novus – Nabel* s. auch → S. 280

Nana-	Akan (Ghana) der >große Ahn< [59]
Nanna	der sumerische Mondgott, besonders in Ur verehrt
Nandi	der >milchweiße Stier< in der indischen Mythologie, der die „vier Ecken der Welt bewacht" [60]
Nana	die „Tochter eines Flussgottes" und Mutter des Gottes Attis in der Attis-Kybele-Mythologie [61]
Nanna	Gattin des altnordischen Gottes Baldr (der mit >Sonne< verbunden erscheint)

---

[59] John S. Pobee: Grundlinien einer afrikanischen Theologie, S. 91
[60] Rachel Storm: Die Enzyklopädie der östlichen Mythologie, S. 144
[61] Rachel Storm: Die Enzyklopädie der östlichen Mythologie, S. 15

Ninni	auch für *Inanna*[62] [insofern auch *I-Nanna*],[63] der mesopotamischen Hauptgöttin
Hába **Ninu***lang*	die >Ur-Mutter< bei den Kogi-Indianern in den Nordanden [64] [*hába* >Mutter<]
Nene	die erste Frau der Azteken [65]
Nanih Waiya	der Hügel in Mississippi, USA, an dem die Choctaw und die mit ihnen verwandten Stämme der Erde entstiegen seien [66]
Nana*huatzin*	„war der Gott aller Zwillingspaare und aller -Behinderten. In der aztekischen Schöpfungsgeschichte spielte er eine bedeutende Rolle." [67]
Nana	die „Göttin der Liebe" bei den afrik. Yoruba [68] =
Náná Búùkún	„ist das Mutterprinzip im Kultkomplex von *Sònpònná* [der afrikanischen Yoruba…]. Auch sie ist die Erde, ist der Erde magische Potenz, die die Heilkunst durchpulst. Sie ist als Tier auch die Hyäne und somit dem Tod verwandt, sie ist die den Tod ausschickende und ewig hungrige Erde, die die Leichen frisst und in ein neues Leben umsetzt." [69]
Nanabush	nordamerikanische Figur, die den Menschen schuf [70] [auch *Manabush*; einige Merkmale einer ursprünglichen Mond-Symbolik]
nona	- deutsch *neun* (**9 Monde für >schwanger<**!)
nanus	lat. >Zwerg< (aus dem Griechischen), heute bedeutsam in *Nano*-
nene	spanisch >Baby<
nana	spanisch >Gutenachtlied<

---

[62] J. van Dijk: Sumerische Religion, in: Asmussen & Læssøe: Handbuch der Religionsgeschichte, Band I, S. 447

[63] insofern tatsächlich >Mond<-„Göttin", vgl. dazu: Elisabeth Hämmerling: (Titel) Mondgöttin Inanna

[64] Geraldo Reichel-Dolmatoff: Das schamanische Universum, S. 39

[65] D. M. Jones & B. L. Molynaux: Die Mythologie der Neuen Welt, S. 126

[66] D. M. Jones & B. L. Molynaux: Die Mythologie der Neuen Welt, S. 56

[67] D. M. Jones & B. L. Molynaux: Die Mythologie der Neuen Welt, S. 126

[68] Joachim-Ernst Berendt: Nada Brahma – Die Welt ist Klang, S. 226

[69] Gert Chesi: *Susanne Wenger* – Ein Leben mit den Göttern, S. 168

[70] D. M. Jones & B. L. Molynaux: Die Mythologie der Neuen Welt, S. 55 f.

niño	spanisch >Kind<
Ninne	deutsch >Wiege<
Nonne	von kirchenlat. *nonna* mit der ältesten Bedeutung >Amme< (Duden 7, *Nonne*)
nanny	engl. >Kinderfrau, Kindermädchen<

mit + *ΓΧ wie *Ku^h/co/ki/Gä* >Leben, Erde <:

Heng-**ngo**	chinesisch: die Mutter der Monde, Mondgöttin [71]
Ngai	„Himmelsgott" der afrik. Massai, schickt den Menschen den Regen und die Gewitter [72]
NGA	„gilt bei den samojedischen Jurak Sibiriens als Herr der Hölle und des Todes." [73]
Nangai	Gott der afrikanischen Mutwa-Stämme [74]
Nungui	die Erdgöttin der südamerik. Jiraro, die den Menschen die Maniokknollen schenkte [75]
naga	indisch >Schlange< = anguis lat. >Schlange< = litauisch *angis*[λ] = früher deutsch **Unke**
Enki	einer der drei sumerischen „Hauptgötter",[76] „Gott" der >Wasser-Fruchtbarkeit<, entsprechend mit zwei Flüssen, auch als „Ziegenfisch" dargestellt (vorne Ziege, hinten Fisch)

*ΧN wie z.B. *an, Ahn*   :

| *an(ə) | **indoeuropäisch** >atmen, hauchen<, gilt als Ursprung von *Odem, Atmen* |
| anne | türkisch >Mutter< |

---

[71] Helma Marx: Das Buch der Mythen, S. 329
[72] Helma Marx: Das Buch der Mythen, S. 422
[73] Rachel Storm: Die Enzyklopädie der östlichen Mythologie, S. 216
[74] Helma Marx: Das Buch der Mythen, S. 468
[75] Helma Marx: Das Buch der Mythen, S. 531
[76] Mircea Eliade: Geschichte der religiösen Ideen, Band 1, S. 63

an = **Ahn**	mittelhochdeutsch *an*(e) (EWD, *ahnden*)
anus	lat. >Greisin, Alte, alte Frau<, >alt, bejahrt<
An	sumerisch >Himmel<, personifiziert (ein) >Gott<
***ur*anos**	griech. >Himmel<, personifiziert (ein) >Gott<
Anat	phönizische und kanaanäische Göttin (eine gewisse Parallele zu Inanna/Ischtar)
Inanna	sumerische Göttin [*In.Ana* >Herrin des Himmels<]
Diana	lat. „Mondgöttin" [***de* + *ana*; vgl. *TeTe-Ana* >]
*Teteo*innan	mexikanische „Mondgöttin" und „Göttermutter" [77]
Hannahanna	„war die Große Mutter der Hethiter und die Göttin der Geburt." [78] [***ana-ana*]
Janus	lat. „Gott" des Anfangs und des Endes
ånd	dänisch >Geist, Gespenst<
oni	japanisch (Kun-Lesung) >Seele eines Verstorbenen, böser Geist< [79]
anima	lateinisch: >Lufthauch, Wind, Luft (als Element), Atem, Seele, Leben, Herz, Geist ...<, als Plural auch: >Seelen der Verstorbenen< (Stowasser)
animus	lateinisch: >Seele, Geist, Denkkraft, Gedächtnis, Bewusstsein, Gefühl, Stimmung, Charakter, Mut, Verlangen, Leidenschaft, Trotz, Unmut ...<

in, innen

*אM wie z.B. *am*   ∴

am	>Mutter< bei den sibirischen Jenesseiern (Keten) [80]
Am	„der gute Gott" der südamerikanischen Puruha-, Mantra-, und Huancavelica-Stämme [81]
ama	sumerisch >Mutter< [Σ]146 vgl. Deutsch ***Amme***

---

[77] Friedrich Heiler: Erscheinungsformen und Wesen der Religion, S. 56
[78] Rachel Storm: Die Enzyklopädie der östlichen Mythologie, S. 37
[79] Hadamitzky: Langenscheidts Handbuch und Lexikon der japanischen Schrift, S. 283, Nr. 1523
[80] RelMen 3: I. Paulson: Die Religion der nordasiatischen Völker, S. 44
[81] Helma Marx: Das Buch der Mythen, S. 520

amma	altisländ. >Großmutter< (vgl. unser *Oma*)	
amë	albanisch >Mutter; Quelle, Flussbett< [a]	
Amm	vorislamischer „Mondgott" Südarabiens [82]	
em אֵם	hebräisch >Mutter< = assyrisch *ummu* [א]	
Amana	die „Urmutter" der südamerikanischen Kalina [83]	
Uma	indische „nicht-vedische Muttergottheit" [84]	
Umai	„ist die Große Mutter in der Mythologie der sibirischen Turkvölker […] Sie verhilft kinderlosen Paaren zu Nachwuchs und ist die Patronin aller Neugeborenen." [85]	
Omam	„ist der Schöpfergott der Yanomami [Südamerika], eine wohlwollende Gottheit, welche die Erde, den Himmel, Sonne und Mond, die Menschen sowie alle Tiere und Pflanzen geschaffen hat." [86]	
Omouna	„erschuf die Erde und alle Lebewesen" in der Mythologie der südamerikan. Waika-Stämme [87]	
Omara	der „erste Mensch" der afrik. Schilluk, „er ist vom Götterhimmel auf die Erde herabgekommen" [88]	

Amaterasu	die japanische „Sonnengöttin"	
Amaltheia	Nymphe oder Ziege auf Kreta, die den Zeus nährte	
Amma	„Schöpfergott" der afrikanischen Dogon [89]	
Amon	altägyptischer Gott, „mit Zeus gleichgesetzt" [א]	
Amalivaca	„Gott" der südamerik. Guayana-Stämme, „der mit seinem Bruder *Votchi* die Erde und den Orinoko und dann die Menschen schuf [90]	
Yama	indisch „der erste Mensch", „Totengott"	
Yomi	japanischer Begriff für die >Unterwelt< [91]	
Tsukiyomi	japanischer „Mondgott" [92]	

---

[82] Rachel Storm: Die Enzyklopädie, S. 18, s. unter „Anbay"

[83] Helma Marx: Das Buch der Mythen, S. 527

[84] Eckard Schleberger: Die indische Götterwelt, S.114

[85] Rachel Storm: Die Enzyklopädie der östlichen Mythologie, S. 235

[86] D M. Jones & B. L. Molynaux: Die Mythologie der Neuen Welt, S. 209

[87] Helma Marx: Das Buch der Mythen, S. 528

[88] Helma Marx: Das Buch der Mythen, S. 426

[89] Marcel Griaule: Schwarze Genesis, S. 26

[90] Helma Marx: Das Buch der Mythen, S. 527

[91] Harenberg Lexikon der Religionen, S. 836

[92] Harenberg Lexikon der Religionen, S. 845

Yama	Japan: >heilige Berge<, „die den Himmelspfosten bzw. die Weltachse als >Mitte der Welt< und Zentrum der vier Himmelsrichtungen symbolisieren" [93]
jam	hebräisch >Meer<, akkadisch *tiamtu, tamtu* ($^{\Sigma}$163), so: (vgl. dt. Flüsse *Ammer, Jümme*)
Jamm	der altsyrische >Meer- und Wasser-Gott" [94] und:
*Ti*ama*t*	babylon. „Göttin" und „Ur-Drache", das „Ur-Meer"

Mא   wie z.B. *Ma*   :

Ma	„die große Göttermutter" der afrikanischen Pygmäen [95] und Mutwa-Stämme [96]
ma	altindisch >Mutter< [97]
ma	>Mutter< in *Ma Gä* griech. >Mutter Erde< [98]
mah	altindisch >Mond< [99]
mah	upers. >Mond, Monat< [100]
Maia	„Bei Homer wird sie [...] einmal als Mutter des Hermes erwähnt." [101] *Arma* >Mond/gott< der Hethiter [102]
Mayim	„höchster Gott" der sibirischen Jenessei-Tungusen, aus *ma* >geben< + *in* >Leben< [103] (> *אN)

[93] Harenberg Lexikon der Religionen, S. 834

[94] RelMen 10,2: Hartmut Gese: Die Religionen Altsyriens, S. 134

[95] Helma Marx: Das Buch der Mythen, S. 447

[96] Helma Marx: Das Buch der Mythen, S. 465

[97] Etymologisches Wörterbuch des Deutschen, *Mutter*, S. 903

[98] Etymologisches Wörterbuch des Deutschen, *Mutter*, S. 903

[99] Etymologisches Wörterbuch des Deutschen, *Mond*, S. 885 f.

[100] Julius Pokorny: Indogermanisches Etymologisches Wörterbuch, S. 731

[101] Der Neue Pauly, Band 7, *Maia,* 707

[102] in: Asmussen & Læssøe: Handbuch der Religionsgeschichte II, S. 14

[103] RelMen 3: I. Paulson: Die Religionen der nordasiatischen Völker, S. 40

Main	„der mythische Held der sibirischen Evenk." [104] Er jagt den Elch, der die Sonne aufspießt, wodurch es dunkel wird, und bringt die Sonne zurück.
Mahu	bei den afrik. Fon der weibliche Teil des „göttlichen Urzwillingspaares". „*Mahu* ist die weibliche Urkraft, aus der alles Leben geboren wird. Sie herrscht über die Erde, den Mond und die Fruchtbarkeit." [105]
Muu	der „Geist der Gebärmutter" der Kuna in Panama [106]
Mumuu	bei den australischen Ngarinyin der >heiliger Name für die Urmutter Jillinya< [107]
Moma	der „Urvater" der südamerikanischen Vitoto-Stämme. „Er wohnte auf dem Mond, doch dort wurde er getötet, jetzt lebt er in der Unterwelt. Er ist der Herr der Toten." [108]
Moan	mythol. Vogel der Maya, der bei der Wiedergeburt half [109]
mohan/a	zentrale männliche und weibliche Figur/Geister von Indianern in Kolumbien [110]
Moyang	„Titel" zweier Ur-Figuren der Ma-Betisek in Malaysia *Moyang Mellur* lebt auf dem Mond und besitzt die Regeln der Kultur, während *Moyang Kapir* dafür sorgt, dass die Menschen diese erhalten. [111]
Manas	ind. der „Geist", „aus dem der Mond geschaffen" [112]
mind	engl.
Manitu	„Begriff aus dem [indian.] Algonkin, der hauptsächlich von den Ojibwa benutzt wird. Diese bezeichnen damit das mächtigste geistige Wesen und die alles durchdringende spirituelle Kraft, über die es verfügt. Diese Form der Personifizierung des Großen Geistes [...]." [113]

[104] Rachel Storm: Die Enzyklopädie der östlichen Mythologie, S. 210

[105] Helma Marx: Das Buch der Mythen, S. 439 f.

[106] Piers Vitebsky: Schamanismus, S. 158

[107] Jeff Doring: Gwion Gwion, S. 328

[108] Helma Marx: Das Buch der Mythen, S. 532

[109] P. Arnold: Das Totenbuch der Maya, S. 95 ff., s. Abbildung S. 64 II, 96

[110] Franz Xaver Faust: Totgeschwiegene indianische Welten, S. 141 ff.

[111] Rachel Storm: Die Enzyklopädie der östlichen Mythologie, S. 213

[112] Harenberg Lexikon der Religionen, S. 560

[113] D. M. Jones & B. L. Molynaux: Die Mythologie der Neuen Welt, S. 49

Manito*dasin*   die >Mondfrau< der Delawaren (Algonkin) [114]
Monan   Schöpfergott des südamerik. Tupinambá-Stammes [115]

Manaman [116], Manannán [117]   „Seegott" in der irischen Mythologie
Manat   vorislamische nordarabische „Göttin", wird mit dem
               „Abendstern" wie mit dem Todesgeschick in
               Verbindung gebracht [118]
manes   lat.: >Seelen der Verstorbenen; Unterwelt<
Manu   Urmensch und Gesetzgeber der ind. Mythologie
Mannus   lat. für *man*, „der Urmensch nach german. Sage"
Mond
mundus   lat. >Toilettensachen der *Frau*¹; Weltall, Welt, Erde,
               Himmel, Menschheit<

Min   ägyptischer >Gott der Liebe<
Men   phrygischer Mondgott, Herrscher über Himmel und
               Unterwelt, war für das Gedeihen von Pflanzen und
               Tieren verantwortlich." [119]
Men   „der >Mond<, die >Weise< oder der >Adler<, war
               der 15. der 20 Tage des Maya-Monats. Er war mit
               einer alten Mondgöttin assoziiert." Dieser Tag hieß
               bei den Zapoteken Naa." [120]   [*Na > NaNa*! s.o.]
Men Shen   „zwei chinesische Götter, die über Eingänge und
               Tore wachen. Einer von ihnen wird gewöhnlich mit
               rotem oder schwarzen, der anderen mit weißem
               Gesicht dargestellt."

>> die ursprachliche Reihung *Mond – Mensch – mein –
Minne – mind* >Geist, Bewusstsein, Liebe, Kultur<

---

[114] nach: Harald Haarmann: Universalgeschichte der Schrift, S. 42
[115] D. M. Jones & B. L. Molynaux: Die Mythologie der Neuen Welt, S. 207
[116] Sylvia und Paul F. Botheroyd: Lexikon der keltischen Mythol., S. 272 f.
[117] Françoise Le Roux-Guyonware'H, in: Asmussen & Læssøe: Handbuch
der Religionsgeschichte I, S. 257
[118] RelMen 10/2: Maria Höfner: Die vorislamischen Religionen Arabiens,
S. 361 f., zu den Schreibformen von Manat MNT, MNH und MNWT S. 377
[119] Rachel Storm: Die Enzyklopädie der östlichen Mythologie, S. 52
[120] D. M. Jones & B. L. Molynaux: Die Mythologie der Neuen Welt, S. 123

100

4.4.4 Ein Hinweis zur Entzifferung der eiszeitlichen Sprache des Homo sapiens

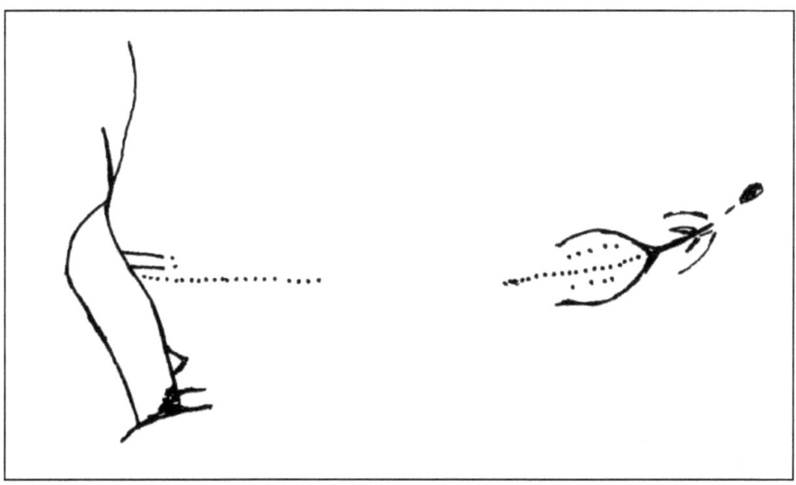

Sehr reduzierte Nachzeichnung des wohl dem Sinn des Schachtbildes von Lascaux (S. 103) entsprechenden, ebenfalls zentralen, größten und mit gut 13.000 Jahren ähnlich alten Deckengemäldes in dem **schwer** *zugänglichen „Endsaal" der Ignatievka-Höhle* [121] *im* **Ural***. Das STierKuh-Motiv ist etwa 2,30 m groß.*

„Zwischen den Beinen der Frau sind drei Punktreihen aus insgesamt 28 Punkten eingetragen [...]." (ebd.)

→ für den weiblichen Mond/Monats-Zyklus, 9 = 9 Monde = schwanger (Mutterschaft, Nabel, Geburt, Kind, säugen)

---

[121] Vjačeslav E. Ščelinkij & Vladimir N. Širokov: Höhlenmalerei im Ural, S. 112. Dort auch die Abbildung und diverse Fotos

Die 9-Symbolik: links + Mitte eiszeitlich, rechts indianisch als Hinweis auf die historische Kontinuität.

Kuh	>(Gebär-) Mutter [-Tier]< (z.B. *Renkuh* usw.)
kyéō	griech. >schwanger, trächtig sein<
kojka	sibirische Nganassanen >Mutter<
Heket	altägypt. Göttin, „die Geburt verkörpert"
hecken	>Junge zur Welt bringen<
niu	chinesisch >**Kuh**<
Niü-Kua	chinesische Göttin, die die Menschen formte
Nanna	der sumerische Mondgott
nan, nanas	batsisch (Ost-Kaukasus-Sprache) >Mutter<
nine	engl. = dt. **neun** (**reduplizierte** Form)
nōna	lat. > 9 < (als Substantiv)
nene	spanisch >Baby<
niño	spanisch >Kind<
**nny* (~ *nany*)	ägyptische Wurzel für >Kind< (Betrò S. 36)
nin נין	hebräisch >Nachkommen, sprossen <

neu – nava - *Nabel*

novem	lat. >9< (in ***November***)
nūbō	lat. >heiraten<[λ] [vermutlich ursprünglich >ein Kind hervorbringen<]
népodes	griech. >Abkömmlinge, Kinder, Junge<

4.5 Zur ursprünglichen Schulung von Sprache und Kultur

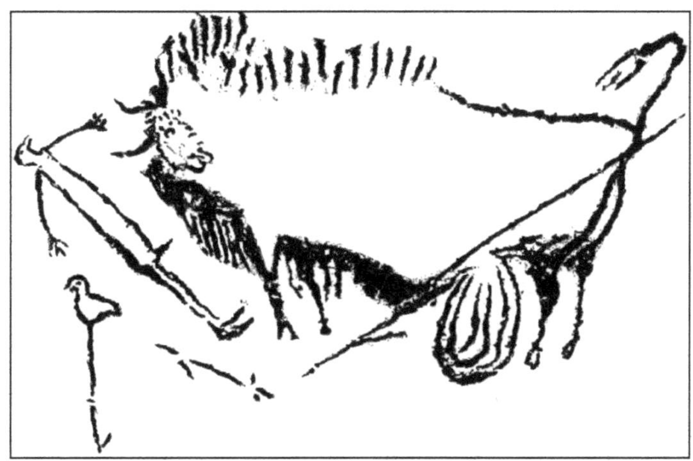

Die zentrale Darstellung der Höhle von Lascaux (F) [122]

„Unter zahlreichen traditionellen Völkern unserer Tage, einschließlich der australischen Aborigines und der südafrikanischen Buschleute, besitzen die Höhlenbilder einen direkten Bezug zu diesen Pubertätsriten. Beinahe immer dienen diese Riten auch dazu, Kenntnisse [... seiner Kultur] zu vermitteln. Tiere spielen in der Mythologie der meisten traditionellen Völker [...] eine entscheidende Rolle, und häufig dienen sie zugleich als Symbole der Geschlechtlichkeit und der Fruchtbarkeit.“ [123]

Im eiszeitlichen Kontext geht es jedoch nicht um einen Fruchtbarkeits-Kult, sondern um die Aufklärung, dass Geschlechtsverkehr Folgen haben kann.

---

[122] Nachzeichnung. S. dazu Fotos z.B. in: Mario Ruspoli: Die Höhlenmalerei von Lascaux, insbesondere S. 149

[123] in: Göran Burenhult: Illustrierte Geschichte der Menschheit I, S. 116

Von den neurologischen Zusammenhängen kann die eigentliche Selbststeuerung und Beherrschung von Sprache und Kommunikation erst mit dem Aufkommen der Geschlechtsreife als dem Abschluss der kindlichen Sozialisations-Entwicklung erworben werden. Ganz entsprechend war die Evolution von Sprache, Kommunikation sowie von Selbststeuerung und Kultur mit effektiv entsprechenden Schulungen, Übungen und Experimenten verbunden.

Die Entstehung des speziell Menschlichen der Pubertät hat darin ihren Ursprung. Sie erklärt sich nicht aus der Geschlechtsreife an sich, sondern aus den Bemühungen um die Befähigung zur Selbst-Steuerung. Daraus entstand in der Humanevolution mit der Geschlechtsreife ein neues Moratorium vor der nun eigentlichen Erwachsenheit.

Dieses besondere Moratorium diente in der Art des Fahrschul-Unterrichts und geschützter Fahr-Übungen in der Ablösung von der genetischen Verhaltenssteuerung (Es) und den Über-Ich-Strukturen der Befähigung seiner vollen Selbststeuerung wie zu Kommunikation, insbesondere im Geschlechterverhältnis insbesondere in Sachen Eros, Liebe und Beziehung. Denn darin liegt das Zentrum der biologischen Verhaltenssteuerung, was entsprechend am schwierigsten in der Selbststeuerung zu erschließen ist.

Dieser >Fahrschul-Unterricht< und die >Fahr-Übungen im geschützten Raum< ist in dem ethnologischen Bestand als >Jugend-Initiation< bekannt, wenngleich zumeist in verkürzten und auch oft in pervertierten Formen. Es ist jedoch von den heutigen neurologischen und psychologischen Einsichten her klar, worum es dabei im Ursprünglichen ging: nämlich um die Befähigung zu einer wirklichen Sprach-Beherrschung zwecks Kommunikation und Selbst-Steuerung (insbesondere im Geschlechter-Verhältnis und vor allem in Sachen >Liebe<).

104

Der Erwerb einer wirklichen Sprach-Beherrschung hat hierbei zwei Richtungen:

- zum einen zu verstehen, was es in der gemeinschaftlichen Kommunikation an Bildern, Geschichten und Vokabular braucht; wie die bestehenden Bilder, Geschichte und sein Vokabular genau zu verstehen sind und wie dies (in seinem Begriffs-System) organisiert ist;

- zum anderen zu verstehen, dass die neuropsychogrammatischen Bilder, Geschichten und Wörter *Bilder, Geschichten* und *Wörter* sind: dass Sprache *Sprache* ist: eine neurologische Funktion unserer Selbststeuerung zwecks Kommunikation und Kultur und kein Sachverhalt der äußeren Realität, sondern für den *Umgang mit* Realität.

Um es in einem Bild zu formulieren: man begreift hier im Verlauf der Jugend-Initiation nun, dass die Geschichte vom Osterhasen durchaus eine kulturelle Bedeutung hat (hier: für die kindliche Bewusstseins-Entwicklung), aber anders zu verstehen ist, als man dies als Kind zuerst gemeint hat. Entsprechendes gilt für erheblich mehr, als man bei uns gemeinhin annimmt.

Dies scheint von je her mit Formen von Trance und einer nicht-sprachlichen Meditation verbunden gewesen, um sich von den ganzen sprachlichen Verinnerlichungen seit der frühesten Kleinkind-Stufe zu lösen: von den sprachlichen Automatismen der >inneren Wortmaschine< und den kindlichen Identifikationen mit Rollen und Vorstellungen in den Bildern und Geschichten der Kindheit.

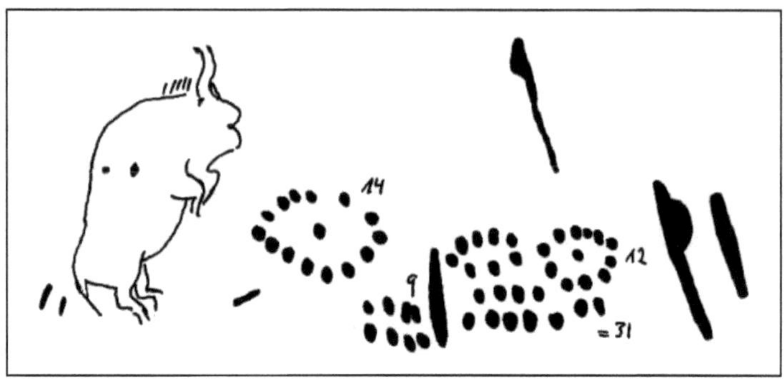

Aus der Eiszeit-Höhle von Niaux (F) [*Zahlen von mir*]
Die Punkt-Gebilde ergeben Zahlen, die hier offenbar mit verschiedenen Sachverhalten der Zeit und dem Mond/Monats-Zyklus in Verbindung stehen. Das Motiv des Bisons ist hier eindeutig eine Symbolik.

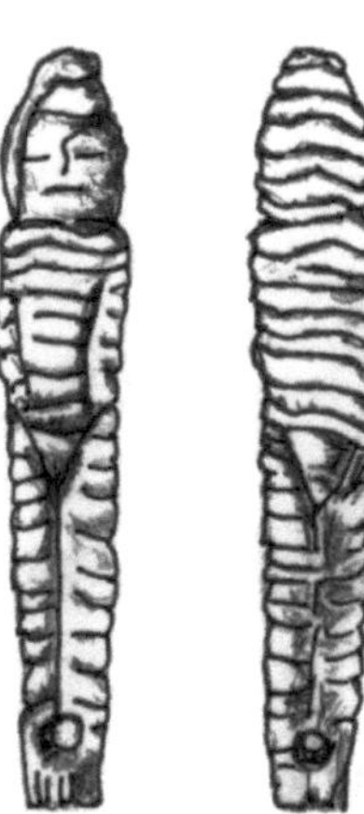

„Zeichnung, die die beiden Seiten einer weiblichen Figur aus Elfenbein zeigt (Mal'ta, Sibirien), mit einem Durchbruch für einen Anhänger und 27 Kerben, vor etwa 30.000 Jahren entstanden. Die ersten 5 Stufen sind auf dem Kopf, im Genitalbereich finden sich die Kerben 14 bis 17. Man nimmt an, dass die Statuette, als Anhänger eines Mädchens, an den Monatszyklus erinnern sollte."

Nachzeichnungen und Zitat nach: E. Anati: Höhlenmalerei, oben S. 400, unten S. 33

106

5 Zur humanevolutionär entwickelten Sprache des Homo sapiens

(bis zum Ende der Eiszeit)

„Venus" von Laussel (F), Relief
Alter ca. 25.000 Jahre

S. dazu mehr in: Wikipedia: *Venus von Laussel*

*Mit einer wohl dem **Sinn** der paläolithischen „**V**enus"-Figuren entsprechenden Felsmalerei beginnt bei den Ngarinyin-Aborigines der*
dulwan nimindi (>**Pfad des Wissens**<) *mit einer Personifikation von*
Jillinya, *der >**mother of all**<, deren Hände Gruß bedeuten. Es formuliert ihr* Kulturkonzept *vom Leben als Bewusstseins- und Persönlichkeits-Entwicklung (Jeff Doring: Gwion Gwion, S. 36 ff., die direktes-
ten Bilder S. 44 und 45)*

Die Nachzeichnung ist aus inhaltlichen Gründen vereinfacht und der >Pfad<
aus graphischen Gründen hier auf etwa die Hälfte verkürzt gezeichnet. Im
Original ist die Farbe sehr verblasst, und die Konturen sind von dem nicht
ganz ebenen Felsuntergrund beeinflusst. Das Motiv ist nur ein Ausschnitt aus
dem erheblich komplexeren Felsbild mit weiteren Figuren und Symboliken.

Auf die Gegebenheiten der humanevolutionär entwickelten Sprache des Homo sapiens (HS) stieß ich in Verbindung mit einer etymologischen Forschung durch die Auseinandersetzung mit der eiszeitlichen und frühgeschichtlichen Symbolik.

Denn es wurde für mich auffällig, dass sich – anders als es die gängige Etymologie sieht – vielfach Bezüge zwischen Wortformen andeuteten, die unserer Art zu denken nicht entsprachen, sehr wohl aber den alten Symboliken und Mythologien. So finden sich etwa unsere Wörter *STier (= taurus, toro) – Kuh* entsprechend der alten Symbolik parallel in *Taurus* (-Gebirge), *Tauern* – persisch *kuh* >Berg< usw. Dass diese Entsprechungen von *Stier/Kuh* und *Berg* kein Zufall waren, sollte sich in dem Gesamtbefund erweisen. Es ergab sich hierbei insgesamt das *eindeutige* Ergebnis, dass die Wortbildungen Ableitungen der alten Symboliken und mythologischen Geschichten waren – nicht umgekehrt. Dies zeigte sich als System.

Es ist hier nicht der Ort, ausführlich auf die eiszeitliche Symbolik und Sprache des Homo sapiens, ihre Anhalte und Rekonstruktion einzugehen. Dies würde hier den Rahmen sprengen, und dazu habe ich eigene Literatur vorgelegt. Doch sollen hier einige Hinweise geboten werden.

Insgesamt erwies sich die humanevolutionär entwickelte Sprache HS als überaus genial. Sie ist an sich *kinderleicht* – kein Wunder, war sie auch auf die *kindliche* Sprach-, Verstehens- und Bewusstseins-**Entwicklung** hin angelegt. Diese Ausrichtung, aus der auch die Evolution von Kultur hervorging, ermöglichte ein Sprachsystem, das nicht nur so genial einfach, patent und universal brauchbar war wie unser Dezimal-System aus lediglich 10 Ziffern. Sie löste auch die evolutionären Probleme der hominiden Sprachform aus lediglich Vokabular und Grammatik, die in Tausende von Sprachen zersplittern musste.

Es waren auch diese höchst einfachen und überschaubaren Grundprinzipien, die, nachdem sie erstmal deutlich geworden waren, dann auch die >Entzifferung und Rekonstruktion< der ursprünglichen Sprache HS – als der historisch-etymologischen Grundlage unserer Sprache/n – ermöglichte. (Allerdings folgt daraus eine quasi vollständig andere Etymologie, als es bislang vertreten wird).

Lautlich baut die eiszeitliche Sprache HS auf den Lalllauten der Säuglinge auf, die im Sprachspiel zuerst für die *MaMa* und das *Kind* (> *Memme*) gebraucht werden. Diese Ausgangsformen werden dann durch eine lautliche Modulation semantisch weiterentwickelt, einerseits entsprechend der kindlichen Wahrnehmung (>Vater<, Nähepersonen; Brust, trinken, essen usw.) und andererseits durch Geschichten, wobei die ursprüngliche Mythologie die zentrale und konzeptionelle Rolle spielt. Semantisch und von den Wortbildungen her spielte dieser zweite Strang die erheblich größere Rolle.

Die ursprüngliche Sprache HS basiert – vereinfacht formuliert (s.u.) – auf lediglich etwa **6 Grundelementen** auf, die aus den Lalllauten der Säuglinge abgeleitet sind: *a, ba, da, ga, la* und *ma/na*.

Alle diese Formen finden sich redupliziert und gespiegelt in der Erstbedeutung >Mutter< wie dann auch für >Vater< und das >Kind< wie z.B. *amma – MaMa, aba – BaBa/PaPa (Baby), ada/atta – DaDa/TaTa* usw.

Alle diese Formen finden sich weiterhin auch als grammatische Elemente, und zwar ganz nach dem Musterbeispiel *anna* >Mutter< in den beiden Bestandteilen der gespiegelten Form als *an – nah*. Sie sind typischerweise mit den Bedeutungen >von – her<, >hin – zu<, >mit - an – bei<, >um – herum< usw. verbunden. S. etwa *am – ma* (dt. *mein*), *ab – of - - von – bei*, engl. *at - -* lat. *de* dt. *zu* (>hin, bei<); *la* und *ga* in dt. ^{Kind}*lein* und ^{Kind}*chen* als ursprüngliche Koseform, *Ge-* wie lat. *co-* wie in *Gebirge* >zusammen, mit [bei]< usw.

Diese 6 Grundelemente werden im Sprachspiel zuerst ganz in der Art von *ei-tei-tei* und *du-du-du* gebraucht und dann als Wort wie *amma – MaMa – anna – NaNa* (> *Nanny*), *BaBa/PaPa* und für das Kind wie *BaBa*: Baby, PuPa (Puppe) – Bube usw. gebraucht.

Die weitere Ausbildung von Vokabular beginnt in lautlichen Modulationen zunächst mit kleinen Sprach- und Bewegungsspielen und Liedern (*la-la-la*) und manchen kleinen Geschichten, die aufgrund des kleinkindlichen Interesses inhaltlich viel mit Tieren und einer theaterartigen Nachahmung von Tieren in Lauten, Bewegungen und Verhalten zu tun haben. Dies kann bald auch auf sehr fantastische Geschichten mit dem >Osterhasen< und den >Drachen< hinauslaufen, mit denen sich jedoch oft ein tieferer Sinn für ein *späteres* Verstehen verknüpft. Nach der Kleinkind-Stufe werden die Geschichten, die zuerst vor allem Neuropsychogramme sind, zunehmend realitätsbezogener.

Auf diese Weise lernt das Kind *über die Geschichten* die ganzen gängig gebrauchten Wortbildungen der ursprünglichen Sprache HS. Diese Wortbildungen leiten sich aus den Geschichten und ihren Hauptmotiven ab. Es sind hier letztlich die Bilder und Geschichten (als >Bewusstseins-Muster<), in denen man denken und kommunizieren lernt und die das Eigentliche der ursprünglichen Sprache HS sind. Natürlich gibt es auch technisch-funktionales Vokabular, das für sich steht und gelernt wird. Dies dürfte aber zahlenmäßig recht gering gelegen haben, vermutlich eher im dreistelligen Bereich.

Im Rahmen der Jugend-Initiation wird dann geschult und studiert, was der exakte *soziale* Sinn der kulturellen Begriffe wie z.B. >Gerechtigkeit< oder auch >Liebe< ist (bzw. von woher diese Begriffsbildungen bestimmt sind) und was es sprachlich an Bildern und Geschichten braucht, um vollgültig zur gemeinschaftlichen und einer wirklich persönlichen Kommunikation fähig zu werden. So einfach ist das – und doch so anspruchsvoll!

5.1 Die „Buchstaben-Sprache"

Von ihrem höchst speziellen Charakter her lässt sich die völlig andersartige Technik der ursprünglichen Sprache HS gegenüber der historisch entwickelten Sprachtechnik in gewisser Weise mit der **Buchstaben**-Schrift vergleichen.

Dabei sind die wenigen Grundelemente wie unsere ca. zwei Dutzend Buchstaben auch nicht der erste kümmerliche Anfang von Schrift, die erst mit Tausenden von Hieroglyphen Hochkultur erreicht hätte.

Es verhält sich effektiv umgekehrt. Die Entwicklung der *genial einfachen* Buchstaben-Schrift war die Weiterentwicklung der Hieroglyphen-Schrift, die erst auf der Basis einer schon längeren Erfahrung mit Schrift möglich wurde. Genauso stellt sich die Technik der humanevolutionären Sprache HS dar. Ihre Technik erklärt sich allein aus einer schon hochgradigen Erfahrung mit Sprache, Didaktik, Psychologie, Kommunikation und Kultur.

Ihre Sprache besteht aus einer enorm verschachtelten Technik aus Spiel, Erzählen, Moral-Erziehung, Verfassung und Rechts-Satzung (*lex - logos*) mit all dem, was es für eine tatsächliche Kultur braucht. >Gerechtigkeit< etwa nur als Vokabel zu kennen, bedeutet letztlich überhaupt nichts. Kultur ist nur möglich, wenn ihr Sinn kulturell so exakt geklärt und bestimmt ist, dass man bei einem *Gespräch* über empfundene Ungerechtigkeiten einvernehmliche Lösungen erreichen kann. In der humanevolutionären Entwicklung gelang es (was inhaltlich eigentlich als so kompliziert auch nicht erscheint), die entscheidenden menschlichen Sachverhalte zu Kultur und Sprache so zu verarbeiten, dass man seine Sozialverhältnisse auf der Basis von gemeinschaftlicher Kommunikation zu steuern vermochte. In dieser Entwicklung liegt der eigentliche Inhalt der humanevolutionären Entwicklung, und genau dies ist auch der *biologische* Inhalt des Sachverhaltes >Kultur<. Das ist es an Software, auf deren Installation wir Homo sapiens als >kulturales Wesen< genetisch in unserer biologischen Hardware angelegt sind. Auf dieser Basis lassen sich nicht nur soziale, ökonomische und ökologische Probleme, Faschismus und Kriege vermeiden, sondern auch höchst kreative und lebensfreudige Beziehungs- und Sozialverhältnisse erreichen.

Wie wir in Hinsicht auf Schrift wissen, ist die im ersten Schritt kompliziertere Technik der Buchstaben-Schrift gegenüber den Hieroglyphen jedoch ab einer gewissen Masse an Zeichen die große Vereinfachung.

Exakt so verhält es sich bei der Technik der ursprünglichen Sprache HS (aus *unserer* Perspektive). Da die ursprüngliche Sprache HS nicht auf Wort-Hieroglyphen basiert, lässt sie sich nicht in unserer Form in >Wörtern< und >Grammatik< begreifen. Vielmehr werden hier die Lalllaute in Sprachspielen und über die Geschichten in lautlicher Modulation semantisch entfaltet, und die grammatische Struktur wurde durch Vokabular benannt („*wir* go *morgen zu* the *Eltern* von *my girl friend*" – ohne jegliche Flexion). Weiteres Vokabular konnte durch Zusammensetzungen der Grundelemente gebildet werden.

Formal betrachtet ist die ursprüngliche Sprache HS wohl überaus einfach und im wahrsten Sinne kinderleicht. *Selbst* wenn sich über größere Entfernungen Varianten in der Aussprache und in dem gemeinhin gebrauchten >Vokabular< ausprägten, blieb diese Sprache aufgrund ihrer überschaubaren Grundstrukturen der lautlichen Grundelemente und der zentralen strukturierenden Motive der Mythologie doch allgemein kommunizierbar. Die einzige substanzielle Voraussetzung dafür war die Sprach-Schulung in der >Jugend-Initiation<, um ein hinreichendes Verstehen und *Bewusstsein* davon auszuprägen, worum es bei Sprache geht

Es gibt ursprachlich HS nur einige wenige entscheidende Grundelemente, die man auch während der Kindheit quasi nebenbei kennen lernte, dass man seine Sprache mit dem Abschluss der

Jugend-Initiation vollends beherrschte. Zu diesen wenigen Grundelementen gehören einerseits die etwa 6 grundlegenden Lautelemente und andererseits der in der Mythologie formulierte Sprach-Code. Dieser Sprach-Code baut, ausgehend von den Lalllaut-Wörtern für >Mutter< (s.u.) und dem mythologischen Motiv der >*Mond*= *Ur*-Mutter<, im Grundlegenden schlichtweg auf dem (anthropomorphen =) Bild des >Menschen< und auf Fall-Geschichten der grundlegenden Verhaltens-Kontexte auf. Die eigentliche Anforderung bestand darin, dies auf seine soziale Realität wie als Kommunikation anwenden zu lernen, wofür die Jugend-Initiation diente.

Die ursprachlichen >Wortbildungen< sind in dieser „Buchstaben-Technik" bis auf die ersten >Laut-Wörter< etwas grundlegend Anderes als bei uns. Die Wörter stehen dort nicht wie die Zeichen in der Hieroglyphen-Schrift für sich selbst, auch wenn bestimmte Lautformen als ständig gebrauchte >Standards< praktisch wie bei uns die >Wörter< funktioniert haben dürften. Doch basieren dort die >Wortbildungen< auf einer anderen Technik. Für uns stellen sich beim Lesen die gängigen in Buchstaben geschriebenen Wörter aufgrund der Einübung praktisch auch als >ein< (1) Zeichen dar, obwohl sie sich tatsächlich aus mehreren zusammensetzen. Den Unterschied kann man gut bei einer Buchstaben-Schrift aus fremden Zeichen ersehen, wo man sich erst jedes Zeichen einzeln verdeutlichen muss, bevor man in der Gesamtheit das codierte Wort erkennt.

Die ursprüngliche Sprache HS entwickelt den Gebrauch ihrer >Lautformen< von Anfang an in Form von Sprachspielen und Geschichten – letztlich insgesamt in einer als Code organisierten Assoziations-Anlage -, was ihre „Buchstaben-Technik" möglich machte. Man kommuniziert hier nicht eigentlich über >Wörter<, sondern über Bilder und Geschichten, und man lernt hier nicht auf >Wörter< zu hören, sondern aufeinander. Die >Lautformen< sind hier nur die >Oberflächenstruktur< (Chomsky), in der die Bilder und Geschichten *artikuliert* und *evoziert*: in der *Assoziation* hervorgerufen werden.

In gewisser Weise lässt sich diese Technik auch mit unserem **Dezimalsystem** vergleichen, wo sich mit lediglich zehn *Ziffern* jede beliebige reale *Zahl* bilden lässt.

Hierbei lässt sich der Aufbau der Semantik einer >Lautwortwurzel< mit dem Zahlensystem eines Inhaltsverzeichnisses vergleichen, ganz in der Art von 1, 1.1, 1.2, 1.2.1, 1.2.2, 1.2.2.1 usw. (vergleiche dazu → 4.2.2). Dies setzt natürlich einen recht logischen Aufbau voraus – und dieser logische Aufbau ist ursprachlich HS die Mythologie als didaktisches Prinzip für die kindliche Sprach- und Bewusstseins-Entwicklung. Sprich: diese Technik nutzt die kindliche Sprach- und Bewusstseins-Entwicklung in erkennbaren Differenzierungen von Lauten – Semantiken als ihr Organisations- und Gliederungsprinzip – auf eine höchst natürliche und für die Kinder auch ideale Weise.

Dadurch dass man im dialogischen Bezug die kindliche Sprach- und Bewusstseins-Entwicklung als seine Technik und organisatorische Form der Anlage seines Vokabulars nutze, ersparte man sich uferlose sprachtechnische Komplikationen in Grammatik wie in den Massen an Vokabular, wovon die historischen Sprachformen gekennzeichnet sind, ohne damit das Problem der Steuerung seines Vokabulars in Bestand und Semantik wirklich lösen zu können. Da braucht es auch noch Sprachkommissionen und ein Justiz-System, das nun darüber befinden muss, was die Vokabel >Gerechtigkeit< real bedeutet und inwiefern nun bestehende Ungerechtigkeiten als Recht als Gerechtigkeit zu verstehen sind usw., versteht sich dies oder auch sowieso >Gerechtigkeit< nie aus sich selbst heraus (sondern bei einer wirklichen Kultur allein durch Kommunikation).

Was die ursprüngliche Sprache HS leistete, war ein fundiertes Wissen über die menschliche Realität zwecks Kommunikation und Kultur. Sie baute auf einem Bild des Menschen auf, und entwickelte auf dieser Grundlage in den verschiedensten Geschichten die verschiedensten menschlichen Beziehungs-Muster und kulturellen Fall-Geschichten (wie immer noch unser Rechts-System mit Fall-Geschichten, wenn auch eher nur zur Klärung von Problemen und nicht mehr wie ursprünglich zwecks Erreichens von Lebens-Qualität).

Ohne Zweifel hatte die humanevolutionär entwickelte Kultur aus unserer heutigen Sicht zu enge Grenzen (s.u.). Hier haben wir heute inzwischen eine neue Erfahrungsbasis, die eine neue Dimension an Kultur eröffnet. Doch geht es bei >Sprache< in unserer neurologischen Anlage nicht mehr wie bei den Hominiden bloß um ein Verstehen der „äußeren Realität", sondern **primär** um Verhaltenssteuerung, Kommunikation und ein Verstehen seiner sozialen Realität. Von daher war der Aufbau der humanevolutionär entwickelten Sprache absolut stringent und leistungsfähig. Die Grundlagen ihrer Konzeption erweisen sich noch immer als Vorbild. Auf der höheren Ebene lässt sich dies mit technischem Vokabular verbinden, wie es bereits ursprünglich der Fall gewesen sein dürfte. Entscheidend ist jedoch, dass das Fundament stimmt und der Aufbau auf klaren und überschaubaren Prinzipien basiert.

Diese „Buchstaben-Technik" der ursprünglichen Sprache HS zeigt eine volle Entsprechung der humanevolutionären Entwicklung unserer menschlichen Neurologie. Sie war nicht nur genial einfach, sondern auch eine bestimmte Notwendigkeit.

Auf jeden Fall deutet sich an, dass die historischen Probleme im Wesentlichen ihre Ursache in der historischen Sprach-Anlage auf der bloßen Basis von Vokabular und Grammatik sowie in dem Mangel der wirklichen Beherrschung von Sprache und Kommunikation haben, lag genau darin die entscheidende Entwicklung, Grundlage und Prämisse eines fähigen Beziehungs- und Sozial-Lebens (als dem Inhalt der humanevolutionären Entwicklung).

5.2 Die Entsprechung zur kindlichen Entwicklung

Die Technik der ursprünglichen Sprache HS wurde (allein) dadurch möglich, dass man sich in ihr in seinem dialogischen Verhältnis zu den Kindern den Sachverhalt der kindlichen Sprach- und Bewusstseins-Entwicklung zunutze machte.

Dieser Sachverhalt gilt nicht nur für ihre geniale Technik der Lautwortwurzeln (s.u.), wo man die Lalllaute der Säuglinge von *ei-tei-tei* und *du-du-du* bis hin zum Singen, den höheren Sprachspielen in der Art von *Abrakadabra* und den sprachlichen Bestandteilen von Spielen (wie *ene – mene – mu und dran bist du* usw.) aufnahm und weiterentwickelte.

Auch insgesamt lässt sich die ursprachliche Technik der Wortbildung nicht ohne die Korrespondenz zur kindlichen Sprach- und Bewusstseins-Entwicklungen verstehen, die sich in Teilen in gewissen Stufen vollzieht.

Hierbei lassen sich in dem alten Sprach-Bestand folgende grundlegende strukturelle Bereiche ausmachen:

- Laut- und Sprach-Spiele, Singen
- die Sachverhalte der kleinkindlichen Umgebung
- Geschichten als Spiel, in Märchen, Fabeln >> Mythologie
- die Master-Grade-Stufe als das abschließende Sprach-
        Studium in der Jugend-Initiation.

5.3 Zur Technik der ursprünglichen Sprache des Homo Sapiens (HS)

5.3.1 Die 6 Lautwortwurzeln

Die eiszeitliche Sprache HS geht von den Lalllauten der Säuglinge aus. Daraus ergab sich aus den mir ersichtlichen Sprachformen folgende Ausgangsbasis:

Ausgangsformen		formelle Lautwortwurzel	:
gespiegelt	redupliziert	aufgestellte Schreibform [*]	Beispiele der Grundformen
ama/ana	MaMa/NaNa	*⊙	an – nah, um – *my*
aja	JaJa	*ℵ	Ei, *aye* - ja
ala	LaLa	*Λ	alle - lallen
ada	DaDa	*Ⱨ	*at* - zu, da, du
aga	GaGa	*Γ	auch – Kuh, Kugel
aba	BaBa	*Φ	ab, *of* – von, bei

kursive Formen englisch

---

[*] wie sie in meinem etymologischen Werk Cûl Tura verwendet werden

Bei diesen kleinkindlichen Lalllauten als Ausgangsformen der ursprünglichen Sprache handelt es sich um die grundlegenden Lautbereiche: die **Zungen-**, **Zahn-**, **Kehl-** und **Lippen**-Laute sowie um die Laute mit **offenem** und **geschlossenem Mund**.

Merkbuchstabe		die Lautformen	*unsere* Buchstaben	Zentral-**Symbol**
(A)	*א	mit >**offenem Mund**< = **Vokale**		Ei, Aue, Ur
(M)	*⊙	**geschlossener Mund**	**M, N**	Mond – Mutter
(L)	*Λ	>**Zungen-Laute**<	**L, R**	^{Sch}Lange
(T)	*Ћ	>**Zahn-Laute**<	**D, T, S, Z, C**	^STier
(K)	*Γ	>**Kehl-Laute**<	**G, K, Q, Ch (H, C)**	Kuh
(B)	*Θ	>**Lippen-Laute**<	**B, P, F, V, W**	Voll
				[= Mond]

Alle diese Lallformen werden zuerst für die *MaMa* und das Kind (*Memme, Baby, nene* usw.), dann auch für >Vater< und andere Nähepersonen (*Amme, Nanny*, >Tante< usw.) gebraucht. Als Lalllaute können die lautlichen Ausgangsformen jedoch nicht mit unseren Buchstaben-Lauten gleichgesetzt werden, die spezieller sind - daher die Zeichen.

Das weitere Wortmaterial wird durch eine lautliche Modulation dieser Grundformen wie durch Zusammensetzungen in der Art von DaGa (> Decke, Dach >Hütte<, umgekehrt GaDa > Kate, *casa*, Hütte, Hut usw.) entwickelt.

Die ursprachliche Technik HS der Lautmodulation bezieht sich nicht bloß auf Vokale, sondern auch auf die Konsonanten. Sie geht von den kindlichen Lalllauten aus und nutzt die zunehmende Lautdifferenzierung für Bedeutungsdifferenzierungen. Am Anfang ist *BaBa* lautlich = *PaPa,* aber auch *anna = NaNa = amma = MaMa.* Dieses System der >Lautwurzeln< kann im Lauf der kindlichen Entwicklung eine höhere lautliche Differenzierung als unser Buchstaben-System erreichen.

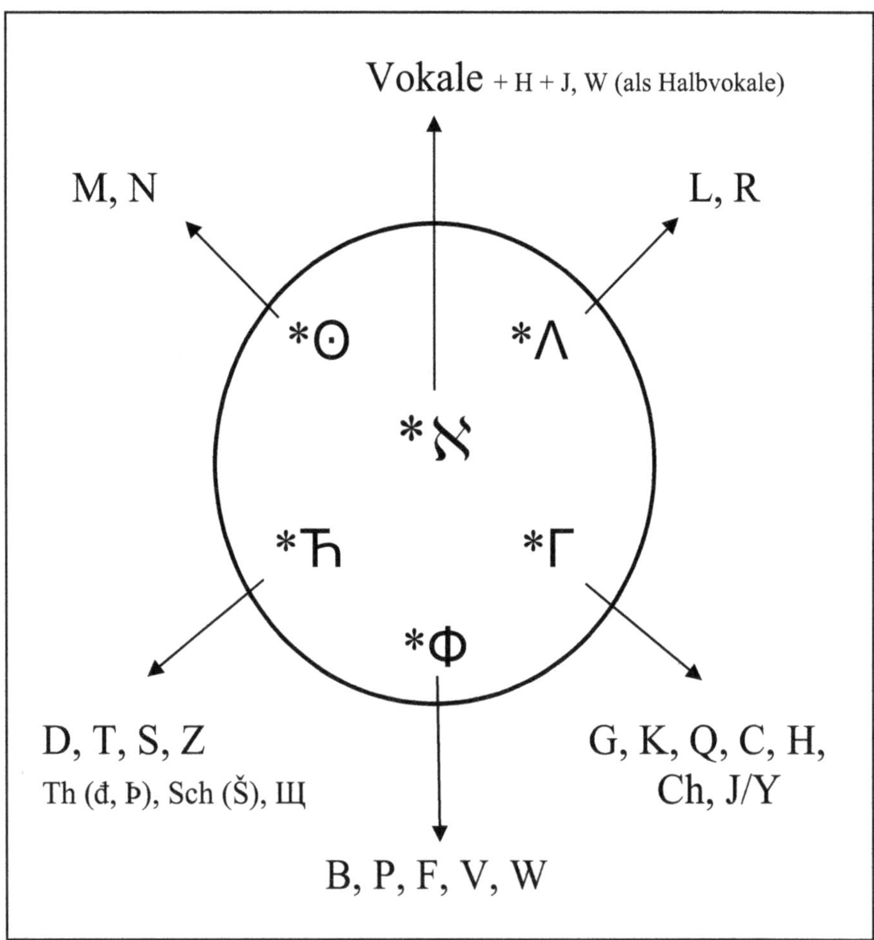

Beispiele der Ausgangsformen in den Sprachen der Welt

Die Formbildungen in der Art von *amma – MaMa = NaNa – anna* usw. für *strukturell* zuerst >Mutter< belegen sich immer noch in weiter Verbreitung. Dass sich dies nicht allein durch die Lalllaute der Säuglinge und zufällig begründet, sondern in der Konzeption der eiszeitlichen Sprache HS, belegt sich an den vielen hiervon abgeleiteten Wortbildungen, wie etwa *Nana > nona* = engl. *nine* >9< (für >schwanger< [- Mutter]), wie *KaKa* in dt. *hecken, hegen,* engl. *cake, kochen* oder auch in den grammatischen Formen usw. Diese Zusammenhänge werden in meinem Werk Cûl Tura 2 a/b in den vielfältigen Belegen gezeigt. Hier können selbst die Ausgangsformen nur kurz aufgelistet werden. Die schlecht belegte Form *Alla – LaLa (LiLit)* für >Mutter< ist weggelassen (*Alla – alle, olle – alt - Eltern – Eule,* in Flussnamen wie *Olle, Ahle, Aller, Eller, Iller* usw.).

M	*⊙	ama/amma - MaMa

ama	sumerisch >Mutter< [Σ146]	
ama	*Kott* (Sibir.) >Mutter< (Wikipedia: Jenisseische Sprachen)	
amma	elamisch >Mutter< (Wikipedia: Elamische Sprache)	
amma	anord. >Mutter< usw., bei uns in **Amme** (EWD, *Amme*)	
ummu	akkadisch (semitisch) >Mutter< [Σ164]	
omi أمي	arabisch >Mutter<	
imi	nganasanisch (Sibirien) >Großmutter< [ĩ]	

mamma	lat. >Mutter, Amme, Mutterbrust< (EWD, *Mama*)	
Mama	Inka bei Ahninnen oder Göttinnen wie *Pacha Mama*	
mamaa	Ngarinyin-Aborigines: „*mamaa* heißt >oberste von den Frauen, heilige Frau<" [124]	
mëmë	albanisch >Mutter<; >Gebärmutter; Quelle< [α]	
Muhme	in mhd. >weibliche Verwandte<" (Duden 7, *Muhme*)	

---

[124] Jeff Doring: Gwion Gwion, S. 8; Zitat S. 47. S. dazu weiter S. 328

annas	hethitisch (indoeuropäisch) >Mutter< [Haarmann 2012: 8]
ana	>Mutter< im Alttürkischen + in Turksprachen, davon
anne	türkisch >Mutter< (Wikipedia: Turksprachen)

nanas	batsisch (Ost-Kaukasus-Sprache) >Mutter<
Nana	Krobo (SO-Ghana, Afrika) >Großmutter< [125]
Nene	die erste Frau der Azteken [126]
nanny	engl. >Kinderfrau, Kindermädchen<

Io	griechische „Göttin"
Iya Moòpó	die >Große Mutter< der afrik. Yoruba-Mythologie, s.
Aya	„Iyemòwòó ist die Aya, die Frau Obatálás, sie ist die Mutter aller Götter und die Mutter all dessen, was existiert." (Gert Chesi, S. 113)
ewe	engl. >Mutterschaf< wohl ursprünglich >Mutter<, vgl. [Aussprache!] >>
yuè	chinesisch >Mond<

yaya	spanisch >Oma<
haha	japanisch >Mutter< (Hadamitzky, S. 82, No. 112)

aba	nganasanisch (Sibirien) >Frau; Mutter< [ĩ]
ewa	>Mutter< in der mongolischen Sprache Kalmyk
awō	gotisch >Großmutter< (Duden 7, *Oheim*)

---

[125] H. Christoph, K.E. Müller & U.Ritz Müller: Soul of Africa, S. 44

[126] D. M. Jones & B. L. Molynaux: Die Mythologie der Neuen Welt, S. 126

wawa	>> dt. >**Weib**< - *webe* – altengl. *wāwan* >wehen< -
	viva – die Wehen
Bobaye	Tagalog (Philippinen) „für alles Weibliche"
baba	serbokroat. >altes Weib, Großmutter, Amme<
Papa	die „Erdmutter" Hawaiis [127]
bibi	Suaheli (afrik.) >Frau (Anrede), Dame< [ks]

D　　　*ᚻ*　　　ada/atta/asa -　DaDa/TaTa/SaSa

atta	Sanskrit >Mutter< (unter griech. *atta*) [Γ]
ati	etruskisch >Mutter<　(Wikipedia: Etruskisch)
etsi	Cherokee (indian.) >Ma, Mama<
Ase.t	die ägyptische Form für (die Göttin) **Isis**
dada	Ewe (West Afrika) >Mutter<
deda	georgisch (Kaukasus-Sprache) >Mutter<
totto	Ainu (Ureinwohner Japans) >Mutter<
susu	Dobu-Inseln (Südsee) >Muttermilch<
	(vgl. *saugen, Zitze, Titte*)

G　　　*Γ*　　　aga/akka -　GaGa/CoCo

akka	altindisch >Mutter<　[Haarmann 2012: 8]
Akka	(Berg in N-Schweden), samisch + finnisch >Altes Weib<
Òkè	Yoruba, Afrika, „Göttin der Dynamismen, die dem
	Felsen innewohnen"
kojka	Nganassanen (Sibir.) >Mutter<, *djalü~* die >Sonnen-Mutter<
haha	japanisch >Mutter<　(Hadamitzky, S. 82, No. 112)
kike	Suaheli (afrik.) >weiblich< [ks]
chichu', nan	Quiche-Maya >Frau< [QM]　　[*nan* >> = *NaNa*]

---

[127] Sharukh Husain: Die Göttin, S. 26

5.3.2 Zur semantischen Entwicklung der Lautwurzeln

Die semantische Entwicklung dieser Ausgangsformen lässt sich mit dem Zahlensystem eines Inhaltsverzeichnisses vergleichen, ganz in der Art von 1, 1.1, 1.2, 1.2.1, 1.2.2, 1.2.2.1 usw. Dies geht also tatsächlich immer von der gleichen Ausgangsform aus. Dass dies semantisch funktioniert, erklärt sich allein dadurch, dass dieses System bereits auf den Laut-Spielen der Säuglinge aufbaut und im Weiteren die kindliche Sprach- und Bewusstseins-Entwicklung als ihr Organisations- und Gliederungsprinzip nutzt – auf eine höchst natürliche und für die Kinder auch ideale Weise.

Im Prinzip findet sich unter jeder der 6 Lautwortwurzeln folgender Aufbau:

1   >Mensch< (*strukturell*)
1.1   Die Lallformen (*ama – MaMa, aba - BaBa*), Lautwörter
1.2   >Mutter< (*strukturell*)
1.2.1   >Mutter, Vater; Kind, Amme, Näheperson, Mensch<
1.2.1.1   Grammatische Formen (bei, *co,* zu, du, ich, uns usw.)
1.2.2   >Brust, säugen; trinken/Wasser, essen, Nahrung<
1.2.3   >Bau/Bauch (-Höhle); Schutz, Haut/Felle, Hütte<
1.3   *The* mythologische UrVaterMutter Mond (wie *UrA^{h}n^{os}*)
1.3.1   Die Schöpfungs-Symbolik (*Meer, Moor - Au - Ur - Erde*)
1.3.1.1   >Welt, Leben/Liebe< (*monde – ama/Minne*)
1.3.1.2   Ur/STier/Kuh, Schlange, Vogel – Tiere, Symbole, Fabeln
1.3.2   Der Mond-Monats-*Zyklus*: Werden - Vergehen (*mors*)
1.4   Formen der Master Grade-Stufe (*ab Jugend-Initiation*)
1.4.1   Die Weltberg-Drachen-Symbolik: *mons, Mino-Taurus*
1.4.2   *Mores, Mater – Meter –* Maß(stab), *Modus*; *lex - logos*
1.4.3   Mensch/Sein, Geist/Bewusstsein, Minne - Mut - *mind*

Weitere Einzelheiten werden *innerhalb dieses Schemas* unter weiteren Unterpunkten entwickelt. Erstaunlicherweise ließ sich das deutsche Wortmaterial diesem Konzept in einem hohen Maße zuordnen, wenn auch (von der historischen Entwicklung her) die *Schwerpunkte* anders liegen.

124

Die Entwicklung einer Lautwortwurzel am Beispiel von *M = *amma* – *MaMa*

(von ***unten*** her zu verstehen)

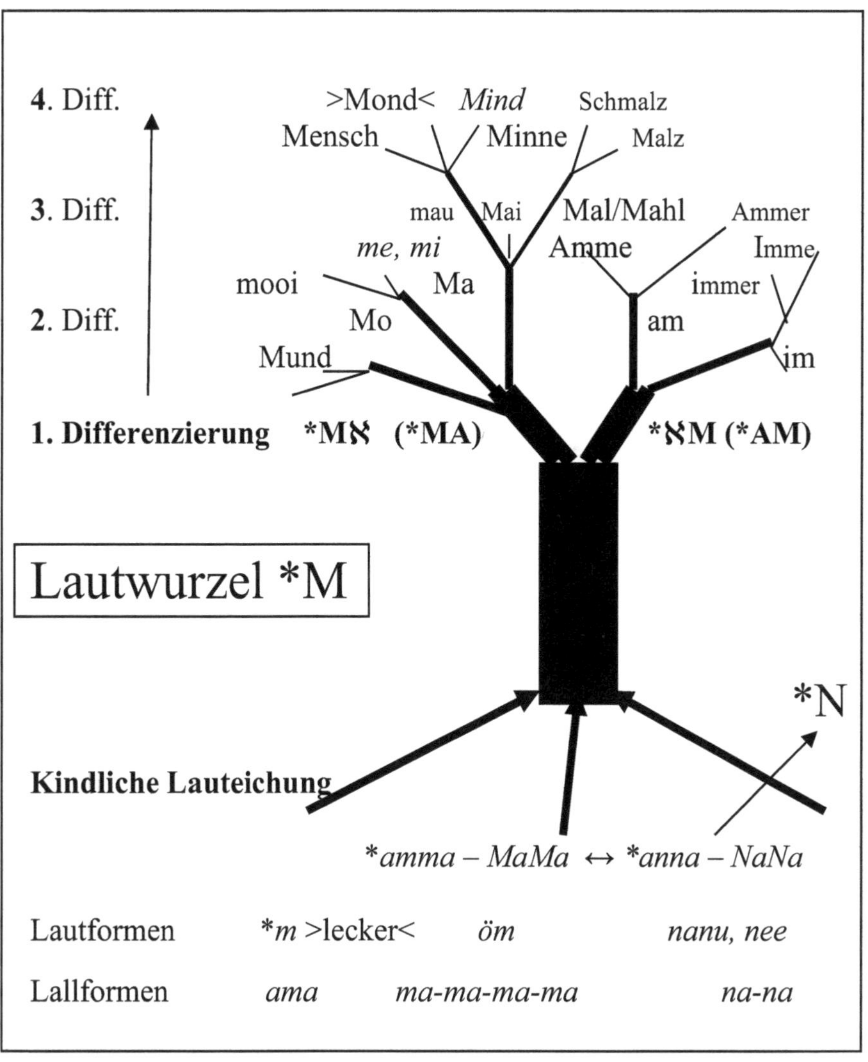

Beispiel: Der Aufbau des Wortmaterials unter *Mℵ
(aus Cûl Tura II)

Diesem Prinzip konnten nahezu sämtliche ursprünglich mit M beginnenden deutschen Wörter zugeordnet werden.

einfache Beispiele *im Deutschen* kursiv

M.3   Die Wortwurzel *Mℵ (wie *Ma – MaMa*)

M.3.0.1   Laut-Formen und abgeleitete Wörter   *mähen, murren, murmeln*
M.3.0.3   Grammatische Elemente   engl. me, frz. ma – *mein, mit*

M.3.1   Die *Ur-Mutter - Mond*-Symbolik
M.3.1.1   Wörter für >Mond<   *Mai,* indisch mah >Mond<
M.3.1.2   Tier-Wörter und -Mythologien   *Meise, Motte, Schmetterling*
M.3.1.3   Wasser - Meer – Quelle - Fluss   *Meer,* Fl. *Murr,* Amur, *Memel*
M.3.1.4   Die >Mutter-*Erde*<-Symbolik   *Moor, Modder,* frz. monde
M.3.1.5   >Werden und Vergehen<   *mausern, mutieren; vermodern*
M.3.1.5.1   >klein<   *mini, mau, Memme* >Baby<
M.3.1.5.2   >groß<   *maxi-,* engl. much; Mega-
M.3.1.5.3   >Null – Minus; schlecht, krank<   frz. mal, *miss-,* Minus; *Misere*
M.3.1.5.4   >sterben; Tod<   *müde, matt, Mahr, Mord, morbid*

M.3.2   >Mutter<   *MaMa, Mutter, Muhme*
M.3.2.1   >machen, mehren<   *Gemächte,* engl. to marry
M.3.2.1.1   *historisch* MAKO >Kind<   *Magen: Magd, Maid,* mac
M.3.2.2   >Maul – melden; singen – sprechen<   *Mund; Melodie*
M.3.2.3   >Brust, Mahl, Milch, munden<   *Mehl, Malz, mögen,* schmecken
M.3.2.4   >Heim, Heimat, Haus<   frz. mas, maison, *Mauer;* slw. *mir*

M.3.3   Die *Master Grade*-Stufe
M.3.3.1   >Maß, Mitte, Moral<   *Meter, Mitte, Mär, Moral*
M.3.3.2   >Mensch, Menschheit<   *Mensch, man, Menge*
M.3.3.2.1   *historisch* MANO >Mann<   *Mann (mas-culin)*
M.3.3.2.2   **mesolithisch** >Stamm, Volk<   *Menge,* lat. mille, *Militär*
M.3.3.3   Die Initiations-Symbolik   *Minne, Minotaurus, Mine* (Höhle)
M.3.3.4   *mind* >Bewusstsein<   engl. mind, *meinen, mental,*
Mut/Gemüt

5.4 Zum ursprachlichen Symbol-System HS

Insgesamt baut die ursprüngliche Sprache HS auf den Lalllaut-Wörtern für >Mutter< auf, die jedoch im zweiten Schritt im Wesentlichen auf die mythologische (= *Mond*= *Ur*-) >Mutter< bezogen werden (vgl. *DiAna* = ♂ *UrA^{h}n^{os}*). Dieses Prinzip gilt für alle 6 eiszeitlichen Lautwurzeln HS.

Dies kombiniert sich damit, dass jede Lautwurzel auch mit einem besonderen Symbol-Komplex verbunden ist, der insgesamt das grundlegende Spektrum seiner kulturellen Motivik umfasst. Damit hat man von vorneherein ein Prinzip einer semantischen Entfaltung, wie durch dieses Prinzip auch umgekehrt der Überblick und Bestand der sprachlichen und kulturellen Struktur gesichert blieb.

Überblick über die spezifischen Kern-Symbole der Lautwurzeln

Ausgangsform		Zentral-Symbol/e	Kern-Inhalte
*א	A/Au/Ei	**Ei**; **Au** >Wasser<	Ur^{sprung}, Quelle; (Lint-)^{W}ur^m, ^{W}ur^{zel}
*☉	Ma	**Mo**nd - **Mu**tter	Ma^{h}l (-Zeit); Mensch; Minne, *mind*
*Λ	La	^{Sch}**La**nge, Lint*	lang; Liebe, laben, SchLaf^f, *low,* Tod
*Ⱶ	Ta, Ti	^{S}**Tier** - ^{S}**tock**	da - du – sieh! Ziel, Speer, Beute
*Γ	Ku, Co^r	**Ku**h, **Hor**^{n}	Bauch/Höhle/Hütte, innen: Her^z, Hir^n
*Φ	Ba, Po, Vo	**Vo**llmond/**Vo**gel*	voll - ganz, oben, Höhepunkt; *power*

* Im Ägyptischen findet sich etwa direkt *Ba* für den >Seelenvogel<
Lint ursprünglich für >Lindwurm< als die >Drachen-Schlange<

Hier zeigt sich, dass die **Tier**-Symbolik eine entscheidende Rolle in der ursprünglichen Sprach-Anlage HS spielt. Dieser Sachverhalt dürfte sich dadurch erklären, dass die Tier-Motive bei den Kindern auf ein besonderes Interesse stießen und diese also in besonderer Form für Erzähl-Geschichten und für die Vermittlungen von grundlegenden Sachverhalten des Lebens geeignet waren. Hierbei deuten sich auch zwischen diesen Motiven komplexe Verbindungen an.

<u>Ein paar Hinweise zu den Kernmotiven und ihrer Verknüpfung</u>

>Ei<

„Das Ei gehört zu diesen machtvollen Symbolen, die auf der ganzen Welt, auch in China und Südostasien, Teil der Ur-schöpfung sind.“ [128]

„Schöpfungsmythen, in denen ein kosmisches Ei der Ur-sprung der Welt ist, findet man auf allen fünf Kontinenten [...].“ [129]

„Die Entstehung der Welt aus einem Ur-Ei ist nicht nur als orphische Schöpfungsmythe bekannt (die schwarz geflügelte Nacht, vom Winde umworben, gebar ein Ei [...], sondern kommt auch in polynesischen, japanischen, peruanischen, indischen, phönizischen, chinesischen, finnischen und slawischen Ursprungsmythen vor. [...] Auch Sonne und Mond wurden mehrfach mit goldenen bzw. silbernen himmlischen Eiern assoziiert. Allgemein wird das Ei als Symbol eines ur-anfänglichen Keimes gesehen, aus dem später die Welt her-vorging.“ [130]

---

[128] Rachel Storm: Die Enzyklopädie der östlichen Mythologie, S. 198
[129] Shahrukh Husain: Die Göttin, S. 52
[130] Hans Biedermann: Knaurs Lexikon der Symbole, S. 109 f.

Aus dem Ei schlüpfen z.B. *Vögel* und *Schlangen*. Insofern erklärt sich das Ei als Veranschaulichung des >Ur< (= *Ei = Au*) = >Ursprung<. Das >Ei< entspricht *Ku^hKu^h* >Kugel< (*KoKo – coque = Huhn, Häher; Kokon, Kogge* usw.) = *Ball* (vgl. dazu engl. *eye=ball* = Aug-Apfel; daher *Ei = eye = Auge = egg. Apfel* wiederum dürfte eine Ableitung von ^eye*Ball* darstellen, vgl. etwa dän. *æble* >Apfel<).

Das >Ur-Ei< (= ursprachlich z.B. *Aí-Aí*) ist hierbei u.a. auch der >Mond< vor allem als >Voll-Mond<. Sonne und Mond sind in der Symbolik auch die **Augen** *(eye)* des *UrA^hn^{os}* = UrMutterVater (bekannt vor allem von der ägyptischen Horus-Augen-Symbolik. Diese **Mond-Augen-**Symbolik wird insbesondere auch mit **Uhu** (*א) oder **Eule** (*Alle – Olle – Jul - LiLi^t*) symbolisiert. Ursprünglich eine Symbolik für die Kleinkinder, „dass Mutter Mond in der Nacht gut aufpasst, dass uns nichts passiert", wird diese Augen-Symbolik ab dem Neolithikum zu einer Überwachungs- und Todes-Symbolik der Priester*innen-Herrschaft, was der Eule ihren dämonischen Ruf anhing.

(Voll-) >**Mond**<

Der >Mond< ist insbesondere als **Vollmond** mit seinem >Mondgesicht< eine *Veranschaulichung* des mythologischen Motivs >UrVaterMutter< für die Kleinkinder.

Weiterhin ist der *Mond = Monat* ist auch die *Ma^l=* Zeit-Verortung, der Tages- und Monats-Zyklus von >Ende und Anfang< zwischen *Null-Nicht-Neu-Mond* und *Voll-Mond*, als *NaNa = (MaMa =) neu, nona - neun* auch die Zahl für Schwangerschaft und Geburt.

Die Wortbildungen und auch ethnologische Traditionen verweisen darauf, dass der Vollmond ein Anlass für Feiern und insofern auch für regionale Zusammenkünfte war. Hierbei scheint bei uns im Besonderen *Ostern* als der erste Vollmond im Frühjahr eine Rolle gespielt zu haben (der Vollmond als das >Ei<, das der >Osterhase< bringt; der *Hase* ist, noch besonders bekannt in den indianischen Kulturen, eine Mond-Symbolik [da man anstelle des >Mond-Gesichts< in den Mond-Kratern auch einen *Hasen* mit seinen langen *Löffeln* sehen kann]).[131] Das Wort *Ostern* dürfte den Wortbildungen *STier = STern = UTerus* für >Ursprung< entsprechen. Es war also in gewisser Weise ein *Neu-Jahrs-* oder *Frühlings*-Fest, „wo das Leben neu entspringt, es zu wachsen und zu blühen beginnt und die Vögel Eier legen."

Der Mond wird (in seinem >Fliegen<) auch mit **Vogel** verglichen (vgl. auch lautlich *Vogel - Woche – wachen – vage – bewegen - Weg – weg* usw.), insbesondere ursprünglich wohl mit der (*Nacht-*) Eule. *Vogel* steht auch mit dem *Fliegen - Himmel* in Verbindung, daher die *Seelen-Vogel*-Symbolik, bei uns vor allem die *Taube* (*topp - betäubt – duseln – dösen,* vgl. *dusza* polnisch >Seele<, dän. *dysse* >Dolmen, Hünengrab<, s. *Cûl Tura* Band 2 → T.2.2.2).

>S/**Tier, Kuh**<

S/Tier und *Kuh* waren eine didaktische Symbolik, um den Kindern >Leben< und das ***Organ**isch-Körperliche* in verschiedenster Form zu veranschaulichen oder auch bei einem erlegten Tier zu zeigen.

Die >Ur-Kuh< ist hierbei lat. *or^j-go,* griech. *ar-chē* Ursprung - *Ku-elle* (Quelle)*, a-ku – aqua. Kuh* bedeutet auch >Mutter (-tier)< = ^{S}*Tier* – griech. *hystérā – UTerus* >(Gebär-) Mutter<, insofern auch >Bauch, Höhle<. Von dort her entstand die Konzeption von **Zeit** (**TiTi > ^{S}Tie^r, ZieGe – säugen - Titte = mamma; Mahl*zeit) und **Raum** (*BaGa – Bauch – Bakken/Berg –* hebräisch *bohu –* lat. *vacuum* >leerer Raum< - lat. *vacca* >Kuh<).

Von *Bauch – Höhle* her werden *STier = Kuh = DraChe* auch zu dem >Weltberg< (daher *Taurus*-Gebirge, *Tauern,* persisch *Kuh*

---

usw.) mit der Höhle der Jugend-Initiation als dem Ort der >Neu-Geburt< zum nun eigentlichen = *kulturell* entwickelten Menschen.

Von daher ist >Tier< gemeinhin in den jeweils größten (Hörner-) Tieren seiner Gegend repräsentiert wie etwa **Mammu**t, *Elefant = Alpha = Rind, Bison, STier = deer - Hirsch, Ren, Elch*. Sie sind als Weiterführung der Kleinkind-Geschichten Symbole für >Welt, Raum<: *Tier* - lat. *terra = Kuh - Gau* - griech. *Gaia, gē* – sumerisch *ki* >Erde<, neolithisch *Bock/Ziege* wie *Pan* >[Welt-]All^[es]< – *Fauna*.

Auch mit ihren **Hörnern** (oder *Geweih*) sind verschiedene Symboliken verknüpft. Grundlegend ist es eine Symbolik für >wachsen< (hier lautlich engl. *to grow* – *Horn*-Materialien wie *Haare, Krallen (Fingernägel),* die zu *kürzen - scheren* waren). Letztlich verwies auch >Horn< (- Haar - *ΓR) auf >oben< für eigentlich >**Hirn – Herz**< [*ΓR – *to care* → Band 2b K.4] oder = >Geist, Bewusstsein< als dem ursprachlichen Zentral-Motiv entsprechend *Mond – mind – Minne* (>Liebe<).

>**Schlange**<

> *„Tod und Leben sind in dieser Tiergestalt auf so einzigartige Weise symbolisch angedeutet, dass es kaum Kulturen gibt, die der Schlange keine Beachtung geschenkt hätten."* [132]

Die *SchLangen* schLüpfen (**la*) aus dem Ei, weil die *Ur (Ei-) Schlange* das *Ur-Ei* gelegt hat. Mit dem Neu- = >Mond< (z.B. *NaNa* wie *neu, Mond*) kann gezeigt werden, wie die (*Mond-Sichel-*) *Schlange* (>**W**ur**m**< von *Ur*) in ihrem *Bauch* wächst und das neue Vollmond-Ei legt, aus dem wieder eine neue >Schlange< wächst.

---

[132] Hans Biedermann: Knaurs Lexikon der Symbole, *Schlange,* S. 383

Die >(Drachen-) Schlange< ist einerseits ein Symbol des Ursprungs, und als solches kann sie >Wasser< und >Feuer< spucken. Als Symbol des Lebens ist die >Schlange< auch ein Symbol für die >Länge< der Zeit, als *Uruboros*-Schlange auch ein Symbol für den (Mond-Monats-) Zyklus des >ewigen Werden und Vergehens<.

Damit wird die Schlange als Mond-Symbol auch ein Symbol für *sch/laff, Schlaf, Lager.* Sie ist auch ein Symbol für Gefahr, Krankheit (Schlangen-Gift!) und Tod. Bereits die Affenart *Grüne Meerkatzen* kennt einen speziellen Warn-Laut für >Schlange< (→ S. 36). Entsprechendes dürfte zum frühesten Bestand in der Evolution der Sprache zu rechnen sein. So hat das Motiv *Schlange* auch die Funktion, die Kinder auf die Gefahr durch Schlangen aufmerksam zu machen.

Damit wird sie auch zu der >Drachen-Schlange< als dem Motiv der Jugend-Initiation. Sie *verschlingt* die Jugendlichen – doch um sie zu >neuen Menschen< als nun Erwachsene wieder >auszuspeien< bzw. neu zu >gebären<. Aus dem *sch/laff – low – Schlaf* wird nun wieder *Leben, Leib* - und bei den Jugendlichen nun auch *love, Liebe.*

Das Wichtige an dieser ganzen Symbolik ist ihre **Komplexität**, die sich *allein* über die **Geschichten** und ihren Verbund mit der **gesamten Mythologie** = Kultur ergibt und sich **unmöglich** in dem einzelnen Wort an sich halten kann, wie dies insbesondere an der historischen Entwicklung der Drachen-Symbolik erkenntlich wird.

132

6 Zur historisch neuen Sprach-Entwicklung

Bei aller Genialität der humanevolutionär entwickelten Sprache des Homo sapiens verknüpfte sich mit ihr doch ein substanzielles Problem: sie war so stark mit der eiszeitlichen Kultur HS verbunden, dass sie bestimmten Entwicklungen im Wege stand, die am Ende der Eiszeit von Bedeutung wurden. Von daher kam es mit dem Beginn der neuen historischen Kultur-Entwicklung am Ende der Eiszeit auch zu neuen Ansätzen in der Sprach-Technik.

So kam der Sprachforscher Harald Haarmann zu dem Ergebnis:

> „Die Feingliederung der Sprachen, mit der wir heute leben, geht in ihren Anfängen auf die Periode der letzten Eiszeit zurück (vor ca. 12.000 Jahren). [...] Die formativen Prozesse aller bekannten Sprachfamilien sind nicht älter als ca. 10.000 bis 12.000 Jahre." [133]

Dies entspricht im Grundsätzlichen meinen Einsichten. Ich bin hier allerdings der Auffassung, dass die historisch neuartige Sprach-Entwicklung in der etwas früher anzusetzenden Mesolithischen Revolution um 11.000 v. Chr. im Nahen Osten ihren *Ursprung* hat.

Doch dauerte es in der Tat noch etwas, bis sich die historischen neuen Sprach-Ansätze verbreiteten, aus denen mit der Zeit die Sprachfamilien hervorgingen. Hierbei bieten die verschiedenen Zusammenhänge zwischen den Sprachfamilien weitere Aufschlüsse.

---

[133] Harald Haarmann: Weltgeschichte der Sprache, S. 127

6.1   Zu den Hintergründen der Entstehung der historischen Entwicklung

Anders als man früher meinte, erklärt sich das Aufkommen des historischen Prozesses nicht als eine einfache Fortschritts-Entwicklung, so etwa noch vor wenigen Jahren in der Vorstellung, dass das Ende der Eiszeit günstigere Klima-Verhältnisse bedeutet hätte, was eine neue Dimension der menschlichen Intelligenz erlaubt hätte. In den günstigen Verhältnissen insbesondere in dem „Fruchtbaren Halbmond" des Nahen Ostens hätte man nun die Prinzipien der Fruchtbarkeit entdeckt und sich diese dann mit der Nahrungsproduktion zunutze gemacht. Auf diesen neuen Grundlagen wäre man dann zu der urbanen und dann auch >hochkulturellen< Entwicklung gekommen.

Zu diesen Vorstellungen ist jedoch vielmehr festzustellen:

„Lange wollte uns die Wissenschaft den Übergang zur Landwirtschaft als großen Sprung für die Menschheit verkaufen und erzählte uns eine Geschichte von Fortschritt und Intelligenz. Im Laufe der Evolution seien die Menschen immer intelligenter geworden. Irgendwann seien sie dann so intelligent gewesen, dass sie die Geheimnisse der Natur entschlüsseln konnten und lernten, Schafe zu halten und Weizen anzubauen. Danach gaben sie begeistert das entbehrungsreiche und gefährliche Leben der Jäger und Sammler auf und ließen sich nieder, um als Bauern ein angenehmes Dasein im Wohlstand zu genießen. Das ist jedoch ein Ammenmärchen."

So der israelische Geschichtsprofessor Yuval Harari in seinem internationalen Bestseller „Eine kurze Geschichte der Menschheit", S. 104.

In Wirklichkeit ist die damalige Lage gerade im Nahen Osten von Versorgungs-Problemen wie sonst nirgends auf der Welt gekennzeichnet, s. z.B.

„In den Skeletten finden sich Indizien für Minderversorgung, womöglich durch Vitamin- und Eiweißmangel oder schlichten Hunger. Und die Menschen schrumpften. >Wir sehen eine drastische Reduktion der Körpergröße<, sagt der Paläoanthropologe Jean-Jacques Hubling vom Leipziger Max-Planck-Institut für evolutionäre Anthropologie. >In der Übergangsphase waren die Leute schlecht ernährt<." [134]

„In den Anfangszeiten der Landwirtschaft im Nahen Osten sank die Durchschnittsgröße der Menschen um fünfzehn Zentimeter." [135]   (satte 15 cm!)

Das Aufkommen dieser Probleme erklärt sich durch die gigantischen Naturkatastrophen am Ende der Eiszeit:

„Dieser grundlegende Klimawechsel, der für viele Pflanzenfresser das Aussterben bedeutete, betraf auch den Menschen." [136]

„Die letzten 5.000 Jahre der Eiszeit waren eine Periode von Klimaveränderungen geradezu apokalyptischen Ausmaßes, die alles übertrafen, was uns heute bekannt ist." [137]

Anders als vielen höheren Tier-Arten gelang es dem Menschen wohl zu überleben, aber es entstand eine fundamentale Krise.

---

[134] U. Bahnsen: Der Treck nach Westen, in: Die *Zeit*, 20. Juli 2006, S. 25 f.
[135] Bill Bryson: Eine kurze Geschichte der alltäglichen Dinge, S. 57
[136] W. von Koenigswald & J. Hahn: Jagdtiere und Jäger der Eiszeit, S. 92 f.
[137] Brian Fagan: Die Eiszeit – Leben und Überleben im letzten großen Klimawandel, S. 131

6.1.1 Die Mesolithische Revolution

Die völlig neuartigen kulturgeschichtlichen Entwicklungen, die
am Ende der Eiszeit zuerst im Nahen Osten aufkommen, erklären sich nicht, wie man früher meinte, als Neolithische Revolution. Sie sind nicht die Folge der Entdeckung und Entwicklung
der Nahrungsproduktion. Die effektive Entwicklung der (historisch relevanten) Nahrungsproduktion kommt – auch aus gänzlich anderen Gründen - erst einige Zeit später auf.

Es wurde vielmehr deutlich, dass es sich bei den Entwicklungen,
die der Archäologe Gordon Childe als der Begründer der frühe-
ren Theorie der >neolithischen Revolution< im Zusammenhang
sah, um zwei verschiedene >Revolutionen< in zwei zeitlichen
Stufen handelte, die nur von etlichen Mythologien als Zusammenhang dargestellt wurden. Hierbei erwies sich die Neolithische Revolution als die zweite.

Die erste >Revolution<, die tatsächlich die historische Entwicklung auslöste, war von daher als Mesolithische Revolution zu
bezeichnen. Es geht in ihr nicht um die Begründung der Nahrungsproduktion, sondern um die Bewältigung der im Nahen
Osten durch die gigantischen Natur-Umbrüche hervorgerufenen
Chaos- und Notstands-Probleme.

Das >Paket< der Mesolithischen Revolution, das bis heute fort-
wirkt, besteht aus **3** grundlegenden Sachverhalten, die in einem
inneren Zusammenhang stehen und sich letztlich auch allein aus
einer gegenseitigen Wechselwirkung erklären:

1) eine neuartige menschlich übergeordnete Sozialorganisation,
2) eine neuartige Sprach-Anlage und
3) eine neuartige Kultur- und Realitäts-Auffassung, wie sie der
       zivilisatorischen Kultur zugrunde liegt.

Die Notstands-Probleme, die am Ende der Eiszeit vor rund 13.000 Jahren aufkamen, schufen wohl prekäre Verhältnisse, aber zunächst noch keine direkten Versorgungsprobleme. Von hier aus vermochte eine neuartige Organisation die entscheidenden Lösungen erbringen. Zum einen leistete sie eine neuartige Organisation von Ressourcen, was vor allem in der weiteren Entwicklung (als Vorform von Handel) von Bedeutung wurde. Zum anderen sorgte sie, was vor allem zuerst das Entscheidende war, für die Vermeidung von Kämpfen um die knapp gewordenen Ressourcen. Durch sie wurde eine Dichte an Standorten möglich, die bis dahin als ernstliche Bedrohung seiner Existenz zu Kämpfen geführt hätte.

Als die früheste Technik, diese Kämpfe zu vermeiden und eine Organisation aufzubauen, erscheint die Begründung der neuartigen Sitte, seine Kinder gegenseitig zu verheiraten. Die Institution der >Ehe< erscheint hier als die älteste Form von Politik und Staat.

Doch scheint diese noch am Ende des Paläolithikums begründete >Institution< noch keine zureichende Lösung erbracht zu haben. So kommt es mit der Mesolithischen Revolution zu der neuartigen Sozialorganisation namens >Stamm<. Diese Konzeption baut auf einer wohl schon seit einiger Zeit etablierten Praxis der Heiratspolitik auf, die die Vorstellung *besonderer* Verwandtschafts-Verhältnisse begründete. Das Entscheidende dieser neuen Konzeption, das auch entsprechende Folgewirkungen auslöste, war jedoch, dass sie erheblich über die konkreten Verwandtschafts-Verhältnisse hinausging und eine vielmehr politisch begründete Sozialorganisation bedeutete, was auch ganz nach seinem Ermessen weitere Anschlüsse an seinen >Stamm< ermöglichte.

Diese Organisation war mit sehr bestimmten Techniken und Konsequenzen verbunden, die auch von weiterem Aufschluss über diesen Prozess sind. Denn mit ihr ging ein grundlegender Umbau in der Sprach-Anlage einher.

6.2 Zur Entstehung der historischen neuen Sprachform

In meiner diesbezüglichen Forschung kristallisierte sich heraus, dass mit der Entwicklung der neuen Sozialorganisation, die zuerst zu der Konzeption >Stamm< führte, auch eine neue Sprach-Entwicklung aufkam, die überhaupt erst diese neue Sozialorganisation und dann auch die weitere Fortschritts-Entwicklung ermöglichte. Umgekehrt brauchte die neue Sozialorganisation auch eine neuartige Sprach-Anlage. So wirkten beide Faktoren wechselseitig auf einander zu einem Umbau der ursprünglichen Kultur-, Sozial- und Sprach-Anlage des Homo sapiens, auch wenn vieles in Mythologie und Vokabular auf der humanevolutionär entwickelten Sprache aufbaute und diese fortsetzte.

Denn es wird deutlich, dass diese Entwicklungen von der humanevolutionär entwickelten eiszeitlichen Kultur und Sprache des Homo sapiens *in dieser Form* gar keine Möglichkeit gewesen wären, weil in ihr Vokabular, Mythologie, Kultur, Recht und Soziales absolut aufeinander abgestimmt waren. Eine Weiterentwicklung wäre dort ausschließlich auf der Basis gemeinschaftlicher Kommunikation möglich gewesen, doch genau diese funktionierte in diesem Kontext nicht mehr.

Die humanevolutionär entwickelte Sprache war gleichzeitig auch das menschliche >Gesetz< und seine (Kultur-) Verfassung und hierbei so als Bestandteil der kindlichen Sozialisation in Didaktik, Moral und Vokabular aufgebaut, dass man mit ihrer Kenntnis als Erwachsener seine Sozialverhältnisse auf der Basis von Kommunikation steuern konnte. Dazu brauchte es nicht nur Vokabeln wie >Gerechtigkeit<, sondern auch ihrer so klaren Bestimmung, dass ein *Gespräch* über empfundene Ungerechtigkeiten sozial befriedigende Lösungen erbringen konnte. Schließlich hatte man hier noch kein Rechtswesen und noch keinen Justizapparat, der die entstandenen Ungerechtigkeiten als >Recht< und also als >gerecht< erklären konnte (dies begann erst mit der

138

Mesolithischen Revolution). Insofern waren die vorausgehenden Sozialverbände auf gemeinschaftliche Klärungen angewiesen. Anders wäre es humanevolutionär auch nie zu der Entwicklung von Kultur in dem evolutionär und menschlich entscheidenden Sinn unserer kulturalen Anlage gekommen.

Dies alles bedeutete freilich auch, dass man in seiner Sprache an die humanevolutionär entwickelte Software gebunden blieb. Darin lag ursprünglich auch die großartige Leistung der humanevolutionären Entwicklung, die unserer Art Homo sapiens über Zehntausende von Jahren bei all den äußeren Veränderungen eine dauerhafte soziale Stabilität zu bieten vermochte.

Doch am Ende der Eiszeit entstanden insbesondere zuerst im Nahen Osten Notstands-Probleme, bei deren Lösungsbemühungen man offenbar – vor allem anscheinend im Kontext der >Jugend-Initiation< - nicht mehr genug Zeit fand, Sprache und Kommunikation zureichend beherrschen zu lernen. Vor allem verstand man die eigentlichen Inhalte und Funktionen der ursprünglichen Mythologie nicht mehr.

Die Führer der Mesolithischen Revolution nutzen diese Situation für eine effektive Trennung von „Sprache" und „Mythologie". Im ersten Schritt konnte man damit die Anbindung an die eiszeitliche Kultur lösen. Damit war man im zweiten Schritt für die Entwicklung eines neuen Vokabulars im Kontext seiner neuen Sozialorganisation frei. Im dritten Schritt schuf man aus den Beständen der ursprünglichen Mythologie eine völlig neue Art von Mythologie, die nunmehr den Zielen und der Autorität seiner Sozialorganisation und der gesellschaftlichen Steuerung und Psyche diente.

6.3 Zu Mebuntu und der Verbreitung der historisch neuen Sprachform

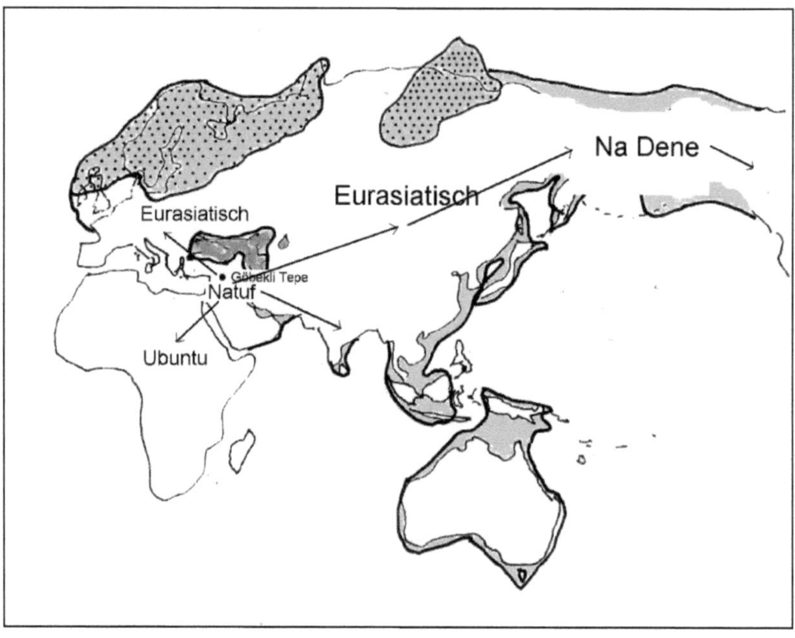

Abbildung mit den **eiszeitlichen** Küstenlinien und Verhältnissen (*gepunktet* Eis), die im Mittleren Mesolithikum *zuerst* noch weitgehend bestanden, so in dem riesigen Gebiet der „Landbrücke" nach Amerika

Es ist in Hinsicht auf unsere Thematik nicht entscheidend, ob sich folgende Einschätzungen als letztlich zutreffend erweisen, besteht hier noch eine ganz erhebliche Forschungsproblematik.

Doch die sich mir darstellende sprachgeschichtliche Entwicklung passt sehr gut zu meinen Einsichten bzgl. der humanevolutionär entwickelten Sprache des Homo sapiens und bzgl. von Geschichte. Demnach ging die historisch neue Sprachform von der Mesolithischen Revolution im Nahen Osten aus und verbreitete sich im Kontext des mittelmesolithischen Stämme-Rechts-Bundes mit seinem Zentrum Göbekli Tepe (Türkei – Grenze Syrien). Die zuerst entstandene Sprache bezeichne ich >Mebuntu<.

Zunächst kommt im Kontext der Mesolithischen Revolution das Verständnis von Sprache auf, was in dieser Folge seitdem als „Sprache" verstanden wird. Die Abspaltung der Mythologie verlangt gewisse neue Techniken in der sprachlichen Organisation, wozu es in diesem sprachlichen Umbruch auch nach und nach kommt, wie es sich in der sprachgeschichtlichen Entwicklung belegt.

Der erste Schritt bezieht sich auf das Verständnis von >Wörtern< bzw. der Wortbildungen. Die Konzeption der >Buchstaben-Sprache< wird (in Teilen erst mit der Zeit) in eine >Hieroglyphen-Sprache< umgewandelt, wo nun jedes >Wort< (wie jedes Zeichen in der Hieroglyphen-Schrift) fixiert und absolut für sich selbst steht.

Das erste Ergebnis erinnert an das Chinesische mit seinen vielfältigen einsilbigen und für Fremde recht ähnlich klingenden Wörtern (vgl. hierzu die Graphik S. 125). Da aber dabei das Problem aufkommt, dass die Nuancierungen zu fein sind, um schon bei Dialekten sicher verstanden zu werden, entsteht der Brauch, die alten Symbol-Bezüge in Gesten, Sand- und Handzeichnungen darzustellen. Dieser Brauch hat in China noch lange bestanden und war ein Hintergrund der chinesischen Schrift, da sie übergreifend über die verschiedenen Dialekte und Sprachen (auch in China) gelesen werden konnte. Das Zeichen für >Hütte< war überall verständlich, egal, ob das Wort dafür *mas, casa, Kate* oder *villa* war.

Eine andere, auch eiszeitlich schon gebrauchte Technik war, zu ähnlich klingende Wörter durch Zusammensetzungen aus zwei

Elementen zu verdeutlichen. Mir fiel im Rahmen meiner etymologischen Forschungen auf, dass sich wichtige alte Symbolwörter auf diese Weise erklärten, so etwa *MaMa* – *MaTa^r* (>Mutter<) – *MaGa* = *BaBa (YaGa)* – *BaTa^r* – *BaGa* (> *Bache, Bauch* usw.) usw. - *MaGa* (dt. in *Magen, machen, Gemächte*, ahd. *magad* >Mädchen, Magd< usw.) ist noch griechisch >Mutter Erde< (*ga* – *Gaia* – *gā* >Erde< [wie in *Geologie*]). Die Bildung *MaTa^r* erwies sich als parallele Bildung dazu (*ta* in etlichen Sprachen wie im Altägyptischen >Erde<, mittelniederdeutsch *dā* → heute *To^n*, lat. *terra* >Erde<) usw.

Das Interessante hierbei war nun auch, dass sich hierbei fast durchweg immer die 6 eiszeitlichen Lautelemente fanden und dass sich noch der Großteil des deutschen Vokabulars in dieser Weise erklären ließ. Außerdem fanden sich gleichbedeutende Wörter in umgekehrter Zusammensetzung, z.B. *KaTa wie finnisch *Kota*, baskisch *guda, goite*, dt. *Kate, Kotten, Hütte* und *Haus, casa* usw. wie übrigens auch in (engl.) *coat, Kutte* und *hüten/Hut* – *Schutz*, umgekehrt *TaKa wie in *Dach, Decke* und für >Unterkunft, Zelt, Hütte< z.B. sumerisch *duku*, japanisch *daiku, taku*, mittelamerikanisch *takku*, in (griech.) Arch*itekt* und weiter *Tuch*, (lat.) *Textilien* usw.

Es waren zuerst diese ursprünglich zweiteiligen Formen, bei denen ich auf diese Zusammenhänge aufmerksam wurde, und zwar in jeder Richtung hin: als Hintergrund des Großteils des deutschen Vokabulars, in Hinsicht auf die eiszeitlichen Lautelemente (was sich mit den Lalllauten als System erwies → S. 110 f., 118, 121 ff.), demnach auch als Ursprung der historischen Wortbildungen und der sich darstellenden Zusammenhänge in den Sprachen der Welt.

Dieses Prinzip von Wortbildungen entspricht dem grammatischen System der Agglutination, von dem einige Sprachfamilien und Sprachen geprägt sind usw. Ein paar weitere Hinweise werden noch im nächsten Kapitel geboten.

142

Schon vom Historischen ist inzwischen ein Erklärungsbedarf in Hinsicht auf das Phänomen der >Sprachfamilien< entstanden, auch unabhängig von meiner Theorie einer bestimmten eiszeitlichen Sprache des Homo sapiens. Denn es besteht eine starke Diskrepanz zwischen den recht *speziellen* sprachlichen Eigentümlichkeiten der Sprachfamilien und den gängigen Vorstellungen bzgl. der paläolithischen und frühgeschichtlichen Organisation. Wäre diese Organisation tatsächlich so offen und locker gewesen, hätten sich die Sprachen ganz anders in den Nachbarschaften angeglichen. So hat, wie schon zitiert, u.a. auch Haarmann daraus geschlossen, dass sich „die formativen Prozesse aller bekannten Sprachfamilien" erst am Ende der Eiszeit herausbildeten (→ S. 133).

Interessant ist jedoch auch, dass sich umgekehrt verschiedenste ursprüngliche Zusammenhänge zwischen den Sprachfamilien darstellen.

Von dort her wurde etwa von dem dänischen Linguisten Holger Pedersen 1903 eine **Nostratisch** genannte Konzeption aufgestellt. Dieses Nostratisch gilt hierbei etwa (auch je nach Auffassung) als

„gemeinsame Mutter des Indoeuropäischen, der drawidischen Sprachen Südindiens, der Kartwel-Sprachen des südlichen Kaukasus, der uralischen Familie (dazu gehören Finnisch und Samojedisch), der altaischen Sprachen (mit Türkisch und Mongolisch) sowie der afro-asiatischen Sprachfamilie, wozu Arabisch und die Berbersprachen gehören".[138]

Ich bin hierbei jedoch zu dem Ergebnis gekommen, dass sich die (ursprünglichen) Zusammenhänge im >Nostratischen< durch den Ausgang in der nahöstlichen Entwicklung erklären. Die Zusammenhänge zwischen den verschiedenen Sprachfamilien liegen historisch nicht auf der gleichen Ebene und reichen mindestens bis zur Neolithischen Revolution.

---

[138] Philip E. Ross, in: Berthold Riese: Schrift und Sprache, S. 44

Doch vor allem repräsentieren sie nicht die anzunehmende Ausgangsstufe, für die ich von daher *Mebuntu* als eigene Bezeichnung geprägt habe. Dieses Mebuntu geht auf die Mesolithische Revolution zurück und verbreitete sich im Kontext des weltweit ausgerichteten mittelmesolithischen Stämme-Rechts-Bundes von wohl Göbekli Tepe aus über den Nahen Osten hinaus. Dafür bieten sich historisch, kulturell wie auch sprachlich etliche Hinweise, die ich auf dem noch ersten Stand in meinem Werk zu *Mebuntu* ausgeführt habe.

Diese erste Form ist vor allem durch die Umwandlung der ursprünglichen „Buchstaben-Technik" zu festen und für sich selbst stehenden >Wörtern< (in der Art der Hieroglyphen) gekennzeichnet. Diese verbreiteten sich zunächst wohl in der Art einer Verkehrssprache in Verbindung mit der von Göbekli Tepe ausgehenden übergreifenden Stämme-Rechts-Bund-Organisation (und auch ihrer Megalith-Symbolik) über die Welt. Es sind hierbei auch Verbindungen zum Chinesischen usw. zu sehen, die aber nicht lange wirksam waren.

Die übergreifenden, eine Sprachfamilie prägenden Einflüsse des tendenziell weltweiten Stämme-Rechts-Bundes von Göbekli Tepe verloren sich am Ende des Mittleren Mesolithikums um etwa 9.500 v. Chr. oder spätestens mit den nahöstlichen Veränderungen um 8.800 v. Chr.

Die Sprachfamilien dürften sich aus den verbleibenden großregionalen Formen dieses Stämme-Rechts-Bundes erklären. Im nördlichen Eurasien dürfte er noch einige Zeit länger bestanden haben.

Im Großraum Göbekli Tepe selbst kam es zu bedeutsamen Weiterentwicklungen. Hier dürfte auch ab 8.800 v. Chr. die Ausprägung der Flexionssprache gelegen haben, in der das Indogermanische und das Semitisch-Afroasiatische einen spezifischen Ursprung haben (s. mehr dazu unten).

144

Einer der auf insgesamt über 200 geschätzten Stein-Pfeiler von
einer von „wenigstens 20 Anlagen" [139] („Tempel") auf dem Göbekli
Tepe (→ 5.3), Höhe ca. 3,60 m.

---

[139] Klaus Schmidt, in: Badisches Landesmuseum Karlsruhe: Vor 12.000
Jahren in Anatolien: Die ältesten Monumente der Menschheit, S. 84

Plättchen aus der Zeit und Kultur von Göbekli Tepe. Hier Beispiele aus dem Ort Jerf el-Ahmar [140]

Meiner Einschätzung nach dienten diese Plättchen als eine Art Ausweis der Befugnisse seiner Träger im Rahmen der Organisation der dortigen Stämme-Bündnisse (ähnlich wie die Turingas bei den Aborigines)

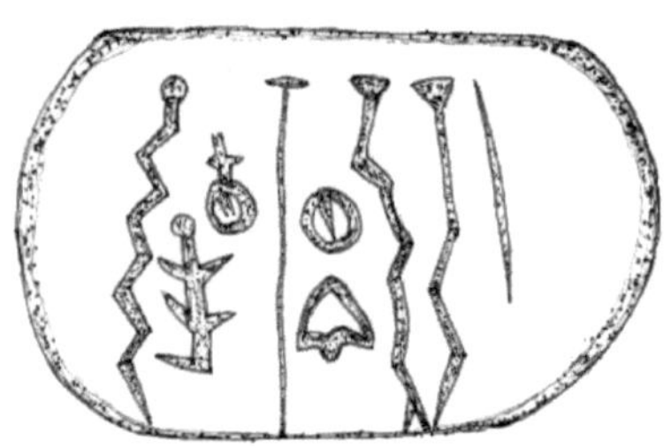

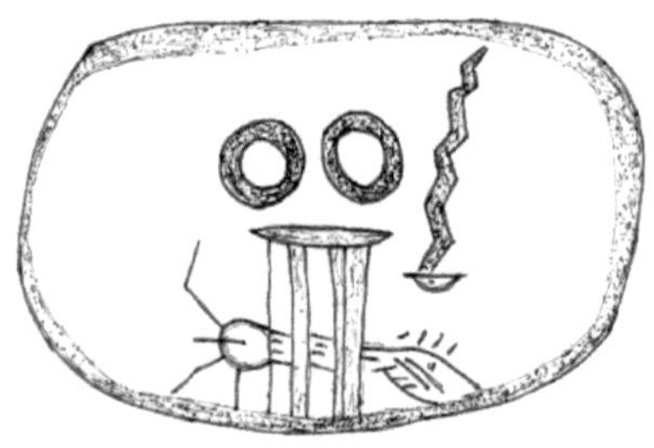

---

[140] Nachzeichnung nach: Badisches Landesmuseum Karlsruhe: Vor 12.000 Jahren in Anatolien, S. 106. Dort weitere Beispiele

146

Teil III

Zur >babylonischen Sprachverwirrung< und ihrer Auflösung

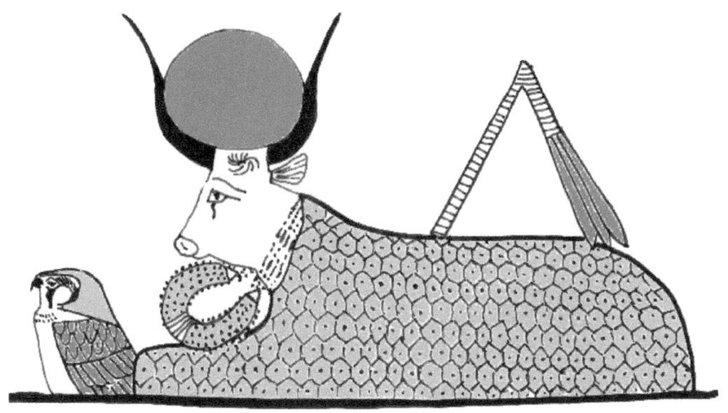

Symbolik oder magizistische Weltanschauung? *Kuh – Gaia - Erde*

Eine theriomorphe Symbol-Darstellung der altägyptischen Göttin Hathor (Nachzeichnung). Sie ruht (hier nicht zu sehen) auf dem >Ur-Meer< und trägt mit ihren >Mond-Hörnern< die Sonnen-Scheibe

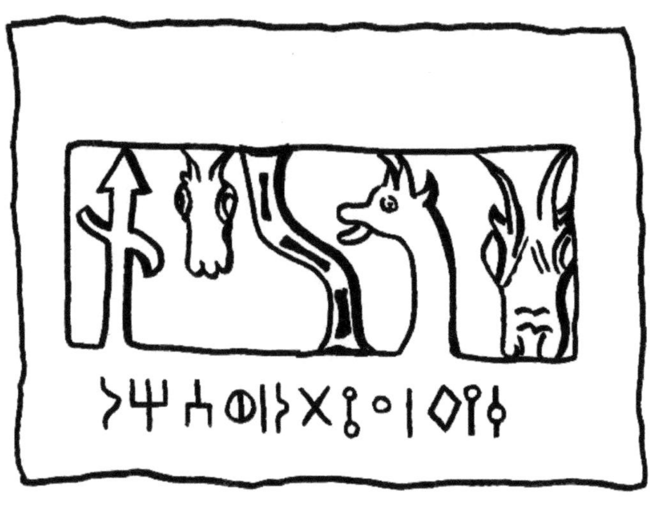

Der südarabische „Bulawayo-Stein" mit den „Götter"-Symbolen (von links nach rechts): Speerspitze, Antilopenkopf, Totschläger, Drachenkopf, Antilopenkopf. Der Drachenkopf ist ein Symbol für den Kriegsgott *ᶜAttar*. [141]

---

[141] Maria Höfner: Die vorislamischen Religionen Arabiens, in: RelMen 10,2, S. 317

7 Zur >babylonischen Sprachverwirrung<

„Wittgenstein sagt, dass Probleme entstehen, weil wir die Arbeitsweise unserer Sprache missverstehen. Er sagt, wir seien von der Sprache >verhext<, und manchmal hätten wir einen >Drang<, sie misszuverstehen." (S. 148)

„Sein Ziel ist *die Lösung der philosophischen Probleme,* und erreichen will Wittgenstein dieses Ziel, indem er *zeigt, wie unsere Sprache arbeitet.* [...]
Seiner Ansicht nach liege die eigentliche Aufgabe der Philosophie nicht in der Beschäftigung mit den genannten Fragen, denn für ihn enthalten sie Scheinprobleme, die sich aus Missverständnissen bezüglich der Sprache ergeben. Die *eigentliche* Aufgabe der Philosophie, sagt er, besteht in der Klärung unseres Denkens und Sprechens, denn nachdem diese Klärung erreicht ist, wird der Scheincharakter der traditionellen philosophischen Probleme offenbar, und diese Probleme verschwinden. [...] Hat man demnach einmal die Natur der Sprache und damit die Natur dessen erfasst, was klar und sinnvoll gedacht werden kann, dann hat man die Grenze aufgewiesen, jenseits welcher Sprache und Denken zu Unsinn werden." (S. 26 f.)

„Wie wir gesehen haben, ist die Philosophie für Wittgenstein eine Therapie; es geht darum, den Irrtum aufzulösen, nicht darum, Erklärungssysteme zu errichten." (S. 150)

Nach: A.C. Grayling, *Wittgenstein*

Es kam am Ende der Eiszeit tatsächlich zu einer wahrhaft >babylonischen Sprachverwirrung<, was sich in vielfältigen Fakten und Problematiken belegt.

Die Ursache dieser >babylonischen Sprachverwirrung< ist darin zu sehen, dass man am Ende der Eiszeit aufgrund der riesigen Naturkatastrophen und klimatischen Umbrüche nicht mehr genügend Zeit fand, Sprache beherrschen zu lernen.

Man kannte wohl noch die tradierten Vokabeln, Bilder und Geschichten der eiszeitlichen Kultur und gebrauchte sie auch weiterhin, aber ganz nach seinem eigenen verkürzten Verstehen, woraus die kommunikativen Probleme und die Menge an Sprachen resultieren. Man begriff die >Oberflächenstruktur< von Sprache schon als ihr Eigentliches und war nicht mehr zureichend in der Lage, den Unterschied zwischen den Sprachfunktionen von Bildern (Gleichnissen), Symbolen und Mythologie einerseits und andererseits der Realität zu erfassen.

Das verkürzte Verstehen der Vokabeln und Symbole zeigt sich an ihrer unterschiedlichen Bedeutungs-Entwicklung in den unterschiedlichen Gesellschaften und Sprachen. Besonders aufschlussreich ist die Entwicklung der Drachen-Symbolik, die hier männlich und dort weiblich, hier rein mythologisch, in China als „eine Art Regengott" [142] und im Alten Orient zum Inbegriff von Bösem, Chaos und Verderben (Tiamat-Mythologie) wird, während ihr in China „nur positive Eigenschaften zugeschrieben" werden. [143]

Ganz entsprechend führt das verkürzte Verstehen von Sprache recht bald zu Tausenden von Sprachen – das ist mitnichten als ein natürlicher und ursprünglicher Sachverhalt (im Gefolge der Evolution von Sprache) einzuschätzen, sondern eine Folge der >babylonischen Sprachverwirrung< am Ende der Eiszeit (s.u.).

---

[142] Rolf Wilhelm Bredrich: Enzyklopädie des Märchens, Sp. 798
[143] Edoardo Fazzioli: Gemalte Wörter, S. 151

150

Doch hat das mangelnde Sprach-Verstehen aufgrund der inneren neurologischen Prozesse auch zahlreiche Konsequenzen bzgl. des Denkens, Verhaltens, der Probleme in der Kommunikation und also des Beziehungs- und Soziallebens.

„90 Prozent der Zeit reden Menschen aneinander vorbei." [144]

„Die Sprachlosigkeit der Paare, ihre Kommunikationskluft, gilt unter Psychotherapeuten als die größte Bedrohung, ja als Ursache des weltweiten Beziehungssterbens." [145]

Das Ausmaß dieser Problematik belegt sich nicht nur in der psychologischen Praxis, sondern nicht weniger in den Prozessen der historischen Entwicklung.

Mangels zureichender Sprach-Beherrschung kommt es am Ende der Eiszeit u.a. im Nahen Osten recht schnell zu autoritären und dann auch absolutistischen Systemen bis hin zu Despotien mit Harems, Sklaverei und sozialem Elend.

Dies führt auch schon recht bald zu Geister- und dann auch Schädel-Kulten, einem magizistischen Bewusstsein bis hin zu einem Hexen- und Teufels-Wahn, säkularisiert auch zu einem Hitlerschen „Juden"-Wahn.

Diese Problematik ist nicht passé. Wittgensteins Hinweis, wir seien von der Sprache >verhext< und hätten einen Drang, Sprache falsch zu verstehen, ist absolut berechtigt und eine immer noch akute Problematik, die sich in allen möglichen Hinsichten effektiv aufzeigen lässt.

---

[144] Aljoscha Long & Ronald Schweppe: Praxisbuch NLP, S. 178
[145] Michael Lukas Moeller: Die Wahrheit beginnt zu zweit, S. 15

7.1 Die Entstehung Tausender Sprachen

Das Ausmaß der >babylonischen Sprachverwirrung< zeigt sich an dem Aufkommen Tausender Sprachen, nach gängigen Schätzungen über 7.000 (höhere Zahlen entstehen, wenn manche >Dialekte< als eigene Sprachen gewertet werden).

Dieses Ausmaß erklärt sich nicht, wie gemeinhin gedacht, aus der Evolution von Sprache oder aus der eiszeitlichen Verbreitung von Homo sapiens über die Welt her.

Die eiszeitliche Sprache des Homo sapiens deutet mit ihrem „Buchstaben-System" auf der Basis der Lalllaute der Säuglinge, der Mythologie und Schulungen in der Jugend-Initiation auf eine Technik, die aus guten Gründen in dieser Form im humanevolutionären Prozess entwickelt und dann auch sorgfältig gepflegt wurde. Denn diese Sprache war die Grundlage und die Verfassung der kulturellen Existenz des Homo sapiens. Erst sie sicherte seine Kultur, seine gemeinschaftliche Kommunikation und die Verbindungen in dem übergreifenden allgemeinen Netzwerk der zeitlichen Verbände des Homo sapiens. Zumindest das Grundprinzip seiner Sprach-Anlage war überall das Gleiche.

Sicher werden nicht überall die gleichen „Wörter" gebraucht worden sein. Doch ob man nun *casa, Kate, Hütte, maison* oder *Villa* als Bezeichnung für seine Unterkunft benutzt, nicht das schuf die sprachlich-kulturellen Verständigungsprobleme (zumal diese Sachverhalte auch sinnlich ersichtlich waren), solange die Kultur, das Denken und auch die grundsätzlichen Prinzipien der Sprachanlage die gleichen waren.

Über welch große Ausdehnungen eine grundsätzlich gleiche Sprachform und Mythologie benutzt wurden, belegt sich noch in der Geschichte.

„Die Kunst der Anfänge [...] zeigt auf der ganzen Welt ähnliche Merkmale. Man hat angenommen, dass unser direkter Vorfahr nicht nur die Gewohnheit, Kunst zu produzieren, mit sich brachte, sondern auch eine bestimmte Art von Logik. Denn überall ist die Kunst nicht nur in ihrem Stil ähnlich, sondern auch in der Thematik und in der konstanten Assoziation von Ideogrammen und Bilderschriftzeichen, von Symbolen und Figuren, die eine Syntax bilden. Die einzelnen Figuren und Symbole sind die Grammatik, aber eine Sprache ohne Syntax kann man nicht entziffern. Deshalb war es eine visuelle Sprache, die auf der ganzen Welt ähnlich war. Wir finden bebilderte Wände mit den gleichen Bildern und den gleichen Assoziationen in allen Kontinenten. Im späten Pleistozän, das heißt vor 12.000 bis 15.000 Jahren [d.h. seit dem Ende des Pleistozäns] gibt es die ersten großen Unterschiede [...].“ [146]

„Alle Mythen sind, so kann man sagen, ungeachtet ihrer Unterschiedlichkeit darin gleich, dass sie sich auf verblüffende Weise an nahezu identische Muster halten.“ [147]

„Dass zahlreiche jüngere Jägerkulturen mit wesentlichen Zügen auf eine gemeinsame alte Wurzelkultur zurückgehen, darf jedenfalls als ausreichend wahrscheinlich gelten, mag im Einzelfall der Nachweis oft schwierig oder noch nicht möglich sein.“ [148]

„Dennoch gibt es erstaunliche Ähnlichkeiten schamanischer Ideen und Praktiken zwischen so weit voneinander entfernten Gegenden wie der Arktis, dem Amazonas und Borneo.“ [149]

---

[146] Emmanuel Anati: Höhlenmalerei, S. 401 f.
[147] Michael Jordan: Die Mythen der Welt, S. 9
[148] Karl J. Narr: Ursprung und Frühkulturen, in: Saeculum Weltgeschichte, Band 1, S. 76
[149] Piers Vitebsky: Schamanismus, S. 11

Zwei Beispiele weltweit verbreiteter Wortformen, die *Ruhlen & Bengtson* als >Urwörter< präsentieren [150] (m.E. aber in *dieser Form* auf das Mebuntu des Stämme-Rechts-Bundes von Göbekli Tepe zurückgehen; s. mehr in meinen Büchern zu *Mebuntu* sowie in CT = *Cûl Tura*)

<table>
<tr><td colspan="2">K'olo >Loch<   (CT 2b → K.3.4.2.1) - Höhle</td></tr>
<tr><td>hole</td><td>>Loch< im Englischen - Indogermanisch</td></tr>
<tr><td>kxolo</td><td>>Nüster; Nasenlöcher< in der südafrikanischen Khoisan-Sprachgruppe</td></tr>
<tr><td>kuli</td><td>>Anus< in nilosaharanischen Sprache Kanuri</td></tr>
<tr><td>kulkul</td><td>>Achselhöhle< in ostsudanisch Nandi</td></tr>
<tr><td>kolo</td><td>>Loch; Riss< im Finnischen</td></tr>
<tr><td>kul</td><td>>Höhle< im Koreanischen</td></tr>
<tr><td>akkul</td><td>>Achselhöhle< im drawidischen Tamil</td></tr>
<tr><td>kilikili</td><td>>Achselhöhle< im austrischen Tagalog [L-R-Parallele] >></td></tr>
<tr><td>kur</td><td>>hohl; ausschöpfen< im Japanischen</td></tr>
<tr><td>kor</td><td>>Höhle in der Erde< im sinotibetischen Westtibetisch</td></tr>
</table>

<table>
<tr><td colspan="2">MAKO >Kind<   (CT 2a → M.3.2.1.1)</td></tr>
<tr><td>maka</td><td>>Kind< auf Tamil, dravidisch (Indien)</td></tr>
<tr><td>maga</td><td>>männlich< auf Telugu, dravidisch</td></tr>
<tr><td>(sa-)mak</td><td>>Schwiegersohn< Burmanisch (Sinotibetisch)</td></tr>
<tr><td>mak</td><td>>Kind< in Jaqai (Südwestneuguinea)</td></tr>
<tr><td>maki</td><td>>junge Frau< auf ZuZi (indianisch Amerind)</td></tr>
<tr><td>make</td><td>>Sohn< auf Waikina (indianisch Amerind)</td></tr>
<tr><td>ma-make</td><td>>Junge< auf Coto (indianisch Amerind)</td></tr>
<tr><td>macc</td><td>>Sohn< im Altirischen sowie</td></tr>
<tr><td>magu</td><td>>Kind; Sohn; Mann< im Altenglischwn als Beispiele für das Indogermanische</td></tr>
</table>

---

[150] zitiert nach: Richard Rudgley: Abenteuer Steinzeit, S. 74 ff.

154

Im Grundsätzlichen kann hier mit Georg Soltz festgestellt werden:

> „>In der Horde herrschen die zentripetalen, in den Dörfern die zentrifugalen Kräfte<. Man kann ruhig behaupten, die *Sesshaftigkeit* und die damit verbundene Kulturentwicklung *differenzieren* eine Sprache, der Nomadismus dagegen wirkt *vereinheitlichend.* […]. Die schärferen Dialektgrenzen scheinen sich erst durch das Sesshaftwerden herausgebildet zu haben." [151]

Die Tendenz zu einem einheitlichen Sprachgebrauch ist sicher nicht nur auf das Nomadentum anzuwenden, sondern auch auf die eiszeitliche Kultur des Homo sapiens. Dies belegt sich auch in weltweit und von der Eiszeit bis in die jüngere Zeit verbreiteten Symboliken wie insbesondere die >Ur-Mutter< und die *STier/Kuh - DraCo-Drachen*-Symbolik.

Freilich versteht sich, dass die Umdeutung der eiszeitlichen Mythologie HS am Ende der Eiszeit, ihre Ablösung von der Sprache und ihr neuer Gebrauch die ursprüngliche Einheitlichkeit von Sprache und Kultur auflösen musste. Die unterschiedlichen Entwicklungen der Drachen-Mythologie und der Symbolik der >Ur-Mutter< sind angesichts ihrer ursprünglichen Zentralität wichtige Belege dafür.

Doch mehr noch hatte die neue historische Fundierung von Sprache auf dem Prinzip von Vokabular und Grammatik Konsequenzen. Mit der Ablösung von der Mythologie ging das entscheidende Organisationsprinzip der humanevolutionär entwickelten Sprache verloren. Wenngleich Sprache von Tradition getragen wurde, so schlugen doch die neuen Entwicklungen sowie Disflikte auch sprachlich zu Buche. So prägten sich zunächst verschiedene Sprachfamilien und mehr und mehr einzelnen Sprache heraus – Tausende und vermutlich zwischenzeitlich auch Zehntausende Sprachen.

---

[151] Georg Soltz, in: Anton Scherer: Die Urheimat der Indogermanen, S. 340

7.2 Mythologie, Weltanschauung u. Religion

Mit der Abspaltung der ursprünglichen Mythologie HS wird das Denken, Kultur und auch die Sprache nicht etwa rational. Das schlichte Gegenteil erweist sich als der Fall, was sich inzwischen in der historischen Entwicklung sehr gut verfolgen lässt.

Die ursprüngliche Mythologie war vielmehr in Entsprechung auf die neurologische und psychische Anlage des Menschen – auch in der kindlichen Entwicklung – angelegt. Da der Mensch nicht in der Art eines Roboters funktioniert, stellte sie überhaupt erst die Grundlage der Befähigung zu Selbst-Steuerung und von Kultur und/durch gemeinschaftliche Kommunikation. Dies setzte freilich als Erwachsener ein entsprechendes Verstehen voraus, dass es sich bei der Mythologie um eine Sprach-Funktion (unseres Denkens und Kommunizierens) handelt, wie es eiszeitlich auch in Form der Jugend-Initiation vermittelt, geschult und eingeübt wurde.

Dass man unter den Anforderungen der gigantischen Naturkatastrophen am Ende der Eiszeit nicht mehr hinreichend Zeit und Ruhe für diese >Jugend-Initiation< fand, wirkte sich recht schnell in einer mangelnden Beherrschung von Sprache und Kommunikation wie in einem Missverstehen der Mythologie und der Sprach-Symbolik aus. Hier wurden aus *Geist* recht bald *Gespinste, Gespenster* und regelrecht *Gespenstisches,* wie es sich sehr handfest belegt (s.u.).

Wie wenig man hier noch an Sprache und Kommunikation verstand, belegt sich an den sozialen Problemen, an dem Aufkommen von autoritären Führungsstrukturen wie an der Verselbständigung von einerseits Vokabular und Grammatik und andererseits der mythologischen Geschichten. All dies ist nicht bloß zeitlich, sondern von den neurologischen Gegebenheiten des Menschen auch strukturell als Zusammenhang zu sehen.

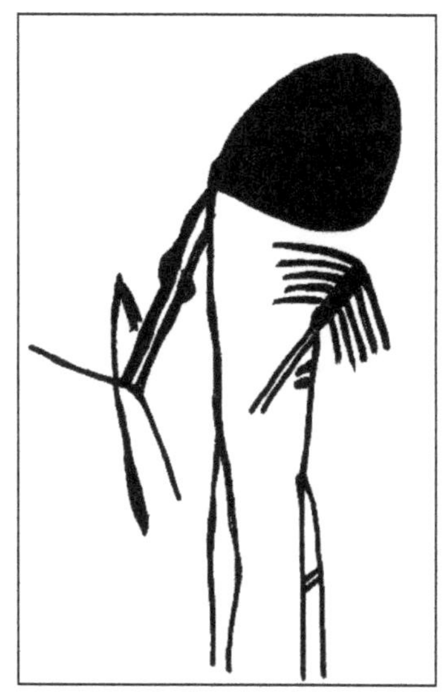 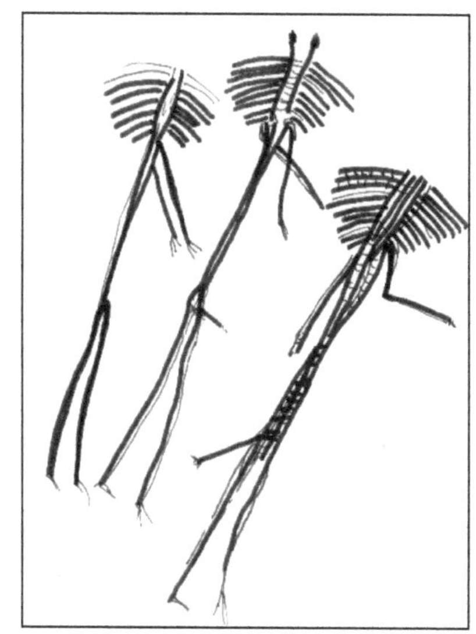

Felsmalereien und Geister-Darstellungen

Nachzeichnungen: links **Australien**: ein Mimi-*Geister*-Paar, die rechte Figur ist weiblich (Anati S. 373). Vgl. dazu rechts die Felszeichnung in **Tansania** (Anati S. 193). Auch die „Rundköpfe" (linke Figur linkes Bild) finden sich in der **Sahara** in der dortigen Kulturform der „Höheren Sammler".

Diese Darstellungen und Stilformen können durchaus als sehr spezifisch gesehen werden. Sie sind weder in Stil noch in den Inhalten paläolithischer Art. [152] *Die zudem betonten Kopf-Darstellungen dürften durchaus konzeptionell motiviert sein, dass ihre Entsprechungen nicht per se als Zufall abgetan werden sollten. Auch sie könnten in Wirklichkeit einen Status kennzeichnen, und es ließe sich an maskenartige Vermummungen (etwa aus Stroh- und Strauchbüscheln) denken – diese Techniken dienen genau wie die neuartige >Geister<-Mythologie und >Felskunst< der neuen sozialen >Steuerung<.*

---

[152] In Australien kommt ab 10.000 der neue „Sydney-Stil" auf, so: Emmanuel Anati: Höhlenmalerei, S. 396

7.2.1 Das Aufkommen der Geister-Kulte

Das Aufkommen des Motivs der >Geister< ist mit der Ära am
Ende der Eiszeit zu verbinden. Dies hat wohl schon in der eiszeitlichen Mythologie mit dem >Großen (Welten-) Geist<, mit
Trance, Schamanismus und einem entsprechenden Animismus
eine Grundlage. Doch geht es im Ursprünglichen im Eigentlichen um Zugänge zu der *eigenen* Bewusstseins-Verfassung, wie
es sich auch noch in entsprechenden Traditionen belegt; so etwa
um die Unterscheidung zwischen dem optischen Eindruck und
ihrer geistig-psychischen Bedeutung für die menschliche oder
seine kulturelle Existenz. Es zeigt das zutreffende Verstehen,
dass beim Menschen der Zugang zur Realität insgesamt erst
durch Sprache und das eigene Bewusstsein erschlossen wird.

„Wenn Schamanen von anderen Welten sprechen, meinen sie
nicht, dass diese von der Alltagswelt getrennt sind. Vielmehr
repräsentieren jene anderen Welten die wahre Natur der
Dinge und die wahren Ursachen der Ereignisse in dieser
Welt." [153]

„Nach schamanischem Denken ist >Geist< besser das >We-
senhafte< der Erscheinungen, das, was ein Tier zum Tier, ein
Werkzeug zum Werkzeug macht. Geist kann aber ebenso Bewusstsein bedeuten [...]." (ebd. S. 12)

Demgegenüber spiegelt sich das damals neuartige Aufkommen
des Motivs der >Geister< in entsprechenden Fels- und Höhlen-
malereien seit dieser Zeit.

---

[153] Piers Vitebsky, Schamanismus, S. 8

Neben der oben gezeigten Darstellung aus Tansania (→ S. 157)
finden sich solche Malereien auch in der Sahara und mit „über-
raschenden stilistischen und thematischen Ähnlichkeiten" auch
in Texas und Mexiko. [154] Dazu:

„Während das ikonographische Interesse der Primitiven Jäger [*z.B. der Eiszeit*] vor allem Tierdarstellungen galt, stellten
die Sammler oder >Rundköpfe< [*in der Sahara*] vorwiegend
Menschen dar. Etwa drei Viertel ihrer Darstellungen sind
anthropomorph, jedoch nicht notwendigerweise Menschen-
darstellungen. Sie zeigen Phantasiewesen, Gottheiten, Geister oder Ungeheuer einer Welt, die uns phantastisch erscheint
oder uns an die Masken eines grandiosen Puppentheaters erinnert. Häufig finden sich Ideogramme, die aber von der wis-
senschaftlichen Literatur meistens ignoriert wurden. Daneben gibt es Tierdarstellungen, die manchmal ebenso phantastisch sind wie die der Menschen. Die Charakteristika vieler
Bilder, die frei im Raum schweben oder Strahlen aussenden,
wurden von Psychiatern als Folge halluzinatorischer Zustände gedeutet.
[...]
Das Epos der Sammler, wie es auf wunderbare Weise von ihren häufig surrealistischen Bildern erzählt wird, ist voller
Halluzination, hermetischer Botschaften und einem Sinn für
Harmonie, der beim Betrachter Betroffenheit auslöst. Noch
immer strahlen sie eine geheimnisvolle Kraft aus." [155]

„Deren Künstler zeigen eine große Originalität des Stils und
der Ausdrucksmittel. Eindrucksvoll sind die Szenen mit mas-
kierten menschlichen Wesen, die tanzend an feierlichen Darstellungen, Riten oder mythischen Ereignissen teilnehmen.
Ebenso finden sich mythologische Szenen, die zu den kurio-
sesten Schöpfungen der ganzen Serie gehören. Viele der auf
diesen Felsen beschriebenen Aktionen zeigen große und wohl
organisierte Gruppen von Menschen [...].

---

[154] Emmanuel Anati: Höhlenmalerei, S. 196
[155] Emmanuel Anati: Höhlenmalerei, S. 180 f.

Anthropomorphe Wesen, übernatürliche oder imaginäre Geschöpfe dominieren bei diesen Tafeln voller Bewegung, die von einer großen Vielfalt der Symbole begleitet sind. Als einmaliges Phänomen sind bei derart sorgfältigen Darstellungen konsequent die Einzelheiten des Gesichts ausgespart, so als ob eine Art von Tabu die Darstellung verbieten würde.
[...]
Jagdszenen sind kaum vorhanden, und die verschwenderische Fülle der Früchte und Pflanzen lässt annehmen, dass die Natur die wichtigsten Nahrungsmittel lieferte. Die anthropomorphen und zoomorphen Gestalten, die monströs oder phantastisch sind, Wesen, die frei in der Luft schweben, und manche surreale Szenen könnten in einem Trancezustand geschaffen worden sein und darauf schließen lassen, dass diese Völker [*Kulturen*] häufigen Gebrauch von Drogen machten."
   (Anati: 195 f.)

„Beim Betrachten ihrer phantastischen Bilder gewinnt man fast den Eindruck, dass Kunst zu den wichtigsten Beschäftigungen ihres alltäglichen Lebens gehörte. Aus den Bildern können wir indirekt schließen, dass ihre künstlerische Aktivität sich auch auf andere Aspekte wie Musik und Tanz erstreckte und ebenso auf ihre komplexen Riten und Zeremonien. Wir erfahren aus ihren Bildern auch, dass das Kunstschaffen Themen mit einschloss, von denen es bislang keine direkten Zeugnisse gibt: die Herstellung und den Gebrauch von Masken und Tätowierungen, von Hals- und Körperschmuck und vielleicht von Mimik und >Theater< [...]." [156]

Es ist möglich, dass sich diese Vorstellungen von >Geistern< aus der Verselbständigung von mythologischen Geschichten ergaben. Vielleicht prägte sich daraus eine ganze Weltanschauung aus. Weltanschauungen sind ein Produkt einer unzureichenden Sprach-Beherrschung: wo Geschichten und Bilder nicht mehr als Phänomene von Sprache und/oder und der Arbeits-

---

[156] Emmanuel Anati: Höhlenmalerei, S. 180

160

weise unseres Gehirns erkannt werden. Wir brauchen wohl Vorstellungen und Geschichten bei einem tieferen Verstehen von Realität oder für (Planungen von) Vorhaben. Doch so sehr die Vorstellungen auch mit Phänomenen der äußeren Realität in Verbindung stehen mögen, sind sie doch Sachverhalte der sprachlich geprägten Gehirnaktivität. Es ist von grundlegender Bedeutung, diese Unterschiede zu verstehen und zu erfassen.

Freilich ist es ebenso möglich, dass diese Malereien Symboliken und ein inneres Erleben der Traum-Zeit zum Ausdruck bringen, was vielmehr mit Riten und sonstigen Kontexten der neuen Sozialorganisation in Verbindung steht.

Von Anfang an diente die neue Art von Mythologie mit der Ablösung der ursprünglichen Mythologie von Sprache der neuen Sozialorganisation. Dies ist bereits bei der neuen Konzeption namens >Stamm< der Fall. Im obigen Kontext ist sowohl sachlich als auch von der Verbreitung eher anzunehmen, dass sie, wie auch in Australien, mit der Verbreitung oder einer Weiterentwicklung des mittelmesolithischen Stämme-Rechts-Bundes in Verbindung stehen. Es könnte sich um Rituale und Feiern bei Treffen von den zugehörigen Vertretern der Verbände oder Stämme handeln, wo vielfältig Drogen oder Alkohol zwecks >Inspirationen< oder Ritus (auch als Zugang zu den >Geistern< [157]) zum Einsatz kamen.

Doch kam es auch bald dahin, die >Geister<-Kulte als Formen seiner Geheim-Organisation einzusetzen, wo es zu Problemen in seiner Sozialorganisation kam.

„Den Nyau-Gesellschaften [*in Afrika*] kommt bis heute eine enorm wichtige Rolle bei der Sozialisation zu, die mit geheimen Praktiken und Initiationsriten zusammenhängt. [...] Später erfuhren wir, dass dieser Clan glaubte, der Geist von Namalenga, der Muttergöttin, die auch Göttin der Fruchtbar-

---

[157] ich sah einen solchen Brauch vor kurzem in einem Film über die heutigen Nachfahren der Inkas

keit ist, wohne in dieser Höhle, weshalb man Nicht-Initiierten den Zutritt verwehrte. Viele Höhlen gelten noch heute als heilige Orte, deren Betreten verboten ist. Hier werden Initiationsriten gelehrt, hier treffen sich Geheimgesellschaften des Nyau-Stammes, oder sie gelten als der Wohnort von Geistern, die niemand ungestraft betreten darf." [158]

Es kommt zu einer Tradition, wo Tabu-Gebiete für seine Sozialorganisation eingerichtet werden. Diese Tabu-Gebiete werden mit aufgestellten Steinen oder Pfählen markiert.

„Wenn du den Stein da oben siehst, das ist eine Warnung!
jallala, so wie der da steht
... solche Steine nennen wir *jallala.*
Wenn jemand das Gesetz bricht und da reingeht
das wird er bereuen ... das ist *jallala.*" [159]

Es deutet sich dabei an, dass man bei einem unbefugten Betreten der Tabu-Gebiete sein Leben riskieren würde. [160] Doch nach der von diesem System verbreiteten „Mythologie" geht diese Lebensgefahr nicht etwa von seiner Sozialorganisation, sondern von den >Geistern< aus, die an diesen Orten hausen würden. Die Behauptung von >Geistern< gehört also – in dieser Form historisch neuartig! – zu der Technik dieser neuen Organisation. So schützen die >Geister< diese Tabu-Gebiete und die aufgestellten Steine, wie diese Steine und die Tabu-Gebiete die >Geister< dieser Geheimdienste schützen.

Die Entwicklung dieser Organisationen stützt sich dabei auch auf einen auf den Kopf gestellten Gebrauch der ursprünglichen Mythologie und der Jugend-Initiation. Die Geschichte vom >Osterhasen< hatte nicht die Funktion, die Kinder in die Irre zu füh-

---

[158] Emmanuel Anati: Höhlenmalerei, S. 235
[159] in: Jeff Doring: Gwion Gwion, S. 261
[160] „So wurde dem Wunan [*Recht*] durch die Einführung der Todesstrafe Macht verliehen [...]." Jeff Doring: Gwion Gwion, S. 167

ren, sondern ihnen in ihrem Bewusstsein zu entsprechen. Nun aber werden solche mythologischen Geschichten dazu verwendet, die Vorstellungen seiner >Geister< zu anzulegen. Die Jugend-Initiation dient hier nicht mehr der Aufklärung und der emanzipativen Ablösung von Es und Über-Ich hin zu dem sich nun selbst steuernden erwachsenen Ich. Hier werden die Kinder noch vor der Geschlechtsreife Prozeduren mit Gewalt und Geister-Inszenierungen (mit Flöten als >Geisterstimmen<, mit Masken usw.) unterzogen, die sicherlich auch Trauma-Effekte hatten. Auf jeden Fall sollte hier vor der aufkommenden Ablösung vom Über-Ich die Über-Ich-Autorität der Sozialorganisation erst recht in der Persönlichkeits-Anlage verankert werden (oder die Unterwerfung unter die soziale Über-Ich-Autorität als Erwachsenwerdung – Emanzipation begriffen werden).

Auf diese Weise breiten sich die Vorstellungen von >Geistern< organisatorisch, weltanschaulich, sprachlich und psychisch immer weiter aus. Dies lässt sich an den historischen Befunden wie auch an den >Mythologien< nachvollziehen.

Mit dem Späten Mesolithikum kommt es im Raum Jericho zu der Weiterbildung der Ahnen-Kult-Kultur mit Schädel- und Toten-Kult, wo sich die eine weltanschauliche Vorstellung einer „Toten-Welt" ausprägt (s folgende Seite zu >Hades<). Das Alte Ägypten wird sich das >Irdische< mit seinen ausufernden Jenseits-*Vorstellungen* und entsprechenden Kulten ruinieren usw.

Auf das Thema Religion werde ich noch einmal zurückkommen (→ 8.2). Hier möchte ich mich mit der Aussage begnügen, dass, wo Sprache nicht verstanden wird, auch nicht von einem Verstehen von Religion die Rede sein kann. Dies gilt sowohl für das positive wie für das negative Verhältnis zu >Religion< und den >Religionen<. Allerdings sind etliche Missverständnisse schon lange in den Traditionen verwurzelt (s auch den nächsten Abschnitt), dass sich entsprechende >Anhänger< von dort her im Recht fühlen.

Ein Beispiel für die geistig-sprachliche Verselbständigung

Ursprüngliche Mond-Zyklus-Symbolik – Übertragung auf Toten-Kult
(>heilig< für das Gebiet der Grabstätten seiner Ahnen) – Kultstätten -
Kopplung mit der Zeugung von Nachwuchs – Leben nach dem Tod

Hades

<table>
<tr><td>chadasch חדש</td><td>hebräisch >neu<, >erneuern<, davon:</td></tr>
<tr><td>chodesch</td><td>hebräisch >Neumond<, als Fest gefeiert</td></tr>
<tr><td>gadisch גדיש</td><td>hebräisch 1. >Garbenhaufe<, 2. >Grabhügel<</td></tr>
<tr><td>qadasch קדש</td><td>hebräisch die Wortwurzel für >heilig<, so</td></tr>
<tr><td>qadasch</td><td>hebräisch >rein, geheiligt (von den Kriegern);
durch Blutbesprengung; dem
Heiligtum [Tempel, Kult] verfallen<</td></tr>
<tr><td>qiþus</td><td>gotisch >Bauch, Mutterleib< (Duden 7 > Quaddel)</td></tr>
<tr><td>qadesch</td><td>hebräisch für die >Tempeldiener< (m und fem.)
(= „Tempelprostituierte")</td></tr>
<tr><td>Kadesch</td><td>altägyptische „Göttin des Liebeslebens"</td></tr>
</table>

_______________ wohl ursprünglich aus Kultstätten in Ortsnamen:

<table>
<tr><td>Qedesch</td><td>(3 x im alten Israel)</td></tr>
<tr><td>Qart Ḥadašt</td><td>(Wikipedia >) Karthago, Qart >Stadt<</td></tr>
<tr><td>Ḳarti-ḫadasti</td><td>keilschriftlich für eine Stadt auf Zypern</td></tr>
<tr><td>Cadiz</td><td>in Spanien als phönizische Gründung</td></tr>
<tr><td>kēdos</td><td>griech. >Sorge; Trauer; Leichenbestattung< *</td></tr>
<tr><td>hatis</td><td>gotisch = aengl. hete, schwed. hat = *</td></tr>
<tr><td>Hass</td><td>[* nach: Duden 7, Hass]
– bezeichnende Bedeutungsentwicklung, vgl. die
Parallelen Alp - Albe, Elfe) und Mahr (- Mutter)</td></tr>
</table>

Auszug aus K.3.4.4.3 >(Grab)Kammer, Haus< in Band 2 b
meines Werkes *Cûl Tura*

7.2.2 Das magizistische Denken

„Zusammenfassend können wir nun sagen: das Prinzip, welches die Magie [...] regiert, ist das der >Allmacht der Gedanken<."

Siegmund Freud: Totem und Tabu, S. 136

Das magizistische Denken hat seinen Ursprung in geistig-neurologischen Kurzschlüssen im Verhältnis von Sprache und Realität, die entstanden, wo man den Sachverhalt der Mythologie und Sprache nicht mehr als Sprache begriff.

Insgesamt ist das Aufkommen des magizistischen Denkens auf das Ende des Epipaläolithikums als Auslöser der Mesolithischen Revolution anzusetzen. Das Aufkommen der Geister-Kulte zeigen bereits eine fortgeschrittene Entwicklung dessen.

Ein Aspekt des magizistischen Denkens ist, dass man Mythologie nicht mehr als Mythologie verstand. Mythologie ist, wie erklärt, im Ursprünglichen die neuropsychogrammatische Entsprechung unserer sprachlich geprägten neurologischen Strukturen, wie es sie als Bilder, Geschichten und Denkmodelle insgesamt für Kommunikation, unsere Selbst-Steuerung und sozial als Kultur für ein fähiges Sozialleben braucht.

So ist etwa die Schöpfungs-Mythologie in Hinsicht auf *unsere Einstellung* in Bezug auf das Leben, die Welt, die Lebewesen und die Mitmenschen von Bedeutung. Denn dass man der Natur, den Lebewesen und dem Menschen Respekt *zuspricht* und man von *daher* Würde *erlebt,* ist nichts, was sich von sich aus oder aus der Physik und Biologie erklärt und aufkommt, sondern eine Sache der Entwicklung von Bewusstsein und des Verstehens ist, was es für ein fähiges Sozialleben und das Erleben an Lebens-Qualität braucht. Denn ohne dies bleibt alles ein *Mittel* des Egos und kommt es zur Zerstörung der Umwelt, zur Vermüllung der Landschaften, zu Morden und Kriegen bis zur Massenvernichtung, wo Menschen einem Machtwahn im Wege stehen.

Wie aufgeklärte Kulturen wie im Indianischen noch wissen, [161] geht es bei der Schöpfungs-Mythologie nicht um eine Art einer naturwissenschaftlichen Erklärung der Entstehung des Welt-Alls und des Lebens: nicht um das, was *an sich* >ist<, sondern wie *wir* uns am *besten* zum Leben *verhalten*.

Diesen Unterschied kann das magizistische Denken nicht erfassen. Es ist von seinem Wollen bestimmt und setzt Sprache, sein Denken oder die mythologischen *Geschichten* mit der äußeren >Realität< gleich (wie der Rationalismus auf der hominiden Ebene von Vokabular und Grammatik in Produktion und Dienstleistung stecken bleibt und das auch noch bei dem heutigen Ausmaß für „*Hoch*kultur" hält).

Insgesamt gibt es verschiedene Formen von Magizismus, nicht nur die religiöse Form, sondern auch den technizistischen Magizismus in Politik, Technik und Ökonomismus, den so genannten >Machbarkeits-Wahn<. Er ist davon gekennzeichnet, ohne Zugang zur >menschlichen Persönlichkeit< alles für eine Frage der „richtigen Technik/en" oder von Aktivismus zu halten. Im Weiteren wäre noch zwischen dem subjektivischen und dem objektivischen Magizismus zu unterscheiden. Spielen bei dem subjektivischen Magizismus psychopathologische Hintergründe eine Rolle, erklärt sich der objektivische Magizismus aus der Übernahme tradierter magizistischer Aktivitäten, Vorstellungen und Vokabeln (MaGa > *Magie* - „Macht" usw.). Darüber wäre im Näheren ein eigenes Buch abzufassen. Insgesamt ist die gängige >Weltanschauung< davon betroffen. Doch spielt in diesem Kontext auch das Verständnis von Sprache als bloßem Sachverhalt

---

[161] Ein Beispiel: „Unter den großen weltanschaulichen [!] Unterschieden zwischen indianischen Stammesreligionen und Christentum besteht der größte wohl in der Ansicht der Schöpfung. Für das [*fundamentalistische*!] Christentum ist die Schöpfung vor allem ein spezifisches Ereignis, während die indianischen Stammesreligionen sie als Zustand, als Ökosystem an einem bestimmten Ort sehen. [...] Die Stammesreligionen sehen bei allen weiteren religiösen Betrachtungen in erster Linie die Verwandtschaft aller Dinge. [...] Der Anfang und das Ende der Zeit sind für die Stammesreligionen ohne Bedeutung." Vine Deloria Jr.: Gott ist rot, S. 65

von Vokabular und Grammatik eine Rolle. Hierbei sind in Grammatik und vielfältigem Wortmaterial magizistische Momente aus der Geschichte eingelagert, wie auch das *Fehlen* bzw. eine mangelnde Klärung der ursprünglich in Form der eiszeitlichen Mythologie organisierten übergreifenden Sprachzusammenhänge in der Gesellschaft und der Sozialisation solche Effekte schaffen.

Am deutlichsten ist der Magizismus in den historischen Formen von „Religion" zu erkennen. Man versucht, mit Riten, Opfern und einer bestimmten Form von >Gebeten< den Willen der vorgestellten Götter zu seinen Gunsten zu beeinflussen, wie etwa die Mayas dann auch mit zunehmenden Menschenopfern die Götter zu bewegen versuchten, ihnen bei der z.T. selbst verschuldeten Austrocknung ihres Landes mehr Regen zu spenden.

Von seinem vollen Durchbruch im Neolithikum an ist die magizistische *Weltanschauung* die Ursache des Aufkommens der ökologischen Probleme: in der Missachtung der Grenzen und der Würde der Natur und der Realität sowie der Tiere und des/der Menschen. Zeigt hier das Mesolithikum noch arge Hemmungen, so ist mit dem Neolithikum alles dem *Kult* um eine „Mutter Erde" (*MaGa – Magie – machen - Macht*) unter den aus Schaman/innen mutierten Zauber-Priester/innen unterstellt.[162] Mit der neuen weltanschaulichen *Vorstellung* eines „Lebens nach dem Tod" ist das Verheizen von Frauen durch ständige Geburten, von Tieren und Menschen in Arbeiterei (bis zur Sklaverei), Krieg oder als „Opfergaben" kein Problem mehr. Mit diesem Kult beginnt die volle Domestikation von Umwelt, Pflanzen, Tier und Mensch.

Wohl leitet sich das, was bei uns bei aller Christianisierung gemeinhin immer noch unter >Religion< verstanden wird, aus der neolithischen Tradition der Priester/innen-Herrschaft ab. Doch erklärt sich diese Entwicklung nicht wirklich aus >Religion< im

---

[162] „Dieses professionelle Zaubertum ist [...] eine Wurzel des Priestertums." Friedrich Heiler: Erscheinungsformen und Wesen der Religion, S. 372

eigentlichen Sinn (→ 8.2). Die neue magizistische Weltanschauung mit ihren Kulten und der sozialen Führung von Priester/innen als dem Ergebnis der Neolithischen Revolution hat darin ihre Ursache, dass man den entstandenen sozialen und kulturellen Konflikten im Nahen Osten nach dem Ende der Sozialorganisation von Göbekli Tepe insgesamt nicht mehr anders Herr wurde und diese neue neolithische Form die erfolgreichste war.

Auch wenn diese Form vor allem mit >Religion< assoziiert wird, so ging es in ihr in erster Linie um die soziale Organisation. Religion, Politik, Produktion und Wirtschaft sind eine ganze Ära eins und haben in der zivilisatorischen Entwicklung mit Wirkung bis zur heutigen Zeit den effektiv gleichen Ursprung.

> „Dabei scheint es Allgemeingut der Kulturen zu sein, dass Staat und Gesellschaft religiös fundiert sind, d.h., ihre Ordnungen gelten nicht als etwas von Menschen zu einem bestimmten Zweck Geschaffenes, sondern als >Satzungen< vorgegebener und heiliger Art: sie sind [*vorgeblich!*] ein Stück Religion." [163]

„Im [Buch] *>Gotteskomplex< habe ich die Hypothese ausführlich zu belegen versucht, dass unsere Zivilisation wesentlich durch magische Allmachtsideen und die Unterdrückung infantiler Ohnmachtsphantasien geprägt ist."*
Horst Eberhard Richter [164]

Das Problem des Magizismus begründet sich nicht aus der >Religion<, sondern aus dem mangelnden Verstehen und Beherrschen von Sprache und seinen historischen Folgen, die mit der neolithischen Ideologie und Weltanschauung eine neuartige Dimension annahm.

---

[163] Eberhard Otto, in: Saeculum Weltgeschichte, Band 1, S. 10
[164] Horst Eberhard Richter: Zur Psychologie des Friedens, S. 53

7.3 Ideologie, Wörter und Grammatik

*„Da die Grammatik einen maßgeblichen Einfluss auf unser
Denken ausübt, wollen wir uns im Folgenden ausführlicher
mit ihrer Entstehungsgeschichte beschäftigen.“* [165]

Ein Sprachsystem auf der bloßen Basis von Vokabular und
Grammatik suggeriert reine Funktionalität und Logik, etwas, das
frei von Weltanschauung und Ideologie wäre. Auf der Stufe der
Hominiden war dies tatsächlich der Fall – weil hier Sprache neurologisch noch eine reine Großhirn-Funktion war, da sie in der
genetischen Verhaltens-Steuerung der Tier-Stufe eingebettet
war.

Doch angesichts der (kulturalen) Anlage des Menschen zur
Selbststeuerung ist Sprache von den neurologischen Zusammenhängen immer mit der kulturellen Dimension verbunden, auch
wenn dies nicht bewusst ist und nicht aktiv bestimmt wird. Als
die einzige Form, die die notwendigen Zusammenhänge zwischen Sprache und Kultur zu entwickeln vermochte, ohne sich
dabei in Weltanschauung, Ideologie oder Technokratie zu ver-
stricken, erscheint die humanevolutionär entwickelte Sprache
des Homo sapiens mit ihrer Art von Mythologie in Verbindung
mit einer entsprechenden >Jugend-Initiation< (Aufklärung und
Ertüchtigung zu einer emanzipativen Selbständigkeit).

Selbst wenn bei unseren historischen Sprachformen Vokabular
und Grammatik frei von Weltanschauung oder Ideologie wären
– was real jedoch nicht als Möglichkeit erscheint –, würden sich
von den neurologischen Zusammenhängen in Denken und Kom-

---

[165] John McCrone: Als der Affe sprechen lernte, S. 178

munikation dennoch weltanschauliche Vorstellungen und Ideen an den Sprachgebrauch anheften. Selbst wenn die Sprache an sich rein rational und logisch wäre, wie etwa beim Computer eine Struktur aus Nullen und Einsen, ergäbe dies keinen rationalen Sprach*gebrauch*. Gerade die Abspaltung von Sprache (auf die bloße Oberflächenstruktur von Vokabular und Grammatik) von ihrem eigentlichen Inneren als der Verbindung zu den entscheidenden neurologischen Steuerungsbereichen band Sprache in Anlage und im menschlichen Denken und Verhalten an die neue Sozialmythologie an.

So könnte man rein theoretisch unsere >Wörter< als eine Art mathematischer Chiffren wie x und y oder zxy begreifen. Tatsächlich hat ein Wort wie >Frieden< in sich selbst keinen zureichenden Inhalt. Insofern ist es eine Frage der gesellschaftlichen Verhältnisse, wie dieses Wort >assoziiert< wird. Selbst wenn die Bundeswehr den Begriff >Frieden< in den 1970er für ihre Funktion in Anspruch zu nehmen versuchte, war er in Deutschland bis zu den 1990er Jahren eher militär- und systemkritisch assoziiert. Doch hatte schon George Orwell nicht ohne Grund eine der drei politischen Hauptparolen von >1984< >Krieg ist Frieden< lauten lassen und darunter auch ein paar interessante Aussagen ausgeführt.

Angesichts der kulturalen Anlage des Menschen ist eine Sprache aus lediglich Vokabular und Grammatik semantisch nicht wirklich zureichend bestimmbar und steuerbar. Eine solche Sprachform steht zwischen dem Einfluss der tradierten Vergangenheit und den vorherrschenden Einflüssen, die sich derzeit recht bunt aus Politik, Wirtschaft, Medien, Technologien, Moden usw. zusammensetzen.

Insofern können Wörter sowohl Ideologeme als auch im Grunde entleerte Hüllen in der Art von zxy wie auch beides gleichzeitig sein.

7.3.1 Ideologie und Wörter

Bestimmte Wörter sind von ihrer historischen Prägung her in sich effektive Ideologeme. Dies gilt etwa für den Begriff >*Wehrpflicht*<. Wie Hitler die „Wehrpflicht" (- *wehren*!) einsetzte, sollte beredt genug sein. Tatsächlich aber griff der ältere Begriff >Militärdienstpflicht< schon damals zu kurz, weil die „Wehrpflicht" rechtlich auch den Kriegseinsatz im Krankenhaus, in der Rüstungsindustrie, aber auch insgesamt in allen gesellschaftlich relevanten Bereichen umfasst.

Doch auch so gewohnte Wörter wie >Mann< und >Frau< sind tatsächlich Ideologeme (das zeigt sich auch schon an ihrer etymologischen Herkunftsgeschichte, waren beide früher keine Geschlechtsbegriffe). Anders als bei den Tieren erfasst dies beim Menschen in dieser Form nicht die tatsächliche Realität. Die menschliche Biologie läuft nicht auf eine geschlechtlich bestimmte Identität hinaus, sondern auf das Individuum und seine Selbststeuerung.

Das Problem dieser inzwischen gut 12.000 Jahre alten Geschlechtsideologie belegt sich bei uns auch in dem >grammatischen Geschlecht< wie etwa *der* Rhein – *die* Donau. Dies geht in *diesem* Fall auf eine frühere Kontroverse zwischen den matriarchalen und den patriarchalen Kulturformen zurück, die aus der frühgeschichtlichen Geschlechtsideologie resultierten. Diese frühgeschichtliche Geschlechtsideologie wird schon über das grammatische Geschlecht und den Wörtern >Mann< und >Frau< bis heute mit effektiver Konsequenz weitertransportiert.

Apropos: es ist völlig illegitim, die eiszeitliche Symbolik der >Ur-Mutter< in Wortform und den „Venus-Figuren" im Sinne der frühgeschichtlichen Geschlechtsideologie zu deuten. Sie steht vielmehr (wie *the* „Mond-MutterVater") für >Ursprung, Leben, Welt; Menschsein, Kultur; Geist, Bewusstsein, Liebe< etwa entsprechend der ursprachlichen Reihung *Mond – Mensch – mein/Minne* - engl. *mind* (dt. in *mahnen, meinen*).

7.3.2 Grammatik

„Grammatik und Verknüpfungswörter, die die moderne Spra-
che kennzeichnen, sind für eine Verständigung nicht unbe-
dingt erforderlich." [166]

„Da die Grammatik einen maßgeblichen Einfluss auf unser
Denken ausübt, wollen wir uns im Folgenden ausführlicher
mit ihrer Entstehungsgeschichte beschäftigen." [167]

Die ursprüngliche Entstehung von Grammatik ist mit der Evolution von Sprache an sich zu verbinden. Schon bei dem Ein-Wort-
Gebrauch, ersichtlicher bei den Zwei- und Drei-Wort-Sätzen
ergibt sich angesichts der linearen Arbeitsform der sprachlichen
Nervenprozesse auf jeden Fall vom *Strukturellen* her die Ebene
von Grammatik, etwa von der Wortstellung her. Die >Wörter<
entstehen aus der inhaltlichen Füllung der Lautformen, Grammatik aus der formalen Verknüpfung der Wörter und Gedanken.

Die ursprüngliche Form von Grammatik wäre demnach (nach
den erkennbaren Hinweisen) wie in folgendem Satz anzunehmen (englische Formen *kursiv*): „ich geh (*go*) in *one* Woche
nach *the fine* Haus von *the* Familie *of my* Frau/Mann zu *the big*
Hochzeit-Feier von *my* Schwester".

Dies ließe sich beliebig verlängern, ohne dass ein Verstehens-
Problem aufkäme. Nur weil es hier keine Flexion gibt, kann
nicht gesagt werden, dass da keine Grammatik bestünde. Die
Grammatik ergibt sich durch die Wortstellung wie durch grammatische Wörter (*von, hin, zu, da, der* usw.). Die grammatische
Logik ist durch die Konvention bestimmt, das Übrige wird direkt
benannt. Falls *vier Woche* unklar sein sollten, ließe sich dies statt
dem Plural *Wochen* z.B. auch als *vier mal Woche* (*vier Blatt Pa-*

---

[166] John McCrone: Als der Affe sprechen lernte, S. 171
[167] John McCrone: Als der Affe sprechen lernte, S. 178

pier) formulieren. Die meisten Sprachen arbeiten auch in dieser Weise, unsere indogermanische Pluralform ist eher die Ausnahme (und nicht einmal einheitlich, vgl. allein nur englisch *weeks* – dt. *Wochen*).

Dass es am Ende der Eiszeit zu einer neuen Form von Grammatik kam, dürfte zuerst seine Ursache darin haben, dass Sprache nicht mehr nur wie bis dahin in direkter Kommunikation eingesetzt wurde, sondern in Verbindung mit seiner übergeordneten Organisation zu einer selbständigen Form wurde. Kommunikation war hier nicht mehr wie bis dahin eine direkte Interaktion, wo man >miteinander redete<. Sie wurde zur Teilnahme an einem übergeordneten Sozialprozess, wo man in erster Linie gemeinsam >über etwas< redete.

Vor allem seit dem „internationalen" mittelmesolithischen Stämme-Rechts-Bund von Göbekli Tepe, wo man über weite Entfernungen zu koordinieren versuchte, entstand wohl auch der Bedarf, Entscheidungen nicht der persönlichen Auffassung des Übermittlers zu überlassen, sondern in der möglichst originalen Beschlussform mitzuteilen. Dies setzte bei dem damaligen Sprach-Umbruch eine neue Standardisierung voraus. In diesem Zusammenhang wird die Technik der Agglutination auffällig.

In Teilen dürfte diese Technik nichts Neues bedeutet haben. Doch unterscheidet sie sich von der vorausgehenden Sprachform durch ihre Formalisierung. Die Reihenfolge der Wörter und die Art der Angaben für einen nunmehr >korrekten< Satz wurden hier nun festgelegt. Wie später die Schreiber der Verwaltung, könnte es hier eine Schulung der Boten (als Stammes-Vertreter) gegeben haben, die die Beschlüsse in den neuen Standards >sprachlich korrekt< übermitteln und vertreten konnten, wie wir dies ähnlich in der Diplomatie und im juristischen Bereich kennen.
Die Entstehung der Flexions-Sprache stellt sich als eine Weiterentwicklung der Agglutination dar. Im semitischen Hebräisch deutet sich an, dass die >Fälle< des Verbs aus dem Anhängen des Pronomens entstanden, quasi in der der Art >geh-ich, geh-du, geh-sie, gehen-ihr< usw., wie es zuerst als Agglutination er-

folgte. Es ist interessant und auch ein bedeutsamer Anhalt, dass die Flexion das gemeinsame Merkmal der indogermanischen und der semitisch/afroasiatischen Sprachfamilien sind.

> „Dass Indogermanisch und Hamito-Semitisch (*heute Afroasiatisch*) in irgendeiner Weise näher zusammengehören, ist sicher. Der allgemeinste Sprachbau dieser beiden großen Sprachgruppen in Wortbildung, Flexion und Syntax ist sehr verwandt; vor allem sind sie die einzigen Sprachen der Welt, die voll flektierend sind und die eigenartige Erscheinung des grammatischen Geschlechts besitzen. Dazu kommt eine bedeutende Anzahl glaubhafter Wortgleichungen." [168]

Hierbei bieten sich auch weitere Hinweise, die nahelegen, diese Entwicklung mit Göbekli Tepe in der Ära von 8800 – 8000 v. Chr. zu verbinden.

Davon möchte ich im Nachfolgenden drei Momente aufgreifen, die von besonderer Bedeutung waren und immer noch sind: das grammatische Geschlecht, die Subjekt–Objekt-Struktur und nicht zuletzt das Stammformen-System wie z.B. *schwimmen – schwamm – geschwommen.*

Die sexistische Problematik der Vokabeln >Mann< und >Frau< wird bei den frühen sumerischen Schriftzeichen (rechts) bestens erkenntlich. Das obere Zeichen steht für >Mann< und stellt nach den Auffassungen entweder einen Oberarm (für Arbeitskraft) oder einen Penis dar. Mit der Beifügung >Berg< bedeuten sie >Sklave< bzw. >Sklavin<, suchte man sich offenbar in den Bergen seine diesbezügliche >Beute<.

---

[168] Ernst Meyer, in: Anton Scherer: Die Urheimat der Indogermanen, S. 280

7.3.2.1 Das grammatische Geschlecht

„Dass Indogermanisch und Hamito-Semitisch [*heute >Afro-asiatisch<*] in irgendeiner Weise näher zusammengehören, ist sicher. [...] vor allem sind sie die einzigen Sprachen der Welt, die voll flektierend sind und die eigenartige Erscheinung des grammatischen Geschlechts besitzen." [169]

Was das grammatische Geschlecht angeht, kommen in dieser Form noch das Nordkaukasische [170] und das Sumerische [171] hinzu. Dies verweist auf die Entstehung im Nahen Osten, wohl insbesondere auf den Kontext des Stämme-Rechts-Bundes mit dem Sitz in Göbekli Tepe. Zeitlich kann hierbei die Phase um 8.800 v. Chr. angesetzt werden. In den vorausgehenden Zusammenhängen ist das grammatische Geschlecht noch nicht vorhanden. Die nachfolgende Phase bis 8.000 v. Chr. ist mit der Ausbildung des Flexionssystems und dem gemeinsamen Ursprung des Indogermanischen und des Semitisch-Afroasiatische zu verbinden.

Die Ausprägung der Geschlechtsideologie dürfte bereits im nahöstlichen Epipaläolithikum mit der Heiratspolitik entstanden sein. Dies bildete sich im Mesolithikum mit den Formen der Jugend-Initiation etwa mit der männlichen Beschneidung und der männlichen Verpflichtung bei Kriegseinsätzen („Wehrpflicht") zu Geschlechtsrollen aus. Dies erklärt sich mitnichten aus der Evolution. Die humanevolutionäre Entwicklung bestand in der Ablösung von der genetischen Verhaltensanlage hin zu Persönlichkeit und der persönlichen Selbst-Steuerung und -Bestimmung. Wohl mag eine kriegerische Betätigung von Natur her von der Tendenz her eher dem männlichen Geschlecht zuzurechnen sein. Doch gibt es dies beim Menschen von Natur her auch

---

[169] Ernst Meyer, in: Anton Scherer: Die Urheimat der Indogermanen, S. 280
[170] Anton Scherer: Die Urheimat der Indogermanen, S. 302
[171] Gábor Zólymomi: Sumerisch, in: Michael P. Streck: Sprachen des Alten Orients, S. 11

bei Frauen (auch je nachdem, wie weit Frauen von kriegerischen Aktivitäten betroffen sind), wie sich bei Männern auch Tendenzen zu Pazifismus oder aber auch an Feigheit finden. Die gesetzlichen Formen von „Wehrpflicht" sind von je her geschaffen worden, weil von einer Beteiligung aller Männer an Kriegseinsätzen gerade nicht ausgegangen werden kann, und entsprechend werden Verweigerungen hoch bestraft, in Kriegssituationen ggf. mit *grausamen* Todesstrafen.

Insgesamt kann die Ausprägung normativer Geschlechtsrollen auf das Mesolithikum angesetzt werden. Die Ausprägung des grammatischen Geschlechts ist als deren Folge einzuschätzen. Dies setzt bereits eine hohe Verinnerlichung der neuartigen Geschlechtsrollen voraus. Von der Heiratspolitik her prägt sich auch eine Vorstellung einer >weiblichen Linie< (von >Eva< her) und einer >männlichen Linie< aus, was sich auch mit bestimmten Symboliken belegt. Dies zwar entsprechend ursprünglich wohl als >gleichwertig< gedacht, aber dennoch der Ursprung des Sexismus-Problems. Es verschärft sich dadurch, dass die beiden Rollen in der historischen Entwicklung ungleichwertig werden. Im Neolithikum kommt dem Gebären das Primat zu, dann mit den aus dieser expansiven Entwicklung entstehenden inneren und externen Disflikten zunehmend die Krieger-Rolle, mit deren Primat das patriarchale System (insbesondere unter einem nunmehr männlichen Sonnen-Gott) folgt.

Skandinavische Felszeichnung

Aus dem gleichen Kontext entstammt auch das grammatische Phänomen des **Dualis**, einer eigenen Form von Plural im Kontext von >Paar, zwei<. Dies ist als Ausdruck einer entsprechenden (Ehe-) Paar-Ideologie (bei einem prinzipiellen Zwang zur Heirat und zur Nachwuchs-Zeugung) zu sehen. Der Dualis findet sich im Indogermanischen und im Semitisch-Afroasiatischen, aber nicht (mehr?) überall.

7.3.2.2 Das Stammformen-System

Ein historisch überaus wirkmächtiges grammatisches Moment, das so arglos und als bloße Grammatik erscheint, ist unser **Stammformen-System** wie *schwimmen – schwamm – geschwommen* (starke Flexion) oder *machen – machte – gemacht* (schwache Flexion).

Wirklich verständlich wird dies durch ihre anzunehmende historische Voraussetzung: nämlich der eigentlich *kulturellen* Konzeption *Perfekt – Unperfekt* (*Imperfekt*) der spätmesolithischen Ahnen-Kult-Kultur. Diese Konzeption findet sich sprachlich über ganz Afrika verbreitet sowie im Hebräischen (Sprache der Bibel) und damit in dem Gebiet, woher diese Konzeption zu stammen scheint (Raum Jericho).

In dieser Auffassung ist das „Perfekt" (= *Samani* in Suaheli s.u.) absolut wortwörtlich zu verstehen, als nämlich der mit den Urahnen verbundene perfekte Ursprungszustand der Schöpfung, auf den die gesamten kulturellen Bemühungen des >Unabgeschlossenen< = „Imperfekten" („Sasa") ausgerichtet sind. An sich kann dies als direkte Ableitung aus der ursprachlichen Mythologie und Kulturauffassung gesehen werden, doch entwickelt dies hier völlig neue Konsequenzen.

„Jedes afrikanische Volk hat seine eigene Geschichte. Diese Geschichte schreitet >rückwärts< von der Sasaperiode [= *Imperfekt*] ins Samani [= *Perfekt*], vom Augenblick intensiven Erlebens in den Zeitraum, den nichts durchmessen kann. Im traditionellen afrikanischen Denken gibt es keinen nach >vorwärts< orientierten Geschichtsbegriff, demzufolge die Geschichte einen zukünftigen Höhepunkt oder dem Ende der Welt entgegenstrebt. [...] Mithin kennen die afrikanischen Völker keinen Fortschrittsglauben [...]
Die allgemeine Blickrichtung ist zum Samani hin, denn dieses enthält die Grundlagen des Sasa, deren Kenntnis zu einem besseren Verständnis der Gegenwart unerlässlich ist. Das Samani ist nicht erloschen, sondern mit Ereignissen und Tätigkeiten angefüllt. Es enthält die Antworten auf viele Fragen, die die Menschen stellten: über die Schöpfungsgeschichte, den Ursprung des Todes, die Entwicklung ihrer Sprache und Sitten und das Werden ihrer Stammesweisheit. Das >Goldene Zeitalter< liegt im Samani, und nicht etwa in der äußerst begrenzten oder überhaupt nicht existenten Zukunft. [...]
Die afrikanischen Völker leben in der Erwartung, dass die Menschheitsgeschichte im ewigen Rhythmus des Übergangs vom Sasa zum Samani fortdauert. Nichts lässt darauf schließen, dass dieser Rhythmus je ein Ende nimmt; die Tage, Monate, Jahreszeiten und Jahren folgen endlos aufeinander, wie auch der Rhythmus von Geburt, Hochzeit, Zeugung und Tod unendlich weiter schwingt." [172]

Diese an sich völlig konservativ und sogar rückwärts ausgerichtete Ahnen-Kult-Kultur, die im Raum Jericho ihren Ursprung hat, wird in der gängigen Archäologie nicht ohne Grund als Ursprung der historischen *Fortschritts*-Entwicklung gesehen. Genau aus diesem Widerspruch entstand auch das damalige Problem. Die konservativ motivierte Auffassung hatte *expansive* Konsequenzen. Dies ergab sich daraus, dass man in den besonders ausgeprägten Notstandsgebieten seine ganze Energie auf die Nachwuchs-Produktion ausrichtete, die eine entsprechende Nahrungs-Produktion notwendig machte und zu einer expansi-

---

[172] John S. Mbiti: Afrikanische Religion und Weltanschauung, S. 29 - 31

ven Ausbreitung führte. Daraus ergaben sich offenbar vor allem mit den nördlich von Göbekli Tepe ansässigen „Indogermanen" Disflikte.

Dürfte dies bereits am Ende des Frühen und dann wieder am Ende des Mittleren Mesolithikums ein Vorspiel gehabt haben, so scheint es um 8.000 v. Chr. zu einem endgültigen Bruch zwischen den nördlich von Göbekli Tepe ansässigen Indogermanen und den südlich von Göbekli Tepe ansässigen Semiten gekommen zu sein, die von der Ahnen-Kult-Kultur (wie auch von der männlichen Beschneidung) geprägt waren.

Die schon bescheidenere zweite (Bau-) Phase von Göbekli Tepe (8.800 – 8.000 v. Chr.) dürfte anders als zuvor nur noch von den großregional umliegenden Verbänden betrieben worden sein. Mit dieser Phase ist die spezielle Weiterentwicklung zur Flexionssprache zu verbinden, die das Indogermanische und das Semitisch-Afroasiatische gemeinsam haben. Doch um 8.000 v. Chr. enden die Bau-Tätigkeiten auf dem Göbekli Tepe – hier kommt es im Bruch zu der nunmehr getrennten Weiterentwicklung zum Indogermanischen und zum Semitisch-Afroasiatischen.

Dieser Disflikt stellt sich auch als Hintergrund des Stammformen-Systems aus Präsens – Imperfekt – Perfekt dar. An sich bestanden hier zwei völlig entgegengesetzte Konzeptionen: die aus Perfekt – Imperfekt und die wie ursprünglich noch immer absolut auf die Gegenwart (Präsenz) bezogene Kultur im nördlichen Hinterland. Doch ließ sich dieser Disflikt nicht auflösen.

So kam es mit der Zeit zu – auch unterschiedlichen – *sprachlichen* Vermischungen der beiden Konzeptionen. Mit der Erweiterung um das Präsens war der eigentliche Effekt der rückwärts orientierten Konzeption aus Perfekt – Imperfekt gebrochen. Von daher war es nun im Norden akzeptabel, die Stammformen-Konzeption zu gebrauchen.

Doch tatsächlich hatte sie auch den Effekt, den Sinn der ursprünglichen Konzeption aus Perfekt – Imperfekt auf den Kopf zu stellen. Wohl verband sich mit der ja an sich rein grammatischen Konzeption aus *Präsens – Imperfekt – Perfekt* keine Fortschritts-Ideologie (in Wirklichkeit wollte die Neolithische Revolution hinter die Ahnen-Kult-Kultur zum Ursprünglichen zurück, wie es die paläolithische Symbolik von Çatal Höyük zeigt). Ein Futur ist darin auch nicht enthalten.

Dennoch entfaltete diese Konzeption in Verbindung mit der Neolithischen Revolution ihren Effekt. Ich sehe in den geistigen Folgen dieser grammatischen Konzeption auch den Auslöser der Neolithischen Revolution.

In dieser sprachlichen Konzeption trat hier in dieser Form erstmalig die zeitliche Verortung zentral in das Bewusstsein, etwa in der Art: ursprünglich gab es hier nur Wildtiere, letztes Jahr umfasste unsere Rinder-Herde ein Dutzend Tiere, jetzt sind es schon zwei Dutzend, und unsere Hütten sind nun auch schöner. Ein interessanter und bedeutsamer Hinweis verknüpft sich mit der Wortbildung neolithisch MaGa in *machen*, lat. *magis* >mehr< (Magen - *mehren* wie in *mac* >Junge<, ahd. *magad* >> Magd > Mädchen), keltisch *magen* >Feld< (in *Dormagen, Remagen* usw.).

Auch wenn es gar nicht als Fortschritt in unserem Sinn gedacht war, so entfaltete das grammatische Konzept der Stammformen-Reihe mit seiner zentralen grammatischen Ausrichtung auf die zeitlichen Prozesse der historischen Entwicklungen und auf die Gegenwart seines eigenen >Machens< eine deutlich erhöhte Aktivität und Expansivität. Dies verstärkte sich durch die Konzeption von Subjekt – Objekt.

180

7.3.2.3 Zum Subjekt – Objekt-Schema

Auch die in Teilen durchaus spezielle grammatische Konzeption von **Subjekt – Objekt** spielt eine bedeutsame historische Rolle.

Interessant finde ich in diesem Kontext die Ausführungen von Joachim-Ernst Berendt, der jedoch aus dem Bereich Musik und nicht der Linguistik stammt.

> „Unser westlicher Logik-Begriff ist nicht zuletzt durch die westlichen Sprachen konditioniert. Es kann kein Zufall sein, dass die aristotelische Logik im alten Griechenland entstand, also in der Sprache, die das Subjekt-Objekt-Denken, das all unsere westlichen Sprachen trägt, zum ersten Mal klar ausprägt und gleich damals so großartig und bildhaft realisiert hat wie keine spätere. C.F. v. Weizsäcker spricht von der >Sprachbezogenheit der Denksysteme der großen Kulturen<. Er weist darauf hin, >dass die Philosophien ... eng mit den grammatischen Strukturen ihrer Sprache zusammenhängen. Das Subjekt-Prädikat-Schema der aristotelischen Logik entspricht der grammatischen Struktur des griechischen Aussagesatzes.< Bereits Nietzsche merkte an, dass sich die >wunderliche Familienähnlichkeit< westlichen Philosophierens >einfach genug< erkläre: nämlich durch die >unbewusste Herrschaft und Führung durch gleiche grammatische Funktionen.<
> Demgegenüber bewegt sich das chinesische und japanische Sprachdenken nicht geradlinig vom Subjekt mit Hilfe des Verbs auf das Objekt zu, es umkreist seinen Gegenstand und kreist ihn ein, bis er – und das setzt ein *inneres* Geschehen voraus – genauso präzisiert ist wie die Gegenstände in unseren wesentlichen Sprachen, ja Kenner meinen: Er ist dann sogar noch stärker präzisiert, weil er nicht einfach >objektiviert< wird, sondern Subjekt und Objekt in ihm >eins werden<, Aktiv und Passiv zusammenfallen.

Das beginnt – eindringlich genug – mit dem Ich, dem >Subjekt aller Subjekte<. Die japanische Sprache hat zehn verschiedene Möglichkeiten, es auszudrücken – was freilich nicht dazu führt, dass der Reichtum dieser Möglichkeiten genutzt wird, im Gegenteil: sie werden unterdrückt [!]. Und nicht nur das Ich, das Subjekt, sondern auch das Du, das Objekt, wird vermieden. Keine Japanerin wird ihrem Geliebten sagen: Ich liebe dich. Sie sagt: >*Aishiteru*<. Zu Deutsch: Lieben. Das >Ich< und das >Du< wird nicht benötigt, es bildet eine Einheit im >Lieben<. Nicht einmal eine entsprechende Endung am Verb ist erforderlich.
[…]
Wir bemerken: Das Eins-Werden, das Zen fordert, ist sprachlich vorgeprägt. Einem Menschen, der diese Sprache spricht, muss es sehr viel leichter fallen, >Eins-Sein< zu erreichen, als jemandem, der von Kind auf durch seine Sprache dazu erzogen wird, auch den einfachsten Vorgang in Subjekt, Prädikat, Objekt auseinander zu nehmen." [173]

Diese Hinweise sind bedenkenswert. Doch ist auch anzumerken, dass die chinesische und die japanische Tradition sehr stark von der Ahnen-Kult-Kultur geprägt sind, die aufgrund der Probleme an der Sicherung ihrer Verhältnisse und also eher nicht am Individuum, an Personalität und Authentizität interessiert war. Sicher ist das Subjekt von der Herrschafts- und Ego-Perspektive in unserer Sprach-Kultur zu sehr betont und herausgehoben. Doch im Kontext von Liebe finde ich die Formulierung >Ich liebe Dich< als Bekenntnis und personale Ausrichtung gut und wichtig, geht es in diesem Kontext nicht (nur) um einen gemeinsamen (Psycho- Hormon-) Trip, sondern um die Zuwendung zu einem unaustauschbaren Du, zu der man sich bekennt. Darin bringt Sprache, sofern es tatsächlich in dieser Form gemeint ist, eine neue Qualität gegenüber dem Nichtsprachlichen ein, da es Auskunft über die innere Einstellung zu geben vermag (wenn es dafür verwendet wird).

---

[173] Joachim-Ernst Berendt: Nada Brahma – Die Welt ist Klang, S. 60; 62

Interessant finde ich hier die sich andeutende Technik der eiszeitlichen Sprache HS. Denn es scheint, dass die ganzen Personalpronomen von einer der sechs Grundformen mit der Erstbedeutung >Mutter< und der Grundbedeutung >Mensch< ausgehen. Schon die Grundform wird sowohl für >Mutter< als auch das >Kind< (auch für >Vater< und alle Nähe-Personen) gebraucht und wäre demnach (in diesem Zusammenhang) besser mit >Liebes, Schätzchen< zu übersetzen.

Als Beispiel für diese Ableitung sollen die Ausgangsformen *Amma (Amme, ama >Liebe<) – MaMa – Memme* (>Baby<) und hier nun ihre Laut-Parallele *Anna – NaNa - Nanny, nene* >Kind< usw. aufgenommen werden (beachte auch *anna = an = nah*). Vor allem unter *N finden sich weltweit Personalpronomen, so etwa Gondi (dravidisch, Indien) *āna, nānna* >ich<, *ŋa* protosinotibetisch >ich<, *náá* Hausa West (Afrika) >ich<, *nu* Quiche-Maya >mein< - - *na* Tauya (Neuguinea) >du<, *nu* elamisch >Du<, *ne* Tauya (Neuguinea) >er, sie, es< - - *ani* hebräisch >ich<, *an* etruskisch >er, sie<, dt. in *uns* (= lat. *nos*), *ihn, ihnen (- innen, an.* S. dazu mehr in *Cûl Tura* II, N.0.3).

Das bedeutet, dass eine der Ausgangsformen in der Erstbedeutung >Mutter< und der Grundbedeutung >Mensch< je nach Konvention zum Wort für >ich<, für >du< oder auch für >wir< wird. Die Ausgangs-Assoziation >Mensch/Mutter – Liebe – nah< bleibt dabei ursprachlich HS immer erhalten und definiert damit auch die Assoziationen der Personalpronomen. Das >Ich< ist hier als >Mensch-Sein< und nicht wie später als >Herr sein; machen - Macht; Ego – Eigen/tum; sich eignen, Nutzen, Leistung bringen< gedacht.

Diese ursprüngliche Bedeutung entspricht auch unseren heutigen psychologischen Einsichten. Das >Ich< entsteht erst in dem Erwerb der Befähigung zu seiner Selbst-Steuerung, zu Kommunikation und einer personalen Interaktion, wie es ursprünglich in der >Jugend-Initiation< geschult und geübt wurde.

Ansonsten ist das >Ich< eine bloße durch Sprache geprägte **Vor-stellung** in tatsächlichen Identifikationen mit Rollen, Status und verinnerlichten (>Über-Ich<) oder automatischen Verhaltens-Mechanismen (>Es<). Entsprechend ist das Ego nur eine soziale *Behauptung* eines „Ichs", die tatsächlich aus dem *Mangel* an Ich entsteht.

Bezeichnend dafür ist der Begriff >Subjekt<. Denn er besagt in sich das Gegenteil dessen, als er besagen soll: nämlich >Unter-worfener< (*sub!*).

Genau aber dies hebt das Macht-Streben nicht auf, sondern be-gründet(e) es. Daraus ergab sich in Verbindung mit dem Stamm-formen-System:

„Ein Volk [*richtig: eine Sprachkultur*], ruheloser, tatkräfti-ger, rücksichtsloser als die meisten anderen, von denen wir wissen, hatte die Basis gewonnen, von der aus es den größten Teil der Welt erobern sollte.

Nachkommen der Indogermanen errichteten das Weltreich Alexanders des Großen, das römische Imperium, das briti-sche Empire, das spanische Kolonialreich, besiedelten Nord- und Südamerika, durchdrangen von Russland aus ganz Sibi-rien, kolonisierten Afrika und schufen die meisten der weni-gen Staaten, die heute über den Reichtum der Erde verfügen."[174]

---

[174] Gerhard Herm: Die Kelten, S. 131 f.

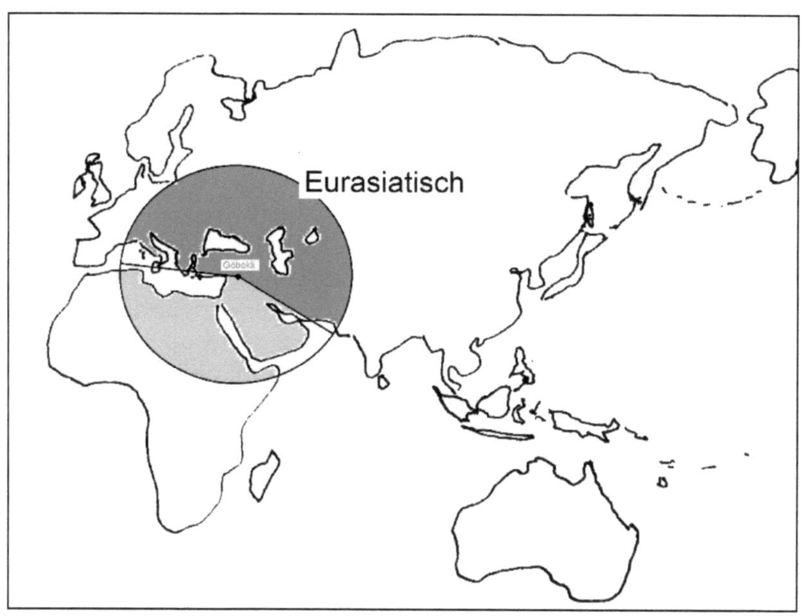

Grobes **Schema**: die Ausprägung der **Flexionssprache** in der gemeinsamen Vorform vor dem Indoeuropäischen und dem Semitisch/Afroasiatischen ist auf die Ära ab 8.800 v. Chr. mit dem Zentrum Göbekli Tepe anzusetzen, ab 8.000 v. Chr. die Spaltung (weitere andersartige Sprachkontexte in diesem Raum sind damit nicht ausgeschlossen, aber vor 8.800 v. Chr. abgespaltene kleinere Stammes-Traditionen):

Hellgrau   Ausprägungsbereich des **Afroasiatischen**
Dunkelgrau Ausprägungsbereich des **Indogermanischen**

7.4 Zur herkömmlichen Etymologie

Viele Probleme in der kulturgeschichtlichen Entwicklung und in der Aufnahme von älteren Traditionen sind daraus entstanden, dass man sie mit seinem Selbstverständnis einer neueren Sprach- und Realitätsauffassung aufgenommen hat und auch noch immer aufnimmt. Man unterstellte Sprachsymboliken einen unsymbolischen Sinn (z.B. der Schöpfungsmythologie) und einem rechtshemisphärischen Wortsinn einen linkshemisphärischen Sinn (z.B. bei >Geist< → 8.2). Insgesamt lässt sich jedoch feststellen, dass die ursprüngliche Sprache bis in die späte historische Zeit hinein subjektivisch-kulturell-psychologisch und nicht objektivisch-physikalistisch angelegt war und also zu verstehen ist. Das ist vor allem bei den religiösen Tradierungen von Bedeutung.

Das betrifft etwa auch die Vokabel >Welt<. Wenn jemand in seiner >eigenen Welt< lebt, meint dies nicht, dass er auf einem eigenen Planeten lebte. Der Begriff >3. Welt< besagt nicht die Auffassung, dass es drei von Menschen bewohnte Planeten gäbe. Das in der Bibel meist mit >Welt, Erde< übersetzte griechische Wort *kosmos* hat die Erstbedeutung >Schmuck< (von daher auch *Kosmetik*), und es ist schlecht, *Kosmos* und >Erde<, *Kosmetik* und *Kosmologie* zu verwechseln. Das Wort >Weltall< hat mit der Moderne fast das Gegenteil seines ursprünglichen Sinnes >Welt-Alles< oder eher >Welt-Ganzes< angenommen. >Welt< umfasste hier die >Unterwelt< und >Oberwelt, Himmel< und meinte ursprünglich eine Entsprechung zu >Unterkörper< und >Oberkörper<, etwa das Verhältnis von Biologie/Natur zu Bewusstsein/Kultur. Das zugrunde liegende Modell meinte nicht im Geringsten, dass die >Erde< eine Scheibe wäre (die Germanen kannten nicht die Angst, bei ihren Seefahrten von der >Scheibe< zu fallen) – diese Vorstellung entstand erst aus der modernen Sprachauffassung und der >Verwissenschaftlichung< der *mythologischen* Modelle.

186

Ähnliche Probleme sind in der Deutung historischer Überlieferungen (etwa auch der Bibel) wie im ethnologischen Bereich entstanden, etwa im Verständnis von Schamanismus und dem ursprünglichen Animismus. So setzt Freud in der Tendenz seiner Zeit etwa Animismus und Magizismus gleich. Es trifft wohl zu, dass es *historisch* auch in animistischen Traditionen zu einem Durcheinander mit magizistischen Auffassungen kam. Doch bei einer wirklichen Auseinandersetzung ist zu sehen, dass der ursprüngliche Animismus das genaue Gegenteil zum magizistischen Denken war. Er war entsprechend der eiszeitlichen Tradition ein höchst aufgeklärtes Denken, das Sprache und Denken gerade nicht mit Realität verwechselte, sondern Sprache als *Sprache,* sein Denken als *sein Denken* und sein Leben als seinen *Umgang* mit der Realität begriff. Die Sprache war folgerichtig nicht objektivisch-physikalistisch (pseudo-physikalisch) angelegt. Die objektivisch-physikalistische Sprachauffassung ergab sich erst, als sich das Bewusstsein mit Vokabular und Grammatik eher nur noch auf Dienstleistung und Produktion ausrichtete.

Wie ausgeführt, steckte diese Tendenz von Anfang an in der historischen Entwicklung und ihrer neuen Sprachkonzeption. Eine neue Dimension entstand hier im Gefolge der Neolithischen Revolution in der Spaltung zu einer magizistischen Realitätsauffassung und einem Praktizismus-Faktizismus (*Materie* leitet sich tatsächlich von *Mater* von der **religiösen** Weltanschauung des *Kults* um >Mutter Erde< ab. Dass die moderne Physik zu dem Ergebnis kam, dass >Materie< eine *Vorstellung* (*Bild, Symbol, Denkmodell*) ist, kann gar nicht verwundern).

Diese Spaltung nahm im Alten Orient eine neuartige Größenordnung an. Doch bleibt hier zu beachten, dass die altorientalische Sprachform noch gänzlich von Symbol**ismus** bestimmt und durchzogen ist (von hier aus kann man zu höchst unterschiedlichen Deutungen der altorientalischen *Symbolik* kommen, da die Symbolik das eine ist, ihre Auffassung und praktische Konsequenz das *ggf. sehr* andere. Die Symbolik kann durchaus überaus spannend und immer noch relevant sein (→ 8.2), doch ist sie in einer magizistischen Praxis eingebunden. Das gleiche Problem stellt sich in Bezug auf die heutige Theologie im Verhältnis zur religiösen und kirchlichen Praxis).

Mit dem Ende des Alten Orients geriet diese Problematik dort endgültig aus dem Gefüge. Von dort her betrachtet war das neue Realitätsverständnis der griechischen Antike auf der Basis einer objektivisch-physikalistischen Philosophie (richtiger: Sophistik) und Sprachauffassung von großer Bedeutung und soweit auch sehr produktiv. Dieser Schritt wiederholt sich bei uns vom Mittelalter (mit etwa keltischem und germanischem Einfluss) auf die >Moderne<, kaum zufällig insbesondere nach dem 30jährigen (Religion-) Krieg 1618 – 1648. Höchst bemerkenswert und bezeichnend ist dabei die Rolle der Philosophie von Descartes bzw. ihre Deutung und Verwendung.

Ich muss hier gestehen, dass ich als jemand, der von der Historiologie herkommt, einigermaßen fassungslos war, als ich bei meinen historischen Studien die etymologischen Wörterbücher heranzog. Sie erwiesen sich gänzlich von der modernen Sprachauffassung bestimmt, die in dieser Form erstmalig mit der griechischen Antike aufkam. In ihnen steht entsprechend die Vokabel *STier* für nichts als >Stier<, *STern* für >Stern<. Rein gar nichts ist hier von der älteren Symbolik von *STier* und *STern* gesehen, die noch am Ende des Alten Orients gängig war. So bedeutet etwa altägyptisch *k'* (~ *ka*) >Stier< auch >Persönlichkeit, Lebenskraft, Lebensgeist(er)<. [175]

Dass *STier* und *STern auch* Symboliken für >Gott< waren, gerät hier nicht in den Blick. Das sumerische Zeichen >Stern< kennzeichnet bei Namen einen Gott. Bei [a]*STer*[n] [engl. *star,* griech. > *Astro-nomie*] dürfte es sich zumal um das gleiche „Wort" wie *Ischtar* als der mesopotamischen Hauptgöttin handeln. Entsprechende Symboliken finden sich auch im alten Indien und also auch in den altindischen Formen des Indogermanischen. Dass *STier* und *STern* von dem gleichen Symbolkomplex ausgehen und eine Parallele zu *MaTer* (*Mond= Ur=Ochse/Kuh= Gebär-*) „Mutter" sind (→ S. 101 f. und griech. *mētrā = hystérā =* [lat.] >*UT*erus<), liegt hier von vornherein jenseits des Verständnisses der herkömmlichen Etymologie.

---

[175] Rainer Hannig: Großes Handwörterbuch Ägyptisch-Deutsch, S. 872

Das Problem der gängigen Etymologie und Linguistik bzgl. des Indogermanischen erklärt sich darin, dass diese Konzeption bereits in den 1860ern in allen Einzelheiten ausgearbeitet war. Von der heute ersichtlichen Geschichte und Bedeutung des Alten Orients war damals noch kaum etwas bekannt, und man hielt seine Sprachauffassung der Moderne damals noch für absolut selbstredend, dass man meinte, das Altgriechische (zusammen mit dem antiken Altindisch) in seinem Sinn auf eine höhere Geschichte des Ursprungs des Indogermanischen zurückprojizieren zu können. Die etymologischen Werke sind wohl für die Zeit *ab der Antike* noch immer einigermaßen brauchbar und hierbei auch eine bedeutsame Grundlage für historische Studien, doch in Bezug auf das Vorausgehende im Grundlegenden in dieser Form fast in allen Hinsichten unhaltbar, auch für das Verständnis der Geschichte des Indogermanischen selbst.

Diese Problematik betrifft jedoch nicht nur die Indogermanistik. Immer wieder zeigt sich, dass linguistische Konzeptionen in historischer Hinsicht nicht zureichend informiert sind (ein übliches Problem der heutigen Hyperspezialisierung).

Dazu möchte ich hier abschließend ein Beispiel aufnehmen. Immer wieder meint man, gleichartige Wörter für die Zahlen von 1 bis 10 als Anhalt für eine Sprachfamilie und entsprechende sprachliche Verwandtschaften aufnehmen zu können. Doch kamen Peter Damerow, Robert K. Englund und Hans J. Nissen in ihren Studien über >Die ersten Zahldarstellungen und die Entwicklung des Zahlbegriffs< u.a. zu dem Ergebnis, dass es noch im Alten Orient keine kontextunabhängigen Zahlzeichen und Bezeichnungen gegeben habe und ein abstrakter Zahlbegriff [*wieder einmal*] erst um ca. 500 v. Chr. in der griechischen Antike aufkam. Alles in allem:

„Es scheint mithin, als seien Strukturaussagen über ideelle Objekte und damit auch die Ausbildung des Begriffs der Zahl der griechischen Antike vorbehalten geblieben." [176]

---

[176] in: Berthold Riese: Schrift und Sprache, S. 111

*„Beim schreiben dieses buches, dessen inhalt hierzulande
überfällig ist, bin ich wort und wort und begriff um begriff an
der vorhandenen sprache angeeckt. [...] Die sprache versagt,
sobald ich über neue erfahrungen berichten will. [...]
beziehungen, beziehungs-schwierigkeiten, mechanismen,
sozialisation, orgasmus, lust, leidenschaft – bedeutungslos. sie
müssen durch eine neue beschreibung ersetzt werden, wenn ein
neues denken eingeleitet werden soll. jedes wort muss gedreht
und gewendet werden, bevor es benutzt werden kann – oder
weggelegt wird."*

Verena Stefan: Häutungen, S. 3 f.

*„Sprache, mein Problem ist Sprache, es ist nicht meine
Sprache. […] Ich habe keine Begriffe mehr für die Menschen
um mich herum. Sinnlos gewordene Bezeichnungen: mein
Mann, meine Freundin. Unterscheidungen, die nicht mehr
stimmen. Arbeit. Ich arbeite immer. Nie arbeite ich nicht. Ein
anderes Wort für Leben."*

Anja Meulenbelt: Die Scham ist vorbei, S. 8

8 Zur Auflösung der >babylonischen Sprachverwirrung<

Die Auflösung der >babylonischen Sprachverwirrung< beginnt damit, das Problem der Bewusstseins- und Kommunikations-Kurzschlüsse in den Blick zu bekommen. Sie haben ihren Ursprung in der Meinung, Vokabular und Grammatik wären bei uns Homo sapiens bereits vollgültig Sprache. Entsprechend ist ein bloßes >Reden< nicht schon das, was bei uns Homo sapiens unter >Kommunikation< zu verstehen ist.

Es gilt zu sehen, dass Sprache von den neurologischen Gegebenheiten bei uns Homo sapiens deutlich komplexer liegt, als es bei der bloßen Wahrnehmung des uns angeborenen Bereichs von Vokabular und Grammatik und in der im antiken Griechentum entstandenen Sprachauffassung erscheint, die bei uns nach dem Mittelalter wirksam wurde.

Deswegen soll hier noch auf zwei neurologische Hauptbereiche eingegangen werden, die in Bezug auf ein Verstehen von Sprache bei uns Homo sapiens eine fundamentale Rolle spielen.

Das Entscheidende einer wirklichen Sprachbeherrschung besteht bei uns Homo sapiens in einer sozial und menschlich hinreichenden Befähigung zu wirklicher Kommunikation. Dies ist mit einer Bewusstseins-Entwicklung entsprechend der human-evolutionären Ablösung von der genetischen Verhaltenssteuerung verbunden.

Neurologisches Modell des Kommunikations- und Bewusstseins-**Kurzschlusses**

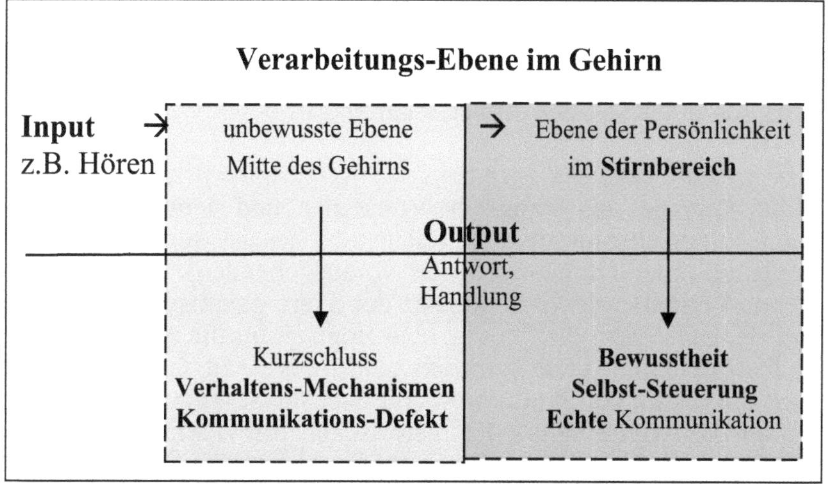

Dieses stark vereinfachte Modell soll den neurologischen Kommunikations- und Bewusstseins-Defekt veranschaulichen: eine Antwort oder Verhaltensreaktion setzt in Mechanismen bereits vor der eigentlichen Persönlichkeits-Ebene ein. Hierbei bleibt nicht nur die Persönlichkeits-Ebene des/der Anderen unerfasst, sondern vor allem auch die eigene.

Das Modell zeigt auch, dass das Erlernen wirklicher Kommunikation nicht nur in Hinsicht auf seine Beziehungen förderlich ist. Da hierbei einiges auf seine Bewusstseins- und Verhaltensmechanismen aufmerksam macht, hilft es auch, bewusster zu werden, sich selbst wahrnehmen und verstehen zu lernen und damit mehr an Leben und den tatsächlich eigenen Absichten verwirklichen zu können. Dies ist im Grunde gar die *Voraussetzung* für wirklich gute Beziehungen.

8.1 Zur Wiederentwicklung von Sprache

Ich sehe sehr wohl eine Notwendigkeit einer Wiederentwicklung dessen, was von der Anlage unserer Art Homo sapiens erst wirklich unter Sprache zu verstehen ist.

Eine Sprache aus lediglich Vokabular und Grammatik ist menschlich absolut nicht zureichend. Dies ist sprachlich die Stufe der (der Humanevolution vorausgehenden) Hominiden, deren Verhalten noch in der Art der Tiere genetisch gesteuert wurde. Diese Sprach-Stufe ist neurologisch für die menschliche Selbst-Steuerung nicht wirklich qualifiziert. Mit ihr verknüpft sich die Ebene von Produktion und Dienstleistung, und darin ist schon das „Geheimnis" der historischen Entwicklung geklärt, und auch das, was dies in Bezug auf die historische Entwicklung besagt.

Dass es nicht bereits schlimmer als bislang geworden ist, erklärt sich gesellschaftlich daraus, dass wir unter der Hand *emotional* und *kulturell* noch über manche Relikte aus der älteren Tradition, an Formen von Bildung und Kultur und seit einiger Zeit über einige Rekonstruktionen im psychologischen Verstehen verfügen, in denen wir die Problematik unserer sprachlichen Anlage zumindest in einigen Momenten kompensieren können. Doch der Trend zu der Entwicklung von Produktion und Dienstleistung ist alles andere als Zufall und erklärt sich mitnichten allein aus der Ökonomie.

Schon in den 1830er wurde (schon vor Marx) erkannt, dass sich unsere ökonomischen Probleme aus dem *Überangebot* an Produktion und Dienstleistung erklären. Wenn man bei dem Überangebot wegen den entsprechend niedrigen Löhnen und Einkünften aus etlichen Produkten mehr arbeiten und produzieren muss, schafft das gesellschaftlich nicht die Lösung, sondern einen Teufelskreis mit den schon damals erkannten Folgen, die sich historisch voll und ganz bewahrheitet haben. Und wenn man den finanziellen Überschuss in die falschen Bereiche steckt, wie etwa in Protz, bedeutet dies eine weitere Steigerung des Problems und das Vertun von den an sich vielen vorhandenen Chancen, wirkliche Lösungen und echte Lebens-Qualität zu schaffen.

Auf jeden Fall gilt es zu erkennen, dass sich die historischen Probleme im Wesentlichen aus den Problemen einer unzureichenden Sprach-Anlage und Beherrschung von Sprache und Kommunikation erklären. Eine Selbst-Steuerung, Kommunikation und Demokratie ist auf der bestehenden Basis über einige Momente hinaus keine sichere und perspektivische Möglichkeit. Das viele politische und sonstige Predigen ist eher Ausdruck dieser Problematik als ein Ansatz der Lösung.

Die Entwicklung von dem, was erst wirklich unter Sprache bei Homo sapiens verstanden werden kann und muss, bleibt also *von unserer neurologischen Anlage her* eine höchst entscheidende Forderung, wenn wir nicht, wie die Hominiden, an diesem Problem scheitern wollen.

Hier aber eine Kunstsprache wie etwa *Esperanto* als Lösung sehen zu wollen, ginge an dem eigentlichen Problem vorüber. Denn das Problem verknüpft sich mit der Anlage von Sprache in lediglich Vokabular und Grammatik, und dies wird nicht mit nur anderem Vokabular und einer anderen Grammatik gelöst. In dieser Hinsicht können wir uns glücklich schätzen, mit der sprachtechnisch recht einfachen Anlage des Englischen eine tendenzielle >Weltsprache< zur Verfügung zu haben. Man sollte sich darauf verständigen, bei dem Gebrauch des Englischen *als Weltsprache* die Regeln zu vereinfachen (Abschaffung des -s bei 3. Person Singular: *it go*) und Unregelmäßigkeiten abzuschaffen oder zumindest abzubauen.

Nichts gegen Esperanto usw. Experimente mit einer neuen Sprachform können vorwärts führen. Ich schlage vor, zumindest grundlegende Teile der chinesischen Schrift in der Schule in

Verbindung mit Malen wie auch mit Geschichte und Philosophie aufzunehmen. Die chinesische Schrift birgt hier viele interessante Hinweise. Doch ist sie auch als Ansatz eines Schriftsystems von Bedeutung. Diese Schrift ist auch in China selbst von daher von dieser Bedeutung geworden, weil sie sich in gewisser Weise unabhängig von der konkreten Sprache lesen ließ. Das Zeichen für >Haus< bedeutet überall >Haus<, ob eine Sprache dafür nun *casa, maison* oder *hus* gebrauchte (die chinesischen „Dialekte" sollen sich trotz der schon längeren Geschichte immer noch stärker unterscheiden als Italienisch, Spanisch und Französisch). Ein ♥ für >Herz< ist auch leicht universell lesbar, auch für Analphabeten und Vorschulkinder. Eine Alternative zur Buchstaben-Schrift sehe ich in der chinesischen Schrift zwar nicht, aber sie könnte als Ergänzung interessant sein (wie dies umgekehrt im Japanischen benutzt wird).

Auch ist diese Schrift eine gute Verbindung zwischen Zeichen (Semiotik), Semantik und Philosophie, was sich in dieser Hinsicht neu entwickeln ließe. Sie verdeutlicht weiterhin, dass es sich bei Sprache um einen *Code* einer lautlichen *Symbolik* zwecks Kommunikation und Kultur und nicht um ein Erfassen von „Realität" (an sich) handelt. Diese Symbolik erläutert damit soweit auch den Sinn der ursprünglichen Mythologie – umso besser, wenn man dabei auch ihre (Systematik an) didaktische/r Funktion für die kindliche Bewusstseins-Entwicklung in den Blick bekommt.

Es macht aber keinen Sinn, abstrakt eine Systematik einer tatsächlich neuen Sprache vorzulegen, weil sich dies nicht von einer Entwicklung einer wirklichen Kultur ablösen lässt.

Wohl glaube ich, dass die >ursprüngliche Sprache des Homo sapiens<, die sich mir darstellt,[177] als Vorlage für die Entwicklung einer neuen Sprache bestens geeignet ist. Weitere Anhalte bietet das >Ursprachlich orientierte etymologische Wörterbuch des Deutschen<, das ich demnächst herausbringen will, wird darin einiges der inhaltlichen und historischen Verbindungen dieser

---

[177] s. dazu mein Werk *Cûl Tura*

196

>ursprünglichen< und unserer Sprache deutlich (was die herkömmlichen etymologischen Wörterbücher selten leisten und überhaupt erfassen), sowie mein Werk „Vom Wunder und Abenteuer des Lebens", in dem die Erzählungen der ursprünglichen Mythologie und Sprache dargestellt werden sollen, wie es sich aus den Anhalten an Sprache und den Mythologien der Welt ergibt.

Doch die entscheidenden Ansätze ergeben sich erst daraus, wenn man sich wieder um ein wirkliches Beherrschen von Kommunikation und dem, was eigentlich Sprache ist, bemüht. Ohne dies werden weder die bestehenden Probleme unserer Kommunikation und Sprache ersichtlich, noch entstehen die nötigen authentischen Erfahrungen, was hier an Lösungen taugt. Entsprechende Ansätze sind immer nur durch entsprechende Bemühungen, soziale Kommunikationsfelder und Experimente in Literatur und Kultur erfolgt.

Zunächst aber soll erst noch auf zwei neurologische Gebiete eingegangen werden, die in dieser Hinsicht zu verarbeiten sind.

Archaische Schriftzeichen auf Orakelknochen von Anyang als Ursprung der chinesischen Zeichen

Nachzeichnung aus: Gustav Barthel: Konnte Adam schreiben? S. 378

8.2 Die beiden Hemisphären = Gehirnhälften

Der obere Bereich des Gehirns besteht aus einer rechten und einer linken Hälfte. Dies ist bei uns Homo sapiens auch in Hinsicht auf Sprache von fundamentaler Bedeutung. Denn beide Gehirnhälften sind auf der grundlegenden Ebene in den vielfältigsten Hinsichten mit zwei verschiedenen Verarbeitungsprozessen verbunden, die beide von Bedeutung sind.

Der Neurologe Oliver Sacks schreibt hierzu:

„Die gesamte Geschichte der Neurologie [*] und der Neuropsychologie ist eine Geschichte der Erforschung der linken Gehirnhälfte. Ein wichtiger Grund für die Vernachlässigung der rechten Hemisphäre besteht darin, dass es leicht ist, die Auswirkungen verschiedener Verletzungen der linken Seite zu demonstrieren, während die entsprechenden Syndrome der rechten Gehirnhälfte weit weniger deutlich ausgeprägt sind. Man hält sie gewöhnlich mit leichter Verachtung für >primitiver< als die linke, die als einzigartige Blüte der menschlichen Evolution gilt.
Und in gewisser Weise stimmt das auch: Die linke Gehirnhälfte ist differenzierter und spezialisierter – sie stellt die letzte Entwicklungsstufe des Gehirns der Primaten, vor allem des Menschen dar. Andererseits ist die rechte Hälfte in entscheidendem Maße an der Wahrnehmung der Wirklichkeit beteiligt, eine Fähigkeit, über die jedes Lebewesen verfügen muss, um überleben zu können. Die linke Hemisphäre funktioniert wie ein Computer, der dem ursprünglichen Gehirn angefügt ist und Programme und schematische Abläufe zu bewältigen vermag." [178]

---

[*] Da die Aussage schon älter ist, mag das inzwischen nicht mehr aktuell sein. Es hat jedoch zumindest lange eine Rolle gespielt.

[178] O. Sacks: Der Mann, der seine Frau mit einem Hut verwechselte, S. 18 f.

Die unterschiedlichen Funktionen der beiden Gehirnhälften wurden insbesondere bei Experimenten mit Split-Brain-Patienten deutlich, bei denen aufgrund besonderer neurologischer Probleme die obere Verbindung zwischen der linken und der rechten Gehirnhälfte gekappt war.

„Zu den Grundlagen der Interpreter-Theorie haben vor allem Roger Sperry und seine Arbeiten mit Split-Brain-Patienten beigetragen, die den Schluss nahelegten, dass die linke Hemisphäre eine Art vernunftmäßige Erklärung für das Verhalten produziert, das von der rechten in Gang gesetzt worden ist. Diesen Schluss untermauerte Gazzaniga selbst mit einer Untersuchungsreihe, die er 1975 an der Cornell University zusammen mit Joseph LeDoux begann. Hauptuntersuchungsperson war der 15jährige Split-Brain-Patient P.S., der aufgrund schwerer epileptischer Anfälle operiert worden war.

Die Reihe enthielt ein Experiment, bei dem LeDoux und Gazzaniga dem Patienten Bildpaare auf einem Monitor zeigten, und zwar so, dass seine rechte Hirnhälfte nur das eine, die linke nur das andere Einzelbild wahrnehmen konnte. Dann stellten die beiden Forscher eine Reihe kleiner Bilder vor ihm auf und baten ihn, mit Hilfe beider Hände auf die Abbildungen zu zeigen, die zu den Darstellungen gehörten, die er auf dem Bildschirm gesehen hatte. Diese Aufgabe fiel P.S. nicht schwer. Nahm seine rechte Hemisphäre eine Schneeszene und die linke eine Hühnerkralle wahr, so deutete er folgerichtig mit den Händen auf das Bild einer Schneeschaufel beziehungsweise das eines Huhns.

Die Überraschung kam erst, als er gefragt wurde, was er gesehen habe. Mit den Sprachzentren seiner linken Hemisphäre antwortete P.S.: >Ich sah eine Kralle und wählte das Huhn aus, und man braucht eine Schaufel, um den Hühnerstall auszumisten.< Seine linke Hemisphäre konnte sich nicht erklären, warum seine (von der rechten Hirnhälfte kontrollierte) linke Hand auf die Schaufel gezeigt hatte; sie hatte die Schneeszene nicht wahrgenommen und keine Möglichkeit, von ihr Kenntnis zu erhalten. Dennoch versuchte die linke

Hemisphäre eine Antwort zu finden, die das Verhalten der rechten rechtfertigte.

Ähnliche Antworten lieferte der junge Mann in allen Versuchsdurchgängen. Leuchtete, [allein] für seine rechte Hemisphäre erkennbar, beispielsweise die Aufforderung >lach< auf, so lachte P.S. Fragten sie ihn warum, so antwortete seine linke Hirnhälfte: >Ihr kommt jeden Monat vorbei, um uns zu testen. Was für eine Art und Weise, seinen Lebensunterhalt zu verdienen!< Erging die Aufforderung >geh<, an seine rechte Hemisphäre, so erhob er sich, um den Raum zu verlassen. >Ich gehe mir eine Cola holen<, erklärte er den Wissenschaftlern." [179]

Der grundsätzlich unterschiedliche Charakter der Verarbeitungsebene der beiden Gehirnhälften kommt etwa in folgendem Zitat zum Ausdruck:

„Darüber hinaus entdeckten Wissenschaftler in den letzten Jahrzehnten, dass sich auch affektiven, also gefühlsbezogenen Funktionen – für die man einst das gesamte Gehirn verantwortlich machte – bestimmte Regionen zuweisen lasen, und zwar in der rechten Hemisphäre. Das rechtshemisphärische Gegenstück zum Wernicke-Zentrum ermöglicht es uns unter anderem, die emotionale Bedeutung der Sprache zu verstehen und beispielsweise zu erkennen, ob eine Geschichte lustig oder traurig ist. Ähnlich befähigt uns das rechtshemisphärische Gegenstück zum Broca-Zentrum, unsere Gefühle in Wort und Schrift auszudrücken." [180]

---

[179] Time Life-Bücher: Geist und Gehirn, S. 123 f.
[180] Time-Life Bücher: Geist und Gehirn, S. 115

200

Veranschaulichung der Arbeitsweise des Gehirns
(grob vereinfachtes Schema) *

Unten die beiden Großhirnhälften

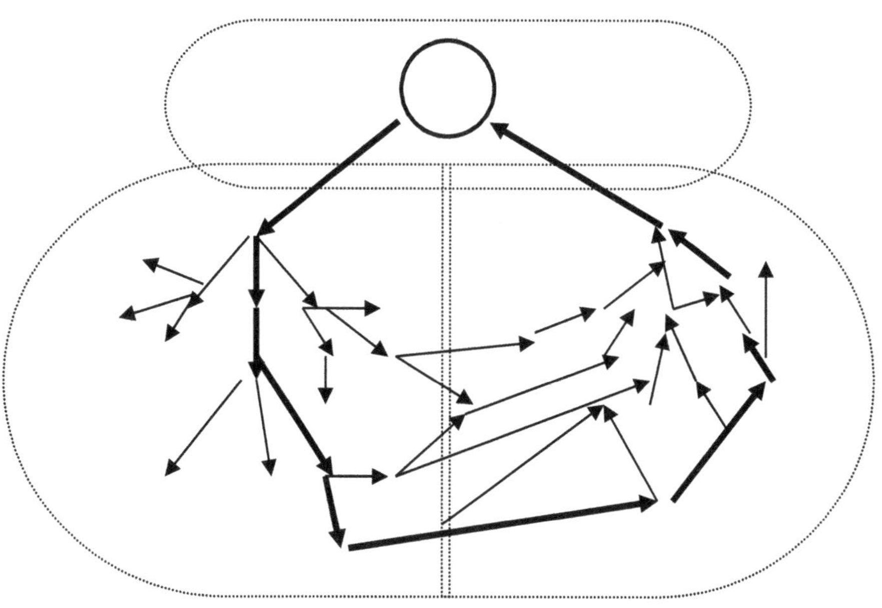

<table>
<tr><td align="center">linke Gehirnhälfte
analytisch
differenzierend, divergierend</td><td align="center">rechte Gehirnhälfte
integral
konvergierend, resümierend</td></tr>
</table>

---

* Diese Graphik zeigt ein einfaches eindimensionales Schema eines einzelnen Verarbeitungsprozesses. Real würden bei einem Verarbeitungsprozess erheblich mehr Bezüge zwischen den beiden Gehirnhälften entstehen.

Dass der obere Gehirnbereich aus zwei Gehirnhälften besteht, erscheint nicht als Zufall, sondern von dem Grund her, dass sich die neurologische Weiterentwicklung zu dem höheren Gehirnbereich mit zwei gegenläufigen Tendenzen verknüpfte: einerseits mit einer genaueren **Analyse** der eingehenden Informationen und andererseits der **Auswertung** der in der Analyse gewonnenen Informationen *für sein Verhalten*. Wenn man die beiden Gehirnhälften wohl schon in der weiteren Gehirnentwicklung weit vor dem Menschen nicht so eindimensional sehen und nicht völlig polar gegenüberstellen kann, so scheint doch auch beim Menschen eine entsprechende *Tendenz* wirksam zu sein.

Insgesamt haben wir es hierbei mit drei (evolutionären) Dimensionen zu tun: Neurologisches, Großhirn-Sozialisation und Sprache/Kultur.

Auf der untersten Ebene liegt die neurologische Ebene von Nervenstrukturen und hormonellen Prozessen. Von dort her lassen sich nach John McCrone „alle Gefühle auf drei grundlegende Elemente zurückführen": „Erregung, Lust und Schmerz." [181] Ich übersetze seine Ausführungen in folgende Graphik:

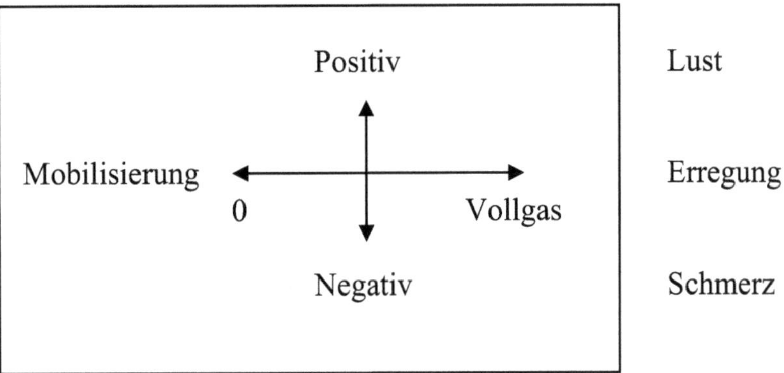

---

[181] John McCrone: Als der Affe sprechen lernte, S. 230

Dieses nervlich-hormonelle Grundschema wird bei der Großhirn-Sozialisation je nach Größe des Großhirn-Bereichs und
Länge der Sozialisation in >Erfahrungen< ausgeprägt und aus-
differenziert.

Dieser Schritt ist für das Verständnis von Bedeutung, da bei uns
Homo sapiens Sprache in der Sozialisation einerseits in der kulturell geprägten Umwelt und andererseits von klein auf in der
Deutung der >Erfahrungen< wirksam ist. Wir haben es anders
als auf der Tier-Stufe nie einfach nur mit – zudem eigenen - >Er-
fahrungen< zu tun, sondern diese >Erfahrungen< stehen aufgrund von Sprache *grundsätzlich* mit Deutungen als einer Meta-
Ebene von >Erfahrungen< in Verbindung. Dies belegte sich
auch bei Experimenten:

„Dabei injizierte man Versuchspersonen mit Adrenalin und
versetzte sie auf diese Weise in einen Zustand der Erregung.
Wenn man den Personen bei der Verabreichung des Medika-
ments keine weiteren Informationen gab, beschränkten sie
sich bei der anschließenden Charakterisierung ihres Zustands
auf die Beschreibung der körperlich wahrnehmbaren Symp-
tome: trockener Mund, zitternde Glieder und beschleunigter
Herzschlag. Wenn man den Versuchspersonen jedoch mit-
teilte, dieses Medikament werde ein Glücksgefühl in ihnen
hervorrufen, fühlten sie sich in der Tat glücklich. Sagte man
ihnen dagegen, es werde sie ängstlich oder wütend machen,
verspürten sie diese Gefühle. Die Versuchspersonen hielten
ihre Erregung nicht nur irrtümlich für die ihnen angekündig-
ten Gefühle, sondern sie erlebten sie wirklich. Ein Gefühl ist
also nichts anderes als die Wahrnehmung der eigenen Erregung, verbunden mit einer subjektiven Deutung dieses Zu-
standes.“ [182]

Von dort her spielen hier die kulturelle Dimension von Sprache
wie auch Sprachverstehen und Selbst-Erfahrung eine Rolle, so
als Mythologie als didaktisch aufbereitete Erfahrung entspre-

---

[182] John McCrone: Als der Affe sprechen lernte, S. 234

chend der kindlichen Bewusstseins-Entwicklung oder aber als Erfahrungslosigkeit (s.o. ohne Mitteilung), als Weltanschauung oder Ideologie. Negative Zustände können schön geredet oder verdrängt werden und recht negative Erfahrungen als >Bewährung< oder durch Belohnung/en zu positiven Erfahrungen umgedeutet werden.

Hier nur nebenbei: Von hier aus entstehen die Diskrepanzen, dass Leute behaupten oder auch tatsächlich meinen, es ginge ihnen gut, wo bereits an ihrer Ausstrahlung ersichtlich ist, dass das nicht wirklich stimmt. Manche können sich dies auch so erfolgreich einreden, dass sie diesen Eindruck auch nach außen vermitteln - solange man sie nicht näher kennt (s. dazu auch die Problematik des >magizistischen Denkens< →S. 165).

Die sprachliche Gehirntätigkeit arbeitet als >Interpreter< der Empfindungen und Verhaltensprozesse. Dass dies sowohl das Denken als auch Empfindungen und Gefühle beeinflusst, zeigten andere neurologische Experimente, die bestimmte Gehirnbereiche elektrisch reizten.

„Eine stark depressive Frau mit ausdruckslosem Gesicht fing nach der Stimulation plötzlich an zu kichern und versuchte verzweifelt, ihre Ausgelassenheit zu begründen. >Normalerweise sitze ich nicht herum und lache grundlos<, beharrte sie. >Ich muss wohl irgendetwas lustig finden.<

Forscher und Philosophen zeigten sich gleichermaßen tief beeindruckt von dem Bemühen der Versuchspersonen, die künstlich hervorgerufenen Gefühlszustände zu erklären. Schließlich bedeutete dies, dass Zustände, die wir als echte Empfindungen betrachten – also Aspekte unserer eigenen Persönlichkeit, die unserem individuellen Geist entspringen – bis zu einem gewissen Grad auf rein körperlichen Prozessen gründen können."[183]

---

[183] Time Life-Bücher: Geist und Gehirn, S. 73

Bei dieser Verarbeitung der neurologischen Impulse spielen nun auch die beiden Gehirnhälften eine Rolle.

Die >Gefühle< und die rechtshemisphärische Ebene können nicht als >alles< begriffen werden. Ohne eine zureichende Verbindung zur linken Hirnhälfte können die neurologischen Impulse der >Gefühle< weder wirklich wahrgenommen noch zutreffender verstanden werden (s. dazu oben zu den Split-Brain-Untersuchungen und dort die Interpreter-Theorie). Hier zu einem Fall, der hier nicht weiter ausgeführt werden soll:

> „G.R.s traurige Geschichte hat jedoch gezeigt, dass wir das, was wir spüren, erst einmal deuten müssen, um eine Emotion wirklich erleben zu können." [184]

Für das geistige Erschließen der Erfahrungen und Empfindungen spielt die linke Gehirnhälfte eine Rolle. Ihre analytische Tendenz ist auf Differenzierung angelegt, dass ihre einzelnen Funktionen erheblich genauer fassbarer werden. Bei diesen auf einzelne Punkte hinauslaufenden Prozessen konnten Wörter die letzte Zuspitzung stellen, wie es vielleicht in der Mathematik am besten zu zeigen ist.

So sind etwa 9 x 9 nicht etwa bloß >viel<, sie sind auch nicht >etwa 80< und nicht 99, sondern exakt 81 und nichts anderes. Für bestimmte Prozesse ist eine solche Exaktheit absolut entscheidend. Hier konnte mit Sprache eine neue Dimension in Organisation, Technik und Produktion erreicht werden, und hier ist die analytische Sprach-Form von Bedeutung.

Doch ist diese Ebene mitnichten schon alles. Ohne eine entsprechende Verbindung mit der existenzialen und der emotionalen Ebene bedeuten die analytischen Ergebnisse noch gar nichts.

> „Aber Denken ohne Verbindung mit Gefühl ist auch ohne Verbindung mit der Wirklichkeit. Die Gehirntätigkeit selbst ist zwar neutral und kann auch einander widersprechende Ge-

---

[184] Time Life-Bücher: Geist und Gehirn, S. 60

danken in gleichem Maß verarbeiten. Um aber einen Gedanken auszuwählen, muss mindestens das Gefühl da sein, dass er >richtig< sei, d.h. dass er der Wirklichkeit entspreche."[185]

Auch läuft die bloß analytische Wahrnehmung darauf hinaus, dass man >den Wald vor lauter Bäumen nicht mehr erkennen kann<. In dem Fall von Dr. P., von dem der Neurologe Oliver Sacks berichtet (s.u.), führte die Agnosie genannte neurologischer Störung dazu, dass er von einem Gesicht lediglich Einzelteile, er sie aber nicht als Person noch ihre Stimmung erkennen konnte (Sacks S. 29).

So sonderlich die neurologische Störung bei Dr. P. auch erscheint, so sehr sieht Oliver Sacks eine entsprechende Problematik in unserer Kultur und Wissenschaft verbreitet:

„Infolge einer komischen und beklagenswerten Analogie hat unsere gegenwärtige kognitive Neurologie und Psychologie sehr viel Ähnlichkeit mit dem armen Dr. P.! Wir brauchen das Konkrete und Reale ebenso wie er, und gleich ihm sind wir nicht in der Lage, es zu erkennen. Unsere kognitiven Wissenschaften leiden selbst unter einer Agnosie, die sich von der Dr. P.s nicht wesentlich unterscheidet. Er mag daher als Warnung und Gleichnis dienen. Hier können wir sehen, was mit einer Wissenschaft geschieht, die das Urteilende, das Besondere, das Persönliche meidet und sich ganz dem Abstrakten und Berechenbaren zuwendet."[186]

Diese Problematik berührt jedoch nicht nur unsere >Wissenschaften<, sondern unsere Kultur überhaupt. Dies hat in der im antiken Griechentum entstandenen Sprachauffassung ihren Ursprung, was bei uns nach dem Mittelalter übernommen wurde und nach den traumatischen Erfahrungen im 30jährigen Krieg (1618 – 1648) eine höchst zugespitzte Verschärfung erfuhr. Darin liegt die Voraussetzung für das nachfolgende >cartesianische

---

[185] Moshé Feldenkrais: Bewusstheit durch Bewegung, S. 71
[186] O. Sacks: Der Mann, der seine Frau mit einem Hut verwechselte, S. 38 f.

206

Weltbild< (abgeleitet von dem französischen Philosophen *Descartes*). Es ist aber nicht zu vergessen, dass der 30jährige Krieg als Religionskrieg entstand und als solcher keinen Abschluss und keine Klärung gefunden hat. Er wurde lediglich auf der Basis von Macht in Politik und Wirtschaft (Kolonialismus) abgesetzt.

Tatsächlich war in der griechischen Antike historisch endgültig das Problem der sozialmythologischen Grundlage der gesellschaftlichen Verfassung durchgeschlagen. Ihr rechtshemisphärisches **Primat** war im Großraum Naher Osten in ihrem Götter-Kult in eine hoch emotionalistische Diffusität aus völligem Wirrwarr aus Macht, Gewalt, Chaos und *Circus* gemündet. Der Alte Orient war endgültig am Ende und wurde nun von außen erobert und bestimmt, zuerst von den Persern, dann von Alexander „dem Großen" und den Römer und zuletzt unter dem islamischen Vorzeichen.

Insofern lag der Ausweg auch nur darin, die linke Hemisphäre zum Primat zu setzen, wie es unter den Griechen und es angesichts des erneuten „religiösen" Chaos mit dem Ende des Mittelalters und vor allem nach dem 30jährigen Krieg erfolgte.

Freilich verknüpft sich das historisch wirklich Produktive des linkshemisphärischen Denkens und Sprachverstehens als Primat ausschließlich mit einer auf die menschliche Realität bezogenen Wissenschaftlichkeit, sprich der Humanwissenschaft incl. Humanevolution und Geschichte. Hier liegt das Feld, wo sich bei dem inzwischen erreichten Stand die menschliche Realität tatsächlich tauglich studieren und *analysieren* lässt. Damit lässt sich eine Art >Weltkarte< für eine Orientierung in Bezug auf eine neue Praxis und die Entwicklung einer Neuen Kultur schaffen.

Doch wie im >Zinnober< keine Lösung liegt, so auch nicht im Rationalismus. Die Ausrichtung der „Moderne" auf die Naturwissenschaften war nur insofern produktiv, als dass sie von den in Religionskriegen und Hexenwahn rechtshemisphärisch verselbständigten Auffassungen ablenkte. Doch das linkshemisphärische Primat mündet in sich zwangsläufig in „Naturwissenschaft", Technizismus, Ökonomismus und Produktionieren: in „man a machine". Wie das verselbständigte rechtshemisphärische Bewusstsein im >heißen Krieg< gegen die anders Gläubigen und Denkenden mündet, so das verselbständigte linkshemisphärische Bewusstsein von der Analyse in der Paralyse der kalten Destruktion, in der Zerstörung der Umwelt und im >Befehl ist Befehl< im industriellen Morden wie dem Vergasen der Juden.

Das ist in dem üblichen Sinn keine Frage der „Moral" und vor allem keine der „Vernunft", da sie soweit in Wirklichkeit gar nicht existent ist. Es ist effektiv und schlichtweg Neuro-Logie und ein Problem des mangelnden Sprach-Verstehens. Es ist in beiden Fällen wie Trunkenheit am Steuer als Folge eines mangelnden Erwerbs an Fähigkeit zur Selbst-Steuerung und zu Kommunikation.

Nur eine zureichend entwickelte Verbindung zwischen den beiden Gehirnhälften erreicht die Lösung. Hierbei geht es nicht nur um das Verhältnis zwischen Denken und Fühlen.

Es geht auch um ein zureichendes Verstehen und Beherrschen von Sprache. Dazu gehört zu sehen, dass es bei uns aufgrund der zwei Gehirnhälften auch zwei verschiedene Arten zu denken und an Sprache gibt.

Es stellt sich mir nicht dar, dass der Bereich Mythologie angesichts der neurologischen Anlage von uns Homo sapiens verzichtbar wäre. Auch die Vorstellung der >Aufklärung< ist wesentlich reine „Mythologie" (es gab sicher einige aufgeklärte Personen, aber von einer >Aufklärung< unserer Gesellschaften kann historisch nicht im Ernst die Rede sein, wie der weitere Bestand an Feudalismus, die Weltkriege, die Faschismen und der Juden-Wahn usw. zeigen). Der Mythos von der „Aufklärung" ist ziemlich unaufgeklärt.

Es gibt nur bewusste Mythologie oder unbewusste; nur entweder menschlich qualifizierte und taugliche Mythologie oder unqua-

208

lifizierte und untaugliche. Entweder entspricht sie der kindlichen
Bewusstseins-Entwicklung, unserer Gehirn-Anlage und der nötigen Organisation einer Sprach-Anlage oder aber nicht wirklich, nicht zureichend oder auch überhaupt nicht. Wo in der
Kindheit auf eine qualifizierte Vermittlung von tauglicher Mythologie verzichtet wird oder ausfällt, baut sich das Gehirn selbst
„Mythologie" zusammen, ohne dass es dazu qualifiziert wäre,
und/oder es versackt in Kleingeistigkeit, Banalismus, Narziss-
mus und magizistischem Denken.

Ich kam im Verlauf meines ursprünglichen Theologie-Studi-
ums zu dem Eindruck, dass >Religion< und >Theologie< eine
ältere Art zu denken wären, die mir aber damals entscheidend zu
unpräzise wurde. Erst eine ganze Zeit später wurde mir ersichtlich, dass es sich dabei um das Pendant zum linkshemisphärischen Denken handelte. Wenn man sich Religion und Theologie
hinreichend linkshemisphärisch zu erschließen versteht, dann
kann die rechtshemisphärische Ebene von Religion und Theologie durchaus spannend und relevant werden.

Entscheidend dabei ist jedoch, dass man zu einer Auseinandersetzung mit seinen geistigen, existenzialen und auch persönlichen Grundlagen fähig wird. Damit ergibt sich die Basis der
Selbst-Steuerung. Unsere Grundlagen bestehen nun mal. Es ist
zwecklos darüber zu debattieren, dass es besser wäre, wenn das
Weltall, die Erde, der Mensch und wir als Person ganz anders
wären. *Diese* Grundlagen können wir nur anerkennen – und darin liegt das zentrale Thema von >Religion< und die theologi-
sche Auseinandersetzung –, aber unsere Selbst-Steuerung müssen wir als Erwachsene erwachsen und sozial in Kommunikation
selbst erwerben und vollziehen. Auch das ist in Theologie und
in der Praxis von Religion ein entscheidendes Thema.

Ein Dogmatismus kann sich nur auf die Grundlagen der Mythologie beziehen, gibt es in Bezug auf sie nun mal von der menschlichen Anlage her bestimmte Anforderungen an eine taugliche
und qualifizierte Mythologie, damit das Kind zu seiner Selbst-
Steuerung und zu wirklicher Kommunikation befähigt wird.
Diese Funktion von Mythologie ist menschlich effektiv indispo-

nabel. Was dies jedoch *konkret* bedeutet, kann und **muss** jedoch – mit humanwissenschaftlichem – Knowhow diskutiert werden. Auf *dieser* Ebene hat Dogmatismus nichts zu suchen – das wäre eine Form von menschlich ruinöser Diktatur.

Insgesamt lässt sich feststellen, dass >Religion< und >Theologie< in der rechtshemisphärischen Seite von Sprache und Denken ihren Ursprung und (allein) *darin* auch ihre Funktion haben. Von dieser Einsicht her lassen sich in Religion und Theologie große Erfahrungs-Dimensionen bzgl. der rechtshemisphärischen Seite von Denken und Sprache erschließen.

Um hier nur ein Beispiel zu nennen: der linkshemisphärische Sinn und Zugang zu >Geist< verknüpft sich etwa mit *Esprit*, Intellekt, Verstand, dem Gegenteil von Kleingeistigkeit usw.; der rechtshemisphärische Sinn und Zugang mit *Inspiration, Intuition,* >Ahnungen<, mit einer *spirituellen* Verbundenheit mit dem Leben, der Welt, den Lebewesen, der Menschheit und auch mit seinem Selbst, also von >Liebe<, >Geschwisterlichkeit< oder einer >Solidarität<, die entscheidend über unser (linkshemisphärisches) Verstehen hinausgeht. Der Begriff des >Großen (Welten-) Geists< oder >Gott< hat darin seinen Ursprung und eigentlichen Sinn. Dies wird schon eiszeitlich im *Bild* der >Mutter< *incl.* >Vater< und der komplexen theriomorphen Symbolik von *STierKuh-Drache* gefasst. [187] Mit einer *weltanschaulichen Vorstellung* einer Existenz von „Göttern" in dem üblichen Sinn hat das nichts zu tun. Das sind sprachliche Missverständnisse aus der >babylonischen Sprachverwirrung<. In Teilen handelte es sich dabei um ein Symbolsystem einer gesellschaftlichen Kommunikation bzgl. >Liebe<, >Gerechtigkeit< und verschiedene Rollen-Bezüge. Allerdings dürfte dies nur in höheren Zeiten, in Alten Kulturen und später noch bei einer Elite deutlich gewesen sein.

---

[187] S. dazu die Befunde und Ausführungen in meinem Werk >Frau Holle und der Drache von Lascaux<

„Erfahrung und Handeln sind nicht möglich, wenn sie nicht ikonisch organisiert sind. Die >Speicherung im Gehirn< von allem, was lebendig ist, muss ikonisch erfolgen. Es ist dies die endgültige Form der Speicherung [...]." [188]

„Der heutige Mensch misst seiner Fähigkeit zu abstraktem Denken zuviel Bedeutung bei. Zwar verdanken wir dieser Fähigkeit einige nützliche Arbeitsmethoden, doch sind wir für ein wirkliches Verständnis abstrakter Gedanken auf einen reichhaltigen Vorrat von Bildern aus dem realen Leben angewiesen. Könnten wir nicht auf diese Erfahrungen zurückgreifen, blieben die abstrakten Gedanken trockene, leblose Wortaneinanderreihungen [...]." [189]

„Ein Denken, das hauptsächlich in Wörtern vor sich geht, schöpft nicht Stoff aus den evolutionsmäßig älteren Strukturen des Gehirns, die mit dem Gefühl eng verbunden sind. Schöpferisches, spontanes Denken muss eine Verbindung zu den älteren Gehirnhälften unterhalten. Abstraktes Denken, das nicht von Zeit von Zeit seine Nahrung aus tiefer liegenden Quellen im Inneren schöpft, wird zum Wörterfabrikat ohne menschlichem Inhalt." [190]

---

[188] Oliver Sacks: Der Mann, der seine Frau, S. 199
[189] John McCrone: Als der Affe sprechen lernte, S. 152
[190] Moshé Feldenkrais: Bewusstheit durch Bewegung, S. 80 f.

Hier geht es nicht um Ideologie, und insofern muss in Bezug auf die rechtshemisphärische Dimension heute auch nicht von >Religion< gesprochen werden. Es geht vielmehr um das einfühlende, assoziierende und integrative Denken und eine entsprechende Kultur. Dabei gilt es zu beachten, dass das rechtshemisphärische Denken in unserem Gehirn zu jeder Zeit tendenziell die gleiche Rolle spielt wie das linkshemisphärische Denken. Es steht jederzeit in einem komplexen Zusammenhang und erreicht auch nur in diesem Fall qualifizierte Ergebnisse. Hierbei haben Ratio und Technologie das gleiche Recht wie unsere Gefühle, Kultur, Beziehungen und all das, was sonst noch mit >rechtshemisphärisch< assoziiert werden kann oder muss.

Ich möchte hier zum Abschluss dieser Thematik ein Zitat bringen, in dem ich (bei allen Problemen in der Quellen-Lage) das ursprüngliche Verstehen in Bezug auf die grundsätzlichste Ebene sehr gut formuliert finde:

„Wir sind ein Teil der Erde, und sie ist ein Teil von uns. Die duftenden Blumen sind unsere Schwestern, die Rehe, das Pferd, der große Acker sind unsere Brüder. Die felsigen Höhen, die saftigen Wiesen, die Körperwärme des Ponys und des Menschen – sie alle gehören zur gleichen Familie. [...] Was wir unsere Kinder lehren: Die Erde ist Eure Mutter. Wenn Menschen auf die Erde spucken, bespeien sie sich selbst. Denn das wissen wir: Die Erde gehört nicht den Menschen, der Mensch gehört der Erde. Der Mensch schuf nicht das Gewebe des Lebens, er ist darin nur eine Faser. Was immer Ihr dem Gewebe antut, das tut Ihr Euch selber an. "

Aus der Aufzeichnung der Rede des Häuptlings Seattle vom Stamm der Duwamish 1855

8.3 Zum Frontalhirn als dem Ort der Selbst-
Steuerung

„Dieser >stumme< Hirnteil [das Frontalhirn]*, der uns einige Milliarden Nervenzellen zu beliebiger Verfügung stellt, ist der materielle Grund für die unerschöpfliche Vielfalt menschlicher Verhaltensmöglichkeiten.* " [191]

„Ohne Frontalhirn kann man keine zukunftsorientierten Handlungskonzepte und inneren Orientierungen entwickeln, kann man nichts planen, kann man die Folgen von Handlungen nicht abschätzen, kann man sich nicht in andere Menschen hineinversetzen und deren Gefühle teilen, auch kein Verantwortungsgefühl empfinden. Unser Frontalhirn ist diejenige Hirnregion, in der wir uns am deutlichsten von allen Tieren unterscheiden." [192]

„Aus dieser Perspektive betrachtet, erweist sich also die Fähigkeit von Menschen, bewusst zu handeln, sich ihrer selbst bewusst zu werden, ihr Bewusstsein zu schärfen und zu erweitern, als eine Kulturleistung." (ebd. S. 141)

„Unser Gehirn ist also ein soziales Produkt und als solches für die Gestaltung von sozialen Beziehungen optimiert. Es ist ein Sozialorgan. Erst in einer derartigen entwicklungsbezogenen Perspektive bekommt man in den Blick, dass menschliche Gehirne Organe sind, die ausschließlich in einem Netzwerk von anderen Gehirnen überlebens- und entwicklungsfähig sind." (ebd. S. 44)

---

[191] Hoimar von Ditfurth: Der Geist fiel nicht vom Himmel, S. 254
[192] Gerald Hüther: Was wir sind und was wir sein könnten, S. 42

Das Frontalhirn oder der >Frontallappen< oder exakter der *prä-oder orbitofrontale Kortex* ist der Ort in unserem Großhirn, von dem neurologisch die Selbst-Steuerung des Menschen ausgeht.

Evolutionär belegt sich diese Entwicklung an der Tendenz der Aufrichtung der Stirn und der Verlagerung von der Länge des Schädels wie etwa beim Neandertaler zugunsten der Höhe. (Die äußere Veränderung steht damit in Verbindung, aber die Schädelform erlaubt keine Aussagen in Bezug auf Homo sapiens-Personen).

Das Frontalhirn ist die Spitze der neurologischen Verarbeitungsprozesse auf der Großhirn-Ebene. Zunächst einmal münden dort die Ergebnisse dieser Verarbeitung (*bottom up*-Situation). Dort werden die Konsequenzen aus den Informationen gezogen, die dann an die jeweiligen unteren Verarbeitungsebenen geleitet werden (*top down*). Auf diese Art werden >Entscheidungen< getroffen. Dies bedeutet aber nicht per se, dass sie >bewusst< sind oder der >bewussten Absicht< entsprechen.

Eine solche „Kommandozentrale" dürfte es auch schon auf der Tier-Stufe im Großhirn gegeben haben. Doch ist es dieser Gehirnbereich, der im Verlauf der Humanevolution in Verbindung mit der Evolution von Sprache und dann auch von Kultur eine besondere Entwicklung erfährt und Größe annimmt. In ihm stehen uns Homo sapiens (wie erwähnt) *einige Milliarden Nervenzellen zu beliebiger Verfügung* [...]." [193]

Diese „Kommandozentrale" dürfte ab einer bestimmten Entwicklung des Großhirns entstanden sein. In dieser „Kommandozentrale" werden die Erfahrungen von Verhaltensformen abgespeichert, die während der Sozialisation gemacht werden. Durch die Ausprägung der Nervenbahnen, die durch ihren Gebrauch wie Muskeln anwachsen, werden die häufigsten Denkmuster und Verhaltensformen auch die bestimmendsten.

---

[193] Hoimar von Ditfurth: Der Geist fiel nicht vom Himmel, S. 254

214

Bei dem Großhirn auf der Tier-Stufe sowie zunächst auch in der Kindheit des Menschen handelt es sich hierbei immer noch um rein biologische Mechanismen. Auch wir erwachsene Homo sapiens können entsprechende Mechanismen in unserem Denken und Verhalten beobachten.

Ihre eigentliche menschlich entscheidende Entwicklung erfuhr das Frontalhirn als Ort der „Kommandozentrale" der Selbst-Steuerung evolutionär erst im Vorfeld von unserer Art Homo sapiens, also unter dem Archaischen Homo sapiens vor vielleicht 200.000 Jahren. Hier kam es zu den Ausprägungen von Formen der >Jugend-Initiation< wie bei der Geschlechtsreife zu dem neuen Moratorium von Pubertät und Jugend vor der nun erst eigentlichen Erwachsenheit. Ganz entsprechend ist das Frontalhirn in dieser Phase von einem grundlegenden Umbau geprägt (Pubertät als „Krise"). Entsprechend der evolutionären Ablösung von der genetischen Verhaltenssteuerung wird hier biologisch die Ablösung von der Kindheit (>Es< und >Über-Ich<) in dem Schritt zur >Selbst-Steuerung< wirksam. Dazu:

„Der frontale Kortex ist dasjenige kortikale Areal, dessen Verbindungsfasern zu anderen Arealen im Laufe des Lebens als letzte mit Myelin ummantelt werden. Diese Myelinisierung der Fasern zum und vom frontalen Kortex ist erst zur Zeit der Pubertät oder teilweise sogar noch später abgeschlossen (Nelson & Luciana 2001). Damit geht dieser Teil des Gehirns als letzter [...] *on-line* [...].
Dies hat den Vorteil, dass Erfahrungen mit den Folgen bestimmter Handlungen eine aktuelle Handlung steuern bzw. beeinflussen können. Je besser im frontalen Kortex Kontexte und frühere Bewertungen repräsentiert sind, desto eher ist es möglich, dass Handlungen nicht durch Lust und Unlust oder durch äußere Belohnung und Bestrafung [*wie auf der Tier- und der Kinder-Stufe*], sondern durch Erfahrung geleitet werden." [194]

---

[194] (Der Neurowissenschaftler) Manfred Spitzer: Lernen, S. 352

„Mein Frontalhirn sorgt dafür, dass ich nicht immer gerade das
tue, was ich von meinen körperlichen Bedürfnissen her jetzt
und hier unmittelbar eigentlich am liebsten tun würde. Ich
kann die Zeit zwischen Input und Output überbrücken, etwas
einschieben oder aufschieben, *mich also von der Unmittelbar-
keit des Augenblicks in meinen Handlungen lösen.* […]
Im Frontallappen ist der, wie man heute allgemein gern sagt,
Kontext meines Handelns repräsentiert. Dieser Kontext ist
ganz konkret diejenige hierarchisch geordnete Struktur von
Fakten, Zielen, Gefühlen und Randbedingungen, die meine
Handlungen leiten. Ein wichtiger Teil dieses Kontextes sind
die *Mitmenschen* und meine Einschätzung von *deren* Gedanken, Zielen und Bedürfnissen. […] Daher ist das Frontalhirn
wesentlich für funktionierendes *Sozialverhalten* und das Sich-
in-andere-Hineinversetzen, die Empathie." [195]

„Die dafür im Gehirn herausgeformten übergeordneten Muster
bezeichnen wir im Deutschen als innere Einstellungen und
Haltungen. Herausgebildet werden diese Haltungen anhand
der von einer Person in ihrem bisherigen Leben gemachten Erfahrungen. Diese im Frontalhirn als komplexe Netzwerke ver-
ankerten Einstellungen und Haltungen sind entscheidend dafür, wie sich die betreffende Person in einer bestimmten Situation verhält, was sie sagt und tut, worum sie sich kümmert
und was sie links liegen lässt, was ihr also wichtig ist und was
ihr gleichgültig bleibt." [196]

Entsprechende Probleme zeigen sich bei Menschen, die durch
Krankheiten oder Unfälle im Frontalhirn geschädigt wurden.

„Patienten mit Schädigungen oder Störungen im Bereich des
orbitofrontalen Kortex haben Mühe mit der Unterscheidung
von Gut und Böse, mit der Verfolgung von Zielen, mit der
Unterdrückung unmittelbarer Bedürfnisse [*Impulse*!] und mit
dem Handeln im Rahmen eines bestimmten Kontextes. Sie

---

[195] Manfred Spitzer: Lernen, S. 331
[196] Gerald Hüther, Würde – Was uns stark macht, S. 96

216

verhalten sich damit haltlos, hemmungslos, ziellos, planlos und gegenüber anderen rücksichtslos [...].“ [197]

„[... Der Neurowissenschaftler] Damasio führte diese Gefühlsblindheit darauf zurück, dass mit dem Hirntumor ein Teil von Elliots Präfrontallappen entfernt worden war.“ [198]

Es gibt auch das Phänomen, wo Patienten von ihrem Stuhl aufstehen wollen, aber diese Absicht ein bloßer Gedanke bleibt, den sie (zumindest in manchen Hinsichten und Formen) nicht mehr umzusetzen vermögen. Tatsächlich ist die Umsetzung von Absichten in wirksame und verhaltensbestimmende Handlungen keine Selbstverständlichkeit. Hier ist auch die Problematik des >magizistischen Denkens< anzusiedeln.

Alles in allem bleibt in diesem Kontext festzustellen:

„Daher ist das Frontalhirn wesentlich für funktionierendes *Sozialverhalten* und das Sich-in-andere-Hineinversetzen, die Empathie.“ (Spitzer: 331)

„Einen freien Willen kann auch niemand entwickeln, dessen präfrontaler Cortex nicht mehr richtig funktioniert oder noch nie funktioniert hat.“ [199]

Gerade die letzte Bemerkung ist auch von Bedeutung. Denn die Ausprägung einer tatsächlichen Selbst-Steuerung ist keineswegs selbstverständlich und etwas, das auf der entscheidenden Ebene von selbst entsteht.

„Wessen Bewusstheit nicht geweckt ist, der handelt so, wie ihn die beiden [*evolutionär*] älteren Gehirnsysteme [*unterhalb der menschlichen Persönlichkeits-Ebene*] handeln hei-

---

[197] Manfred Spitzer: Lernen, S. 352
[198] Daniel Goleman: Emotionale Intelligenz, S. 75
[199] Gerald Hüther: Was wir sind und was wir sein könnten, S. 139

ßen, nämlich nach ihrer Art, obwohl die Absicht zu handeln vom höheren, dem dritten System ausgegangen war. […] In solchen Fällen also bewirkt die schnellere, automatische Tätigkeit der unteren Gehirnsysteme, dass der Teil der Handlung, der mit stärkerem Gefühl verbunden ist, fast unverzüglich ausgeführt wird, während der Teil, der vom Denken, also von dem höheren System herkommt, langsamer und daher erst dann einwirken wird, wenn die Handlung schon fast zu Ende oder sogar vorüber ist." [200]

Wir sind wohl genetisch auf eine Selbst-Steuerung angelegt, und diese Selbst-Steuerung ist auch auf der Erwachsenen-Ebene in unserem Denken und Verhalten bestimmend – auch dann, wenn diese Selbst-Steuerung in Denken und Verhalten *in Wirklichkeit* gar nicht von unserer *eigenen Ich*-Ebene ausgeht. Dass manchen manche Menschen wie ferngesteuert (-e Roboter) erscheinen, kann also in Teilen insofern durchaus zutreffend sein.

Bei dem Mangel an wirklicher Emanzipation (von seiner >Kindheit<, sprich von Es und Über-Ich) und einer Entwicklung von (>Ich<-) Identität bleibt es vielmehr bei den biologischen Mechanismen von **Identifizierung**. Statt sein Denken und Verhalten tatsächlich zu steuern, identifiziert man sich mit seiner in der Kindheit übernommenen sozialen Rolle (dann auch Geschlechts-Rolle, Status, Beruf, Leistung usw.) wie mit seinen neurologischen Mechanismen in Denken und Verhalten. In dieser Identifikation hält man wohl sein Denken und sein Verhalten für selbstgesteuert, doch in Wirklichkeit wird man sozial wie von den in der Kindheit aufgebauten neurologischen Prozessen gesteuert. Dies lässt sich in der Art von Kommunikation sehr gut beobachten. Bei sich selbst kann man dies sehr einfach überprüfen, indem man einfach mal sein Denken in aller Ruhe bewusst für etliche Minuten einstellt.

Insgesamt ist es von den neurologischen Erkenntnissen einfach nicht zu sehen, dass eine tatsächlich selbst bestimmte Selbst-

---

[200] Moshé Feldenkrais: Bewusstheit durch Bewegung, S. 75 f.

Steuerung ohne entsprechende bewusste und gezielte Übungen zu erreichen ist. Entsprechend kam es in der humanevolutionären Entwicklung auch zu der Praxis einer so genannten Jugend-Initiation, in der es um die Befähigung zu Kommunikation und Selbst-Steuerung ging, insbesondere im Geschlechter-Verhältnis insbesondere in Sachen Eros, Liebe und Beziehung, Denn damit verknüpft sich in Bezug auf ein fähiges und wirklich positives Beziehungs- und Sozialleben die menschlich größte Anforderung. Dass es ohne dies zu sozialen Problemen: zu Langweilerei, Spießerei, Sexismus, Fremdenfeindlichkeit, zu Autoritarismus, Macht, Gewalt, Konkurrenzkämpfen und Kriegen kommt, ist von den neurologischen Einsichten (und dem Schicksal der Hominiden) alles andere als verwunderlich.

Es ist auch nicht zu sehen, dass man ohne entsprechende Schulungen und Übungen in der *Jugend-Zeit* zu einem tatsächlichen Beherrschen von Sprache gelangen könnte. Hier auf der Ebene der angeborenen Mechanismen von Vokabular und Grammatik zu verbleiben, bedeutet bei aller Ausdifferenzierung noch nicht das eigentliche Beherrschen von Sprache. Kultur, Kommunikation, eine wirkliche Selbst-Steuerung und ein fähiges Sozialleben sind auf dieser Basis keine wirkliche Möglichkeit. Tatsächlich liegt hier die eigentliche Ursache der historischen Probleme.

Der humanevolutionär, gesellschaftlich und persönlich entscheidende Schritt beginnt mit der Entwicklung von Bewusstheit. Bewusstheit entsteht über eine gewisse soziale Erfahrung hinaus (die es soweit auch schon auf der Tier-Stufe gibt) durch Aufmerksamkeit und durch Beobachtung seines Denkens, seiner kommunikativen Prozesse sowie durch eine gezielte Selbst-Erfahrung für sich selbst wie auch in kommunikativen Verbindungen.

8.4 Kommunikation

„Kommunikation ist [...] vielleicht der wichtigste Faktor, der den Menschen zum Menschen macht.“ [201]

In der Tat: wenngleich die Evolution von Sprache über die Umkehrung des Lautgebrauchs zwecks Selbststeuerung erfolgte, lässt sich dennoch sagen, dass die Kommunikation das zentrale Moment der Menschwerdung war – und ist. Sprache ist verinnerlichte Kommunikation, und es ist im menschlichen Sozial- und Beziehungs-Leben von zentraler Bedeutung, Kommunikation zu verstehen. Dies ist die Grundlage einer wirklichen Sprach-Beherrschung.

Leider ist von der historischen Entwicklung her festzustellen:

„90 Prozent der Zeit reden Menschen aneinander vorbei.“ [202]

„Es liegt in unserer Natur, einfühlsames Geben und Nehmen zu genießen. Wir haben uns jedoch viele Muster >lebensentfremdender Kommunikation< angeeignet, die dazu führen, dass wir uns selbst und andere mit unserem Sprachstil und unserem Verhalten verletzen.“ [203]

„Mittlerweile bin ich davon überzeugt, dass es um Sprache und Kommunikation geht. Die Antwort auf die Frage nach der Ursache von Gewalt liegt in der Art und Weise, wie wir gelernt haben zu denken, zu kommunizieren und mit Macht umzugehen.“ [204]

---

[201] Aljoscha Long & Ronald Schweppe: Praxisbuch NLP, S. 173
[202] Aljoscha Long & Ronald Schweppe: Praxisbuch NLP, S. 178
[203] Marshall B. Rosenberg: Gewaltfreie Kommunikation, S. 42
[204] Marshall B. Rosenberg & Gabriele Seils: Konflikte lösen durch Gewaltfreie Kommunikation, S. 11

Viele Probleme der Kommunikation liegen schlichtweg darin, dass man keinen Blick mehr dafür hat, was Kommunikation in Wirklichkeit ist. Man meint, Reden sei bereits Kommunikation, und schon damit beginnt das Problem des Verletzens. Denn wo Reden nicht wirkliche Kommunikation ist, behandelt man den Anderen als Objekt und funktionalisiert ihn für seine Interessen, auch wenn dies keine Absicht ist. Wo >Reden< keine wirkliche Kommunikation ist, ist man selbst nicht wirklich bewusst: selbst Objekt neurologischer Vorgänge, in denen man oft auch mehr oder weniger System-Logiken vermittelt.

Gerade von dem Verständnis der Evolution von Sprache lässt sich begreifen, dass Sprache in der Kommunikation kein Primär-Vorgang ist, sondern erst sekundär hinzukam, um die evolutionär vorausgehende nicht-sprachliche Kommunikation um bestimmte Funktionen zu erweitern und zu präzisieren.

Es sei an dieser Stelle nochmal darauf verweisen, dass es bei der Entstehung von Sprache auf der Stufe der Hominiden mit Vokabular und Grammatik um die Ebene von Produktion und Dienstleistung ging. Soweit verknüpft sich diese Art von Sprache in sich mit Funktionen und mit Funktionalisierung. Dies kann bei der Lösung von Problemen durchaus positive Aspekte beinhalten. Es soll nichts gegen Produktion und Dienstleistung an sich gesagt sein. Doch wenn man Menschen zu Objekten macht, ist dies tatsächlich als Missachtung der eigentlichen Persönlichkeits-Ebene verletzend, auch wenn dies nicht so gemeint ist.

Es ist interessant zu sehen, dass die humanevolutionäre Entwicklung in gewisser Weise eine Umkehrung des Verstehens der Funktionen bedeutete. Gerade durch das Verstehen der Funktionen entstand auch ein neuartiges Verstehen von Beziehungen, Persönlichkeit und Sozialem, nämlich in dem Verstehen der Bedürfnisse der Anderen und seinen eigenen Bedürfnissen. Aus deren Erfüllung erwachsen Beziehungen, gute Sozialverhältnisse und Lebens-Qualität. Zuerst war dies mit den Bedürfnissen der Kinder verbunden. Auch dies war von Bedeutung. Denn es ist nicht so einfach, die Unterschiede zwischen >Interessen< und

>Bedürfnissen< zu verstehen, was auf der Erwachsenen-Ebene auch leicht verschwimmt.

>Bedürfnisse< sind direkte **primäre** Vorgänge in der menschlichen Existenz, die von unserer biologischen Anlage *unabdingbar* Erfüllung suchen, letztlich wie das Atmen. Ein wirkliches Bedürfnis ist etwa, als Person gesehen und ernst genommen zu werden (was bloßes >Reden< im Grunde bereits verletzt). Wo Bedürfnisse unerfüllt bleiben, erwachsen daraus strategische >Interessen<, die nun durch Formen von „Macht", ggf. bis hin zu dem Gebrauch von Gewalt, im Grunde ihre eigentlichen >Bedürfnisse< zu erfüllen suchen, was aber in dieser Form nicht wirklich möglich ist (letztlich, weil es dem Primärsten der Bedürfnisse: Liebe zu geben und zu bekommen, widerspricht). Mit der Sekundär-Ebene der Interessen kann man auch nur Sekundär-Momente „erfüllen", sprich: durchsetzen. Wirkliche Lösungen erreicht man jedoch allein über das Erkennen der tieferen Bedürfnisse, die man kommunizieren lernt. Dies gehört zu dem Kern der Einsichten der >Gewaltfreien Kommunikation< (von daher auch >gewaltfrei<).

Kommunikation meint immer mehr als nur ein Vermitteln von >Informationen<. Nach dem Modell der Kommunikationspsychologie von **Friedemann Schulz von Thun** besteht jede Mitteilung in der Aussage wie im Hören gleichzeitig in vier Aspekten. Man kann jedoch auch 6 Bezüge formulieren:

„Da gibt es schon einmal drei personale Botschaften:

- Die Ich-Botschaft: Das empfinde ich!
- Die Du-Botschaft: So sehe ich dich!
- Die Wir-Botschaft: So sehe ich unsere Beziehung!

Und dann gibt es auch noch drei überpersönliche Botschaften:

- Die Sachbotschaft: Ich sehe es so!
- Der Kontext: die Situation

- Der Appell: Ich möchte, dass du das tust!"[205]

Alles in allem: das primäre Moment von Kommunikation liegt in dem Beziehungsverhältnis, in der Empathie mit dem/der/den Anderen wie in seinem eigenen Selbst-Verhältnis. Sprache kann dieses Beziehungsverhältnis vertiefen, präzisieren und auch um Funktionen erweitern. Das ist, wie Michael Lukas Moeller in seinen diesbezüglich wichtigen Büchern zeigt, gerade auch in der >Paar-Beziehung< von Bedeutung.

Diese Dimensionen bleiben beim bloßen Reden unbewusst oder werden gar übergangen. Es ist nichts gegen Produktion und Dienstleistungen an sich zu sagen, doch kann hierbei auch entfremdetes Verhalten reproduziert werden, das auch als Distanzierung und als verletzend erfahren werden kann. Der Smalltalk stellt im Grunde den Gebrauch von Sprache auf den Kopf. Er ist oft eine unbewusste Strategie, Beziehung zu vermeiden. Er kann jedoch als eine gute Form von Theater auch die Funktion haben, negative Folgen aus ungeklärten Beziehungsverhältnissen zu vermeiden. Allerdings funktioniert so etwas im Konkreten nicht auf die Dauer.

Die Methodik der >Gewaltfreien Kommunikation< nach M.B. Rosenberg ist ein genial einfacher Ansatz, den Gebrauch von Sprache im Verstehen von Kommunikation zu schulen. Die Literatur von M.L. Moeller bietet wichtige Hinweise für die Kommunikation in Paar-Beziehungen.

---

[205] Aljoscha Long & Ronald Schweppe: Praxisbuch NLP, S. 176

8.5 Zur Aneignung der >inneren Wortmaschine<

Die nicht-sprachliche >Meditation< ist eine Übung, hinter die neurologische Ebene von Sprache zurückzukommen und sich seine >innere Wortmaschine< aneignen zu lernen.

Es geht dabei soweit nicht um Zen, Religion oder Weltanschauung. Sicher lassen sich mit den Erfahrungen mit der nicht-sprachlichen Meditation noch weitergehende Aspekte und Zielsetzungen verbinden. Doch soll hier dieses Weitergehende als eine eigene Dimension betrachtet werden, um die es *hier nicht* geht. Wenn hier Erfahrungen aus der östlichen Tradition aufgenommen werden, so allein deswegen, weil dort das Problem der selbständigen sprachlichen Gehirn-Aktivität nicht so stark wie in unserer Tradition aus dem Blick geraten ist.

Hier geht es allein darum, dass die Übung der nicht-sprachlichen Meditation **die** (direkteste) Form ist, sich die selbständige sprachliche Gehirn-Aktivität aneignen zu lernen. Das Ziel hierbei ist nicht, insgesamt hinter den Gebrauch von Sprache zurückzukommen, sondern ganz im Gegenteil darum, Sprache in neurologischer Hinsicht beherrschen zu lernen.

Erst wo man wirklich versucht, in einen nicht-sprachlichen Zustand zu kommen, wird die verselbständigte Sprach-Aktivität deutlich. Damit sind ganze Dimensionen verbunden.

Dzogchen Ponlop Rinpoche schreibt in Bezug auf seine Schulungs-Arbeit:

„Auf diesen beiden Aspekten, Achtsamkeit und Gewahrsein, beruht unsere ganze Schulung. >Gewahrsein< bedeutet: Wir verweilen in der Gegenwart *und* sind uns dessen bewusst. >Achtsamkeit< bedeutet, >sich daran zu erinnern< oder >nicht zu vergessen<, den Geist zu beobachten und es zu bemerken, wenn er abschweift, gewissermaßen aus der Gegenwart herausfällt. Im selben Moment, wo wir das sehen, sind wir wieder >da<. Ohne die Achtsamkeitsaktivität verlieren wir uns im nicht abreißenden Gedankenstrom des Geistes, und unser Gewahrsein wird wie ein Kind, das sich im dichten Wald verlaufen hat." [206]

>Im Abstand zu der inneren Wortmaschine< [207] ist jedoch in Wirklichkeit noch zu schwach formuliert. Da Sprache an sich sehr bestimmte neurologische Funktionen hat, ist es nicht ohne Konsequenz, wenn die sprachliche Gehirn-Aktivität permanent in Betrieb ist; diese nicht wirklich gesteuert werden kann und ggf. auch sehr hochtourig eingestellt worden ist.

Ich hatte es bereits in dem Abschnitt zum >Dammbruch< angesprochen (→ 4.1):

„Die innere Stimme sprudelt wie eine Quelle, die nicht zum Versiegen gebracht werden kann, und erzeugt dabei einen unaufhörlichen Strom von Gedanken und Vorschlägen. Wie sehr wir uns auch bemühen mögen, es gelingt uns nicht, sie abzuschalten. Wenn wir einmal versuchen, ganz entspannt dazusitzen und unseren Kopf von allen Gedanken frei zu machen, so werden wir dies vermutlich nicht länger als eine Sekunde [!] durchhalten." [208]

Mal davon abgesehen, dass der Begriff der >inneren Stimme< hier falsch verwendet ist (s.u.) und vielmehr von der selbständigen sprachlichen Gehirn-Aktivität zu sprechen ist, stolperte ich bei diesen Ausführungen auch darüber, dass der Autor John McCrone die Meinung vertrat, dass man nicht viel länger als *eine Sekunde* den Kopf von sprachlichen Aktivitäten frei halten könnte. Das finde ich schon extrem wenig. Auch stelle ich fest,

---

[206] Dzogchen Ponlop Rinpoche: Rebell Buddha, S. 129 f.
[207] So der Titel des >Selbsthilfe- und Therapiebegleitbuchs< von Steven C. Hayes und Spencer Smith
[208] John McCrone: Als der Affe sprechen lernte, S. 191

dass bei mir oft eher Musik abläuft. Bei geschlossenen Augen können bei mir bei stärkeren künstlerischen Auseinandersetzungen auch eher Farbspiele ablaufen.

Der Ausgangspunkt liegt humanevolutionär in der immer höheren neurologischen Unreife der Säuglinge, wo es in sprachlicher Hinsicht auch zu einer Art >Dammbruch< kam. Dies war für die Möglichkeit, die Fähigkeit zur Selbststeuerung zu erwerben, die Voraussetzung.

Dieser >Dammbruch< ist jedoch das eine. Das Andere ist, welchen Einflüssen dieser Gehirnbereich in dem Zustand der neurologischen Unreife ausgesetzt ist. Hier scheint es kulturell wie von der praktischen Umgebung bedeutsame Unterschiede zu geben. Die zivilisatorische Kultur erweist sich in einem Höchstmaß vom Sprachlichen bestimmt. Im Urbanen kann noch hinzukommen, dass ein Mangel an >natürlichen Reizen< besteht und diese Defizite mit entsprechenden Problematiken durch andere Reize kompensiert werden, etwa neben geschmacklichen Reizen oder Rauchen auch sprachlicher Art. Von dort her mag die sprachliche Gehirn-Aktivität sogar so hochgradig aktiviert sein, dass man tatsächlich kaum eine Sekunde davon wegkommt.

Da jedoch mit Sprache eine Steuerungsfunktion verbunden ist, führt die ständige sprachliche Gehirn-Aktivität zu einer entsprechenden neurologischen Mobilisierung, die sich bei manchen als innere Unruhe und bei anderen als Aktivismus niederschlägt. Denn natürlich >weiß< man bei den heutigen Verhältnissen, was es noch alles zu tun gäbe: Staub putzen, mehr Sport treiben, sich um besseres Essen bemühen, sich hier und dort mal wieder melden usw. Je weniger man diese Aktivitäten in seinem Gehirn beherrscht, desto mehr gerät man in einen Mobilisierungszustand mit entsprechend banaleren und reaktiveren Inhalten – und desto weniger beherrscht man die sprachlichen Gehirn-Aktivitäten usw.

Insofern gehört es zu den ersten Effekten der nicht-sprachlichen Übung, Entspannung und innere Ruhe zu erleben, da man dabei aus dem Mobilisierungs-Effekt der verselbständigten Sprach-

Aktivität heraustritt. Wo man länger auf der nicht-sprachlichen Ebene verbleiben kann, kann dies u.a. einen enormen Eindruck hinterlassen und auch zu einer Veränderung seiner Mechanismen und seines Bewusstseins führen. Als der indische Meister Sri Aurobindo in seiner Yoga-Ausbildung mit der nicht-sprachlichen Meditation beginnen sollte, gelang es ihm auf Anhieb, ganze drei Tage in diesem Zustand zu verweilen, was absolut außergewöhnlich ist. Bereits nach einem Tag „war mein Geist erfüllt von einer ewigen Stille. Sie ist immer noch da." [209]

Zu lernen, mehr aus der selbständigen sprachlichen Gehirn-Aktivität herauszukommen, schafft weit über die direkten Übungen hinaus Effekte in Bezug auf seine neurologische Anlage. Sie ergeben mehr innere Ruhe, Gelassenheit,[*] mehr Fähigkeit zu Konzentration, zu tatsächlich selbst bestimmten Aktivitäten und an mehr Klarheit bzgl. eines selbst bestimmten Lebens. Wie schnell diese Effekte ersichtlich werden, hängt daran, welche Konstitution man dafür mitbringt. Sie sind ggf. nicht schnell zu erreichen, aber sie sind (nach dem Ausmaß an sozialen Freiräumen) zu erreichen.

Wo man meint, man wäre bereits in der Ruhe, mit sich eins zu sein, ist eher zu befürchten, tatsächlich in bestimmte (etwa weltanschauliche) Vorstellungen und in Identifizierungen geraten zu sein.

Ein Effekt der nicht-sprachlichen Übung besteht in der Auflösung von Identifizierungen. Man muss zunächst überhaupt erstmal diese >innere Wortmaschine<: die selbständige sprachliche Gehirn-Aktivität, die vielen inneren Stimmen und seine sprachlich produzierten Konstrukte bemerken, bevor man auf seiner tatsächlichen Ich-Ebene an das Steuer seines Denkens, seiner Handlungs-Impulse und seines Lebens insgesamt kommt (und zu wirklicher Kommunikation fähig wird. Die Übung bzgl. von Kommunikation kann enorm helfen, sich selbst = sein Selbst wahrzunehmen).

---

[209] Sri Aurobindo, in: Otto Wolff: *Sri Aurobindo,* S. 36
[*] bestimmte psychische Probleme sind ggf. nicht auf diese Weise zu lösen

Allerdings ist diese Ablösung von seinen Mechanismen und Identifizierungen auch erstmal irritierend. Der tibetische Meister Yongey Mingyur Rinpoche schreibt hierzu:

> „Verwirrung, so wurde ich gelehrt, ist der Anfang des Verstehens, das erste Stadium des Sich Lösens vom neuronalen Geschwätz, das uns an ganz bestimmte Vorstellungen darüber, wer wir sind und wozu wir fähig sind, kettete. Mit anderen Worten, Verwirrung ist der erste Schritt auf dem Pfad zu wirklichem Wohlergehen.
> [...]
> Sie sind nicht das beschränkte, von Angst und Sorge erfüllte Wesen, für das Sie sich halten. Jeder buddhistisch geschulte Lehrer kann Ihnen mit aller aus persönlicher Erfahrung erwachsenen Überzeugung sagen, dass Sie in Wirklichkeit die Essenz von Mitgefühl sind [...].
> Meine Untersuchungen mit Experten in Europa und den USA ließen mich begreifen, dass – strikt wissenschaftlich gesprochen – die meisten Menschen irrtümlicherweise ihr gewohnheitsmäßig aufgebautes, neuronal konstruiertes Selbstbild für das halten, was und wer sie wirklich sind." [210]

Andere Aspekte ergeben sich aus Neurologie und Psychologie:

> „Wessen Bewusstheit nicht geweckt ist, der handelt so, wie ihn die beiden [*evolutionär*] älteren Gehirnsysteme handeln heißen, nämlich nach ihrer Art, obwohl die Absicht zu handeln vom höheren, dem dritten System [*Frontalhirn*] ausgegangen war. [...] In solchen Fällen also bewirkt die schnellere, automatische Tätigkeit der unteren Gehirnsysteme, dass der Teil der Handlung, der mit stärkerem Gefühl verbunden ist, fast unverzüglich ausgeführt wird, während der Teil, der vom Denken, also von dem höheren System herkommt, langsamer und daher erst dann einwirken wird, wenn die Handlung schon fast zu Ende oder sogar vorüber ist." [211]

Bei Letzterem handelt es sich um *Identifikationen*.

---

[210] Yongey M. Rinpoche; Buddha und die Wissenschaft vom Glück, S. 79 f.
[211] Moshé Feldenkrais: Bewusstheit durch Bewegung, S. 75

Es ist zunächst die Fähigkeit, diese inneren Prozesse und Impulse in der Meditation, in der Kommunikation wie insgesamt beobachten – und ggf. auch *aushalten* - zu lernen, woraus die wirkliche Steuerung seines Lebens entsteht. Der Neurowissenschaftler Manfred Spitzer erklärt dies so:

> „Mein Frontalhirn sorgt dafür, dass ich nicht immer gerade das tue, was ich von meinen körperlichen Bedürfnissen her jetzt und hier unmittelbar eigentlich am liebsten tun würde. Ich kann die Zeit zwischen Input und Output überbrücken, etwas einschieben oder aufschieben, *mich also von der Unmittelbarkeit des Augenblicks in meinen Handlungen lösen.*"[212]

Die Aufmerksamkeit für die Prozesse, die in einem ablaufen (auch im Kontext von Kommunikation), ist die Voraussetzung für die Ich-Entwicklung = die Aneignung dieser Prozesse für eine wirkliche Selbst-Steuerung. Die biologischen: emotionalen und körperlichen Impulse kommen aus dem Selbst. Das Ich ist der >Steuerer<: die eigentliche Subjekt-Ebene der Selbst-Steuerung, die man sich jedoch zunächst erst aneignen lernen muss. Das Ich muss man sich zuerst *selbst* erwerben. Es entsteht aus dem bewussten Beobachten.

An dieser Stelle ist es von Bedeutung, die >innere Stimme<: die Stimme seiner Persönlichkeit auf der Selbst-Ebene (der ganzen Impulse) von der übrigen sprachlichen Gehirn-Aktivität unterscheiden zu lernen.

Denn der eigentliche Zugang zu sich selbst = seinem Selbst verknüpft sich auf der sprachlich-geistigen Ebene mit der >inneren Stimme<, die im Frontalhirn die *bottom up*-Ebene repräsentieren dürfte.

Es besteht in der Persönlichkeits-Entwicklung ein substanzielles Wechselverhältnis zwischen Ich und Selbst. Das Ich ist (als *top*

---

[212] Manfred Spitzer: Lernen, S. 331

down) die Steuerungsfunktion des Selbst. Das Ich baut auf dem Selbst (Körper, Gefühl usw. in einer insgesamten *bottom up*-Entwicklung) auf. Doch ist das Selbst ab der Pubertät auf eine fähige Steuerung: auf ein mehr und mehr erfahrenes und geklärtes Ich (in nun fälliger Übernahme der Über-Ich-Struktur) angewiesen. Sonst bleibt sein Verhalten und sein Leben u.a. (wie im Feudalsystem) durch jeweilige Vorgaben und das Prinzip von Lohn und Strafe fremdgesteuert. In Hinsicht auf das Eigentliche ist hier seine Existenz wie das Mitfahren auf dem Beifahrer-Sitz und/oder im Mangel an tatsächlicher Steuerung wie Trunkenheit am Steuer. Bei den großen historischen Problemen wird dann diese Problematik offenkundig. (Das Ego erwächst aus Bedrohungen des Selbst, doch zerstört ein andauernder Bestand der Ego-Ebene die Ich-Funktion/en).

Die *Anlage* des Menschen auf ein >Ich< ist die Konsequenz der Ablösung von der genetischen Verhaltens-Steuerung der Tier-Stufe. Die entscheidende evolutionäre Ursache dafür lag in dem zu unfähig gewordenen Beziehungs- und Sozial-Leben aufgrund von zu langweiligem Banalismus und zu intelligenten Konkurrenzkämpfen um Ränge und Geschlechtspartner/innen, was bei den Hominiden im Aussterben und historisch in Kriegen und kulturellen Zusammenbrüchen endete.

Demgegenüber entstand mit dem Ich in einer fähigen Selbst-Steuerung auf der Basis von gemeinschaftlicher Kommunikation der große evolutionäre Erfolg des Homo sapiens.

Ein fähiges Sozial- und Beziehungs-Leben in erfüllten Bedürfnissen ist eine echte menschliche Möglichkeit. Doch setzt sie die Entwicklung einer fähigen Selbst-Steuerung und Kommunikation und dies wiederum das Beherrschen von Sprache im eigentlichen Sinn voraus.

8.6 Abschluss und Ausblick

Mir wurde bei meinen bald 40jährigen Studien bzgl. Geschichte und Anthropologie deutlich, dass das mangelnde Verstehen von Kommunikation und dem, was eigentlich Sprache ist, eine entscheidende und zentrale Ursache für die historischen Probleme bis heute ist.

Umgekehrt wurde im Praktischen deutlich, dass eine tatsächliche Kommunikation – die auch ein umfassenderes Verstehen von Sprache voraussetzt – (z.B. in Konflikt-Mediationen) nicht nur Lösungen erreichen kann, die vorher völlig unmöglich erschienen. Vielmehr eröffnet sich damit auch die Erfahrung wirklicher Lebens-Qualität.

So schreibt Carl Rogers, der Pionier der modernen Wiederentdeckung wirklicher Kommunikation:

> „Manche meiner Erlebnisse in der Kommunikation mit anderen bewirkten, dass ich mich weiter, größer, reicher fühlte. Sie haben mein Wachstum beschleunigt. Sehr oft bei diesen Erlebnissen hatte ich das Gefühl, dass der andere ähnlich reagierte, dass auch er sich bereichert fühlte und dass seine Entwicklung und Funktionsfähigkeit vorangetrieben wurden."[213]

Carl Rogers machte in den Jahrzehnten seiner Aktivitäten als Psychologe vielfältige Erfahrungen bzgl. Kommunikation, von der Psychotherapie bis zur Beratungspraxis über >Begegnungs-Gruppen< bis hin zu entsprechenden Großveranstaltungen und dem Einsatz gezielter >Kommunikation< in politischen Konflikten. Von hier aus ergaben sich Eindrücke in das beträchtliche Potential des Menschen und der neuen Entwicklungen, die durch eine wirkliche Kommunikation erschlossen wurden. Auch wenn

---

[213] Carl R. Rogers: Der neue Mensch, S. 18 f.

die in den 60er Jahren entstandene Aufbruchsstimmung in dieser Form in den 80ern erst einmal auslief, so ändert sich deswegen nichts an den entstandenen konkreten Erfahrungen.

Von diesen Erfahrungen her bietet Rogers einen „Blick in die Zukunft", so der Titel seines 8. Kapitels in dem zitierten Werk:

> „[...] Ich bin überzeugt, dass wir im Augenblick eine Umwälzungskrise durchmachen, aus der wir und unsere Welt nicht unverändert hervorgehen können.
> [...]
> Gerade der neue Mensch ist es, der fähig sein wird, diesen Paradigmenwechsel zu verstehen und zu verkraften. Er wird fähig sein, in dieser Welt zu leben, deren Umrisse heute erst vage erkennbar sind. Falls wir uns nicht in die Luft sprengen, wird diese neue Welt zwangsläufig kommen und unsere Gesellschaft umwandeln.
>
> Diese neue Welt wird sowohl menschlicher als auch menschenfreundlicher sein. Sie wird die Reichtümer und Fähigkeiten des menschlichen Geistes und der menschlichen Seele erforschen und entwickeln. Sie wird Individuen hervorbringen, die in stärkerem Maße integrierte und >ganze< Personen sind. Es wird eine Welt sein, in der sich der einzelne Mensch – das höchste unserer Güter – der höchsten Wertschätzung erfreut. Es wird eine natürlichere Welt sein, mit einer erneuerten Liebe und Achtung für die Natur. Sie wird eine menschlichere, auf neuen und weniger starren Konzepten gründende Wissenschaft entwickeln. Ihre Technologie wird auf die Förderung statt auf Ausbeutung des Menschen und die Natur abzielen. Sie wird in dem Maße, in dem sich der Einzelne seiner Kraft, seiner Fähigkeiten und seiner Freiheit bewusst wird, schöpferische Fähigkeiten freisetzen.
>
> Der Wind der Veränderung, im wissenschaftlichen, gesellschaftlichen und im kulturellen Bereich ist allenthalben spürbar. Er wird uns diese neue Welt bringen, die Welt von morgen, die ich zu skizzieren versucht habe. Eine zentrale Rolle in dieser neuen Welt wird der Mensch spielen, der neue

Mensch, den ich zu beschreiben versucht habe. Das ist das personenzentrierte Szenario der Zukunft. [...]." [214]

Dem soll hier nichts mehr zugefügt werden. Sicher kann bei der Lösung der bestehenden Probleme in einem Beherrschen von Kommunikation und Sprache nicht alles gesehen werden, und vor allem soll dies auch nicht wie bei der bestehenden Problematik von der Realität verabsolutiert verstanden werden.

Doch sofern noch wirkliche Lösungen und Neuentwicklungen möglich sind, werden sie mit dem Angesprochenen zu tun haben. Entsprechende Versuche lohnen sich auf jeden Fall.

---

[214] Carl R. Rogers: Der neue Mensch, S. 173, 186

Zitierte Literatur

Time-Life Bücher, Reihe „Faszination menschlicher Körper":
Geist und Gehirn, Amsterdam (Original 1993), deutsche
Ausgabe 1994

Saeculum Weltgeschichte, Hg. Herbert Franke u.a., Freiburg,
Basel, Wien 1965

RelMen= Die **Religion der Menschheit**, Hg. Christel Matthias
Schröder.
- Band I: Friedrich **Heiler**: Erscheinungsformen und Wesen der
Religion, Stuttgart 1961, 2. verbesserte Auflage 1979
- Band 3: I. **Paulson**: Die Religion der nordasiatischen Völker
- Band 10,2: Hartmut **Gese**: Die Religionen Altsyriens, und:
    Maria **Höfner**: Die vorislamischen Religionen Arabiens

Jes Peter **Asmussen** & Jørgen **Læssøe** (Hg.): Handbuch der
Religionsgeschichte, Göttingen 1971 - 1975

Harenberg Lexikon der Religionen – Die Religionen und
Glaubensgemeinschaften der Welt, Redaktion Berthold **Budde**
und Christine **Laue-Bothen**, Dortmund 2002

Der **Neue Pauly** – Enzyklopädie der Antike, hg. von Hubert
Cancik & Helmuth **Schneider**, Stuttgart – Weimar 1997 ff.

Rolf Wilhelm **Bredrich** (Hg.), Herman **Bausinger**:
Enzyklopädie des Märchens – Handwörterbuch zur
historischen vergleichenden Erzählforschung, Berlin – New
York, Band 4 1984

Etymologisches Wörterbuch des Deutschen, 2. Bände,
erarbeitet im Zentralinstitut für Sprachwissenschaft Berlin
unter der Leitung von Wolfgang Pfeifer, (1989) 2. Auflage,
durchgesehen und ergänzt von Wolfgang Pfeifer, Berlin 1993

Julius **Pokorny**: Indogermanisches Etymologisches Wörterbuch I, Bern – München 1959

Wolfgang **Hadamitzky**: Langenscheidts Handbuch und
Lexikon der Japanischen Schrift, Berlin – München – Wien –
Zürich – New York o.J.

Rainer **Hannig**: Die Sprache der Pharaonen, Großes
Handwörterbuch Ägyptisch-Deutsch (2800 –950 v. Chr.)
(Kulturgeschichte der antiken Welt Band 64), Mainz 1995

Badisches Landesmuseum Karlsruhe, Vor 12.000 Jahren in
Anatolien: Die ältesten Monumente der Menschheit (Große
Landesausstellung Baden-Württemberg 2007), Stuttgart 2007

Autoren

Emmanuel **Anati**: Höhlenmalerei, (1997), Düsseldorf 2002

Paul **Arnold**: Das Totenbuch der Maya, (Scherz Verlag)
Gondrom Verlag, Bindlach 1991

Gustav **Barthel**: Konnte Adam schreiben? Weltgeschichte der
Schrift, bearbeitet und hg. von Karl Gutbrod, Köln 1972

Joachim-Ernst **Berendt**: Nada Brahma, Die Welt ist Klang,
(Insel Verlag Frankfurt/M 1983), Rowohlt Taschenbuch-
Verlag Reinbek bei Hamburg, 1983, 1997

Bruno **Bettelheim**: Kinder brauchen Märchen (Or. New York
1975), Stuttgart 1977; dtv München 1980, 5. Auflage 1982

Hans **Biedermann**: Knaurs Lexikon der Symbole, München
1989; Augsburg 2002

Sylvia & Paul F. **Botheroyd**: Lexikon der keltischen Mythologie, München 1999

Harald **Braem**: Die magische Welt der Schamanen und Höhlenmaler, Köln 1994

Hans-Jürg **Braun**: Das Jenseits – Die Vorstellungen der Menschheit über das Leben nach dem Tod, (1996) Insel Taschenbuch, Frankfurt/M – Leipzig 2000

Emma **Brunner-Traut** (Hg.): Altägyptische Märchen (Diederichs Märchen der Weltliteratur), Reinbek 1991, 1993

Bill **Bryson**: Eine kurze Geschichte der alltäglichen Dinge, (Original London 2010) Goldmann Verlag München 2011

Göran **Burenhult** (Hg.): Illustrierte Geschichte der Menschheit, (Hamburg) Augsburg 2000

Gert **Chesi**: *Susanne Wenger* – Ein Leben mit den Göttern, Schwaz (A) 1980

Henning **Christoph**, Klaus E. **Müller** & Ute **Ritz-Müller**: Soul of Africa - Magie eines Kontinents, Köln 1999

Vine **Deloria Jr.**, Gott ist rot – Eine indianische Provokation, München 1984

Hoimar von **Ditfurth**: Der Geist fiel nicht vom Himmel, Die Evolution unseres Bewusstseins, (Hamburg) (Augsburg 1990)

Hoimar von **Ditfurth**: Im Anfang war der Wasserstoff (Hamburg 1972), München/Zürich 1975

Jeff **Doring** (Hg.): Gwion Gwion, Dulwan Mamaa - Geheime und heilige Pfade der Ngarinyin, Aborigines in Australien, Köln 2000

Dzogchen Ponlop Rinpoche: Rebell Buddha, Aufbruch in die Freiheit (Or. >Rebel Buddha<, Shambala Publications, Boston, M.A., 2010) Knaur Taschenbuch, München (Dezember) 2012 (2011 O.W. Barth Verlag)

Mircea **Eliade**: Geschichte der religiösen Ideen, Freiburg, Basel, Wien, Band I: (1978). 1990⁶, Band II 1979

Brian **Fagan**: Die Eiszeit – Leben und Überleben im letzten großen Klimawandel, Theiss Verlag Stuttgart, 2009

Franz Xaver **Faust**: Totgeschwiegene indianische Welten, Eine Reise in die Philosophie der Nordanden, Gehren 1998

Edoardo **Fazzioli**: Gemalte Wörter, 214 chinesische Schriftzeichen – vom Bild zum Begriff, Wiesbaden 2003 (nach der 5. Auflage von 1991; Original Milano 1986)

Moshé **Feldenkrais**: Bewusstheit durch Bewegung, Der Aufrechte Gang, Frankfurt/M 1968, TB: 1978, 1985

Sigmund **Freud**: Totem und Tabu. Einleitung von Mario **Erdmann**, Frankfurt/M 1991, 1993

GEO Wissen: Die Evolution des Menschen, Wie wir wurden, was wir sind. Heft September 1998, Hamburg 1998

Daniel **Goleman**: Emotionale Intelligenz (Original New York 1995; dt. München – Wien 1995), dtv München 1997

A.C. **Grayling**: Wittgenstein, Herder Verlag Freiburg – Basel – Wien o. J.

Marcel **Griaule**: Schwarze Genesis, Ein afrikanischer Schöpfungsbericht, (Freiburg, 1970) suhrkamp taschenbuch 1980

Harald **Haarmann**: Universalgeschichte der Schrift, Frankfurt/M – New York, 2. Aufl. 1991, Sonderausgabe Köln 1998

Harald **Haarmann**: Weltgeschichte der Sprache – Von der Frühzeit des Menschen bis zur Gegenwart. Verlag C.H. Beck, München, 2006

Elisabeth **Hämmerling**: Mondgöttin Inanna, Ein weiblicher Weg zur Ganzheit, Zürich 1990, 3.Aufl. 1994

Yuval Noah **Harari**: Eine kurze Geschichte der Menschheit, (München 2013, Original Israel 2011) Pantheon Verlag 2015[6]

Steven C. **Hayes** & Spencer **Smith**: In Abstand zur inneren Wortmaschine, Ein Selbsthilfe- und Therapiebegleitbuch auf der Grundlage der Akzeptanz- und Commitment-Therapie (ACT), dgvt-Verlag, Tübingen, 2007

Friedrich **Heiler**: Erscheinungsformen und Wesen der Religion, Stuttgart 1961, 2. verbesserte Auflage 1979

Gerhard **Herm**: Die Kelten, Das Volk, das aus dem Dunkel kam, Düsseldorf, Wien 1975

Johan **Huizinga**: Homo Ludens, Vom Ursprung der Kultur im Spiel, Hamburg, (1956), 1981

Sharukh **Husain**: Die Göttin – Das Matriarchat, Mythen und Archetypen, Schöpfung, Fruchtbarkeit und Überfluss, Köln 2001

Gerald **Hüther**: Was wir sind und was wir sein könnten – Ein neurobiologischer Mutmacher, S. Fischer Verlag Frankfurt/M 2011; Fischer Taschenbuch 2013, 2017 [8]

Gerald **Hüther**: Würde – Was uns stark macht – als Einzelne und als Gesellschaft. Mit Uli **Hauser**; Albrecht Knaus Verlag München, 2018

David M. **Jones** & Brian L. **Molynaux**: Die Mythologie der Neuen Welt, Reichelsheim 2002

Michael **Jordan**: Die Mythen der Welt (Scherz Verlag, Bern, 1997), Patmos Verlag/Albatros Verlag, Düsseldorf, 2005

Friedhart **Klix**: Erwachendes Denken. Geistige Leistungen aus evolutionspsychologischer Sicht, Heidelberg - Berlin - Oxford, 1993

Wighart von **Koenigswald** & Joachim **Hahn**: Jagdtiere und Jäger der Eiszeit, Fossilien und Bildwerke, Stuttgart 1981

Martin **Kuckenburg**: Wer sprach das erste Wort? Die Entstehung von Sprache und Schrift, Konrad Theiss Verlag Stuttgart 2004

Richard E. **Leakey** & Roger **Lewin**: Wie der Mensch zum Menschen wurde. Neue Erkenntnisse über den Ursprung und die Zukunft des Menschen, (Hamburg 1978), München 1985

Roger **Lewin**: Spuren der Menschwerdung, Die Evolution des Homo sapiens, Heidelberg 1992

Aljoscha **Long** & Ronald **Schweppe**: Praxisbuch NLP. Südwest-Verlag München 2014, 2. Auflage 2016

Helma **Marx**: Das Buch der Mythen (aller Zeiten aller Völker), Verlag Styria Graz, Wien, Köln & Eugen Diederichs Verlag München, 1999

John S. **Mbiti**: Afrikanische Religion und Weltanschauung, Berlin 1974

John **McCrone**: Als der Affe sprechen lernte, Die Entwicklung des menschlichen Bewusstseins, Frankfurt/M 1992

Anja **Meulenbelt**: Die Scham ist vorbei, München 1978

Michael Lukas **Moeller**: Die Liebe ist das Kind der Freiheit; rororo, Reinbek bei Hamburg, 1990, 16. Aufl. 2008 (Rowohlt 1986)

Michael Lukas **Moeller**: Die Wahrheit beginnt zu zweit. rororo Reinbek 1992, 34. Auflage 2014

Horst M. **Müller**: Sprache und Evolution – Grundlagen der Evolution und Ansätze einer evolutionstheoretischen Sprachwissenschaft. Verlag de Gruyter Berlin – New York, 1990

John S. **Pobee**: Grundlinien einer afrikanischen Theologie, Göttingen 1981

Gerardo **Reichel-Dolmatoff**: Das schamanische Universum – Schamanismus, Bewusstsein und Ökologie und Südamerika, München 1996

Horst Eberhard **Richter**: Zur Psychologie des Friedens, (1982) Reinbek 1984

Berthold **Riese** (Hg.): Schrift und Sprache (Verständliche Forschung), Heidelberg, Berlin, Oxford, 1994

Carl R. **Rogers**: Der neue Mensch (A Way of Being, Boston 1980), Klett-Cotta, Stuttgart 1981, 10. Aufl. 2015

Marshall B. **Rosenberg**: Gewaltfreie Kommunikation, Eine Sprache des Lebens. Junfermann-Verlag Paderborn, 2001, 8. Auflage 2009

Marshall B. **Rosenberg** & Gabriele **Seils**: Konflikte lösen durch Gewaltfreie Kommunikation – Ein Gespräch. Herder Verlag Freiburg, Basel, Wien 2004 (7. Auflage)

Christoph W. **Rosenthal** → übernächste Seite

Mario **Ruspoli**: Die Höhlenmalerei von Lascaux, Auf den Spuren des frühen Menschen, Augsburg, 1998

Oliver **Sacks**: Der Mann, der seine Frau mit einem Hut verwechselte, Rowohlt Taschenbuch Verlag, Reinbek bei Hamburg 1990 (1994) (Original New York 1985)

Vjačeslav E. **Sčelinskij** & Vladimir N. **Širokov**, Höhlenmalerei im Ural. Sigmaringen 1999

Anton **Scherer** (Hg.): Die Urheimat der Indogermanen, Darmstadt 1968

Eckard **Schleberger**: Die indische Götterwelt – Gestalt, Ausdruck und Sinnbild, Ein Handbuch der hinduistischen Ikonographie, Köln 1986

Wolfgang **Schmidbauer**: Wie Gruppen uns verändern – Selbsterfahrung, Therapie und Supervision, Kösel-Verlag München, 1982

Friedemann **Schrenk**: Die Frühzeit des Menschen. Der Weg zum Homo sapiens; München, Beck 2008

Friedemann **Schulz von Thun**: Miteinander reden, rororo Reinbek. Band 1: 1981, 52. Auflage 2015, Band 3: 1998

Manfred **Spitzer**: Lernen: Gehirnforschung und die Schule des Lebens, Spektrum Akademischer Verlag Heidelberg – Berlin, (2002), korrigierter Nachdruck 2003

Verena **Stefan**: Häutungen, München 1975, 1981

Rachel **Storm,** Die Enzyklopädie der Östlichen Mythologie, Reichelsheim 2000

Michael **Streck**: Sprachen des Alten Orients, Darmstadt 2005

Piers **Vitebsky**: Schamanismus – Reisen der Seele, Magische Kräfte, Ekstase und Heilung, Köln 2001

Otto **Wolff**: *Sri Aurobindo*, Reinbek, 1967

Yongey Mingyur Rinpoche: Buddha und die Wissenschaft vom Glück. Ein tibetischer Meister zeigt, wie Meditation den Körper und das Bewusstsein verändert. Goldmann, München 2007 (Original: >The Joy of Living<, Harmony Books, New York 2007

<u>Die Literatur von Christoph W. Rosenthal</u>

zu Humanevolution, Geschichte und Sprache

Die Humanevolution war ganz anders – Eine überfällige Revision, Remscheid, 2018. (Version 1.1 März 2019)

Zur Evolution von Selbststeuerung, Liebe, Kommunikation & Kultur, Januar 2021

Kulturologie - Die Wissenschaft bzgl. der Software-Struktur des Menschen. Remscheid 2023

Die kopernikanische Wende unseres Weltgeschichts-Bildes, Remscheid, 2018 (Version 1.2 Januar 2023)

Die Mesolithische Revolution – die Begründung der historischen Entwicklung. Rediroma; Januar 2021

Cûl Tura: Die Entzifferung und Rekonstruktion der ursprünglichen Sprache des Menschen. 2021
Band 1: Die ursprüngliche Sprache des Homo sapiens
Band 2: Zur Etymologie unserer Wörter

Mebuntu: Die erste historische Sprachform. 2021

Frau Holle und der Drache von Lascaux: Die eiszeitliche Symbolik und Kultur des Homo sapiens (im Licht der Rekonstruktion der eiszeitlichen Sprache des Homo sapiens), 2021

Ursprachlich orientiertes **etymologisches Wörterbuch des Deutschen** (Erscheinung vermutl. Sommer 2023)

Edition Neue Kultur

www.edition-neue-kultur.de

Ein Label der **Werkstatt Neue Kultur**

Die Materialien der Edition Neue Kultur dienen in Verarbeitung neuerer Einsichten in Wissenschaft und neuerer Erfahrungen in Kultur und Praxis der Fundierung einer historisch Neuen Kultur. Sie richten sich insbesondere an Menschen, die interessiert sind, an der Großen Transformation unserer Verhältnisse zu einer menschlich, sozial und ökologisch wünschenswerten Kultur der Zukunft teilzunehmen oder auch mitzuarbeiten.

Diese Materialien bieten hierbei auch eigene Forschungen, Recherchen, Reflexionen und Erfahrungen, sind aber nicht als Fachliteratur angelegt, sondern allgemeinverständlich. Doch sind sie von den vielfältigen Neueinsichten nicht immer und unbedingt leicht konsumierbar. Abgespecktere Fassungen werden als **Schriften der Werkstatt Neue Kultur** herausgebracht.

Schriften der Werkstatt Neue Kultur   :

- Sprache beherrschen   (74 Seiten)
- Kommunikation   (100 Seiten)
- Was ist >Neue Kultur<?   (in Vorbereitung)

Weitere Materialien in Planung

Werkstatt Neue Kultur

Hg. Christoph W. Rosenthal & Andreas Poggel

Telotopia

Telotopia ist ein kulturarchitektonisches Modell einer sozial stabilen & gerechten, ökologisch nachhaltigen, kulturreichen und wünschenswerten Kultur der Zukunft. Damit möchten wir veranschaulichen, was >Neue Kultur< für uns im gesamtgesellschaftlichen Ergebnis in etwa meint.

Dieser Entwurf basiert auf Einsichten in die humanevolutionäre und kulturgeschichtliche Entwicklung, auf Beispielen historisch-ethnologischer Kulturen wie auf humanwissenschaftlichen Erkenntnissen wie u.a. der Psychologie und Pädagogik. Dabei geht es nicht um eine bloße utopische Fantasie. Die Verwirklichung einer Kultur in der Art von Telotopia erscheint real möglich – im Grunde sogar relativ leicht, sofern sie ein entsprechendes Interesse findet.

Es werden unterschiedliche Fassungen angeboten:

304 Seiten DIN A5	Brilliant-Druck 19,99 €
	Smart-Druck 12,99 €
Gekürzte Fassung (188 Seiten DIN A5) in Smart-Druck	9,99 €
= in Brilliant-Druck	14.99 €

www.edition-neue-kultur.de